Frank Kühne (Hrsg.)
Bretagne/Normandie

W0063281

Yosseline Beaumont-Krelen, geb. 1956, Studium der Politikwissenschaften in Rennes und Paris, lebt als freie Journalistin in Rennes.

Oliver Herler, geb. 1964, Romanistik-Studium in Hamburg, Paris und Rennes, lebt in Hamburg und in der Bretagne.

Britta Meinass, geb. 1967, Studium der Kunstgeschichte, lebt in Hamburg und arbeitet als freie Journalistin für Radio und Presse.

Sabine Rocard, geb. 1963, arbeitet als Logopädin und unterrichtet nebenher Bretonisch in Rennes und Lorient.

Eric Senecal-Audigou, geb. 1964, lebt und arbeitet als Redakteur einer Regionalzeitung in Dieppe.

Sylvie Vaudran, geb. 1958, stammt aus Pont-Aven und arbeitet in Paris als Schneiderin und Designerin.

Frank Kühne (Hrsg.)

Bretagne/Normandie

Ein Reisebuch

VSA-Verlag, Hamburg

Fotos:
Britta Meinass S. 11, 46, 55, 59, 146;
Dargaud Editeurs, Paris S. 24, 53;
Musée de Pont-l'Abbé S. 37;
dpa S. 69;
Veronique Friedman S. 73, 85, 193;
André Préaux (Text), Michel Jean (Zeichnung) S. 93;
Ouest-France S. 120;
Alain Le Berre S. 140.
Alle übrigen Fotos von Frank Kühne.

Titelbild: Klaus D. Francke/Bilderberg;
Umschlag-Rückseite: W. Schollmayer/Leporello.

Druck: Druckerei Günter Runge, Cloppenburg
ISBN 3-87975-591-4

Inhalt

Alltag, Kunst und Kultur

Geschichte, Politik, Wirtschaft

Reisen durch die Normandie 147

Reisen durch die Bretagne 190

Tips und Informationen

Zwei Geschwindigkeiten
Alltag in den nördlichen Provinzen

Auf einer Landstraßenkreuzung in der Normandie hat es gekracht. Ein großer Wagen mit zwei Städtern auf dem Weg zum Meer fuhr mit 90 auf der Vorfahrtsstraße, als eine ältere Dame mit ihrer Mutter auf dem Beifahrersitz in Richtung Nachbardorf langsam quer über die Kreuzung rollte und den anderen Wagen übersah. Zum Glück gab es außer einer leichten Kopfverletzung nur Blechschaden.

»Das passiert bei uns ständig«, klagt Monsieur Gimonet, der aus der kleinen Ortschaft Pierreville gleich herübergeeilt kam, um zu helfen. Zufällig ist er Fahrlehrer. »Jede Woche so ein Unfall. Für die Leute aus dem Dorf ist es schwierig zu begreifen, daß auf den großen Straßen ein anderes Tempo herrscht.«

Die Situation ist typisch: In der französischen Provinz gelten nach wie vor zwei Geschwindigkeiten. Einmal das langsame, gemächliche Leben in den Ortschaften und auf den Bauernhöfen, dann die eilig durchbrausenden Städter und Touristen. Einerseits die alten Einheimischen aus dem Dorf, die nur zweimal pro Woche ins Auto steigen, zum Großeinkauf oder zum Kirchgang. Andererseits die Berufspendler, die zwar auf dem Land wohnen, aber in Ballungsgebieten wie Rouen arbeiten und zweimal täglich genervt über die Landstraßen hetzen. In ein und demselben Alltag zwei Lebensweisen, zwei Geschwindigkeiten. Das sorgt immer wieder für Konflikte.

Zum Beispiel Isabelle Delorme. Sie ist Mitte 30, wohnt mit ihrem Mann und dessen Tochter aus erster Ehe in Pierreville und arbeitet in einem Blumengeschäft in Tôtes, der nächsten Kleinstadt. »Aber natürlich ist das Auto lebenswichtig. Es gibt in den Dörfern ja kaum Arbeitsplätze. Daß ich einen in der Nähe gefunden habe, ist wirklich die Ausnahme. Mein Mann arbeitet in einer Bank in Rouen, hat aber seine Versetzung nach Dieppe beantragt.« Und die Tochter? »Zur Zeit radelt sie noch ins Nachbardorf zur Schule. Aber wenn sie aufs Lycée kommt, will sie nach Dieppe, und das sind über 20 km Entferung, es gibt nur einen Bus.«

Der Blumenladen, in dem sie arbeitet, liegt direkt an der Route Nationale 27, die mitten durch den schmalen Ortskern von Tôtes verläuft. Täglich brettern hier Tausende von PKWs und LKWs vorbei. »Wegen des Lärms bin ich so selten wie möglich vorne im Verkaufsraum. Trotzdem: Ich darf eigentlich nichts gegen den Verkehr sagen. Sehen Sie, hier in Tôtes haben die Bürger jahrelang für ihre Umgehungsstraße gekämpft. Sie ist jetzt fast fertig, dann wird es endlich wieder ruhiger. Für unseren Laden bedeutet das aber wahrscheinlich das Ende. Denn die meisten Kunden waren doch Durchreisende, die in Zukunft an Tôtes vorbeifahren.«

Familie Delorme bewohnt in Pierreville ein einfaches Neubauhäuschen mit Garten, einen Steinwurf entfernt von den Großeltern, die noch in ihrem alten normannischen Bauernhaus leben. Alltag in der Normandie.

»Mein Vater hat bis zuletzt als Landwirt gearbeitet. Jetzt bekommt er eine Lebensversicherung ausbezahlt, mit der wir alle zusammen das alte Haus ausbauen wollen. Meine Eltern wollen unsere alten Kinderzimmer als ›Chambre d'hôte‹ einrichten für Gäste.« – »Wissen Sie«, ergänzt ihre Mutter, »wir wollten unbedingt, daß unsere Kinder in die Stadt gehen, aber jetzt sind wir froh, daß unsere Tochter wieder zurückgekommen ist. Es leben ja unter der Woche sonst nur Rentner in Pierreville – wie wir. Zum Beispiel unsere Nachbarn gegenüber. Die kommen nur am Wochenende und in den Ferien, die kennen wir gar nicht.«

Pierreville ist ein 100-Seelen-Dorf ohne Dorfkern und damit typisch für die nordöstliche Normandie, das Pays de Caux. Die Gebäude, früher ausschließlich normannische Bauernhöfe mit ihren verwinkelten Gaubendächern, liegen kreuz und quer verteilt, meist geschützt hinter alten, mächtigen Baumhecken, den bocages. Von den schmalen, tiefeingeschnittenen Wegen aus kann man den Ort glatt übersehen. Ein ordnungsgemäßes Ortsschild hielten bisher alle für überflüssig.

Eric Senecal, der an diesem Buch mitgearbeitet hat, ist in Pierreville aufgewachsen. Er lebt heute als Journalist in Dieppe und besucht häufig übers Wochenende seine Heimat. »Die Provinz hat eine ganze Reihe von Vorteilen. Im Grunde haben wir hier alles: das Meer vor der Tür, die schöne Landschaft, und für alle Fälle Le Havre und Rouen als Großstädte. Außerdem sind in der Normandie die Leute ziemlich lebenslustig. Früher war die Provinz ärmer und die Stimmung frustrierend. Von meinen Freunden ist nur ungefähr die Hälfte hiergeblieben. Nebenbei: Kein einziger von uns ist Bauer geworden, ganze zwei sind im Agrargroßhandel. Aber der Trend schlägt um. Heute versuchen in Frankreich alle, die Lebensqualität auf dem Land mit den Vorzügen des Lebens in der Stadt zu kombinieren.«

Zum Thema Autoverkehr? »Mit der Verkehrsanbindung und Infrastruktur steht und fällt das Leben in der Provinz, das ist klar. Die pseudoromantische Abgeschiedenheit hat für mich keine Perspektive, die Leute brauchen Arbeitsplätze und überall Anschluß an das Wirtschaftsleben. Die Normandie kann nicht nur von den Touristen leben, die natürlich alles am liebsten romantisch wollen. Zuerst muß man dafür sorgen, daß es für die Leute hier vor Ort Existenzmöglichkeiten gibt, denn wenn immer mehr pendeln müssen, dann wächst der Verkehr ja ständig weiter.«

Eric wohnt in Dieppe in einer Dreizimmerwohnung mit seiner Freundin Sabine. Die Redaktion, in der er arbeitet, ist nicht weit. Sabine hingegen

Monsieur Delorme aus Pierreville

studiert Biologie in Rouen und jobbt nebenher als »pionne«, als Hausaufga-
ben-Lehrerin, in einem Lycée in Neufchâtel. Das bedeutet jedesmal 70 km
Landstraße bis zur Uni und 40 km bis zum Job. »Wir müssen uns ein Auto
teilen, was oft problematisch ist. Aber Rouen ist keine Alternative, weil
erstens Wohnungen dort viel teurer sind und zweitens weil wir beide das
Meer brauchen.« Sabine kommt nicht von hier, ist in der Bretagne geboren.
»Insofern sind wir beide Küstenmenschen, er Normanne, ich Bretonin.«
    Eine gute Gelegenheit, die zentrale Frage zu stellen: Worin unterscheiden
sich Normandie und Bretagne? Eric überlegt, Sabine weiß dazu gleich einiges: »Man muß nur die Form der Küsten vergleichen: in der Bretagne felsig
und stürmisch, in der Normandie meist flach und lieblicher. Ich glaube, das
prägt die Charaktere. Und dann haben die Bretonen entschieden eigene
kulturelle Wurzeln, eine ganz andere Geschichte und ein rein bretonisches
Wir-Gefühl. Ich persönlich fühle mich absolut als Französin, ich beherrsche
auch kaum noch die bretonische Sprache, aber ich kann es gut verstehen,
wenn jemand auf seiner bretonischen Identität besteht.« Eric widerspricht:
»Vieles davon ist doch nur Koketterie. Die Sonderrolle der Provinz wird
von euch immer dann ins Spiel gebracht, wenn man irgendwelche Vorteile
ziehen kann.« – »Die Bretagne war von allen Regionen lange Zeit am meisten
benachteiligt!« – »Aber schau Dir doch an, was heute ist: Die Leute in der
Bretagne leben heute genauso wie die in der Normandie.« – »Die Bretagne

war nie so stark von Paris beeinflußt wie die Normandie, sie liegt 200 km weiter weg und das merkt man.« – »Früher, aber nicht im Zeitalter von TGV und Computer. Und wenn man es historisch sieht, ist die Kultur der Normannen, die auch sehr eigenständig war, erst viel später nach Frankreich gekommen.« Die Argumente sitzen – es ist sicher nicht die erste Debatte dieser Art zwischen den beiden.

Ortswechsel: Plouaret, eine Kleinstadt im Norden der Bretagne. Der Ort kam 1991 in die Schlagzeilen, als bretonische Nationalisten und Mitglieder der Eisenbahnergewerkschaft im Bahnhof die Gleise des TGV Atlantique Paris-Brest blockierten. Sie protestierten dagegen, daß zugunsten der superschnellen TGV-Städteverbindungen das regionale Schienennetz, konkret die Strecke von Plouaret hoch nach Lannion, vernachlässigt wird. Dieses Stück Regionalbahn soll definitiv nicht weiter elektrifiziert werden, was mittelfristig das Aus bedeutet. Die Bretonen wehren sich gegen eine Eisenbahnpolitik, bei der das 400-Stundenkilometer-Prestigeobjekte TGV Vorrang hat vor dem öffentlichen Nahverkehr. Auch hier geht es um den Konflikt zwischen zwei verschiedenen Geschwindigkeiten.

Philippe Monrout, ein Gemüsehändler aus Plouaret erzählt, er wäre sicher im Bahnhof dabeigewesen, wenn er vorher davon gewußt hätte. »Lannion ist die Hauptstadt der Region Trégor. Das Ministerium hat Lannion lange Zeit wirtschaftlich gefördert, sie haben das Zentrum für Telekommunikation gebaut und damit uns allen hier etwas geholfen. Aber jetzt haben sie uns offenbar wieder vergessen und den Hahn zugedreht. Das können sie mit uns nicht machen. Wissen Sie, für mich ist dieser TGV nur laut und teuer, das ist alles.«

Monsieur Monrout hatte früher einen kleinen Bauernhof in Tonquédec, einem kargen Dorf weiter nördlich. »Es ging uns gar nicht gut, und irgendwann kam die Frage: Investierst du oder nicht, machst du Schulden oder nicht, und dann habe ich meine Kinder angeschaut und mir gesagt, wenn Dir was passiert, müssen die Kleinen das zurückbezahlen.« Dann hat er in Plouaret Madame Le Dantec kennengelernt, Spezialistin für solche Fälle: Gemeinsam mit zwei Kollegen besitzt sie eine Immobilienagentur und hat ihm geholfen, den maroden Hof zu verkaufen.

Draußen hängt die übliche Tafel mit Fotos und Kurzbeschreibungen der Objekte, drinnen steht ein schlichter Schreibtisch vor einem dicken Aktenregal. Die Agentur legt offensichtlich Wert auf Bescheidenheit. »Die meisten unserer Interessenten sind Engländer. Seit dem Beginn der Bauarbeiten am Kanaltunnel wurden es mehr und die Preise steigen. Im Moment haben wir Häuser ab 160.000 Francs. Wir haben vieles im Programm, vom Château oder alten Manoir bis zur einfachen Kate. Aber an viele Gebäude sind heute Auflagen gebunden, was Ausbau oder Instandsetzung betrifft. Das schreckt viele Käufer ab, und sie ziehen dann lieber eine moderne Eigentumswohnung in Nähe der Strände vor.«

Madame LeDantec ist eine attraktive Französin Ende 50. Sie stammt ebenfalls aus der Region Trégor und einige der Objekte, die sie vermittelt, kennt sie seit ihrer Kindheit. Was geht in ihr vor, wenn sie diese Häuser nun an Leute aus dem Ausland verkauft? »Sie meinen, ich müßte mich rechtfertigen? Sie denken wohl an Parolen wie: ›Die Bretagne den Bretonen!‹ Auch uns haben sie früher mehrmals das Schaufenster mit schwarzer Farbe besprüht. Aber im Grunde handelt es sich ja um einen Umbruch in der Gesellschaft und nicht um ein bretonisches Problem. Ich meine, früher waren die Häuser von Generation zu Generation in Familienbesitz, und wenn jetzt die Häuser verkauft werden, weil die Leute woanders arbeiten oder die Häuser für sie einfach zu groß sind und in der Renovierung zu teuer, dann ist es doch gut, wenn jemand kommt, der für ihre Erhaltung sorgt.« Ihr Sohn Paul ist gerade zu Besuch. Er arbeitet in Paris als Elektroingenieur und lebt heute mit seiner Frau in der Pariser Banlieue bei Pavillons-sous-Bois, in einer kleinen Zweizimmerwohnung zur Miete. »In unserer Familie sind alle überzeugte Bretonen. Wenn Sie Fragen haben, meine Mutter weiß alles über die Bretagne und kennt hier jeden.«

Paul selbst ist der Inbegriff eines schwärmerischen Bretonen, leidenschaftlich gern liest und verschenkt er Sammlungen mit bretonischen Märchen. Die bretonische Kulturfibel, das Buch »Le cheval d'orgueil« von Pierre-Jakez Héliaz, kennt er in- und auswendig. »Aber Bretagne ist nicht gleich Bretagne! Der Norden hier ist ganz anders als der Süden. Die Leute aus dem Trégor sind ganz anders als die aus dem Pays de Bigouden. Jede Gegend hat ihre Besonderheiten. Alle Bretonen leben sehr verbunden mit ihrem Land, und das ist ja auch überall unterschiedlich.« Paul kennt unzählige Anekdoten. Zum Beispiel erzählt er von einem alten Bretonen aus dem Dorf Prat, den er selbst mal kennengelernt hat, der nie den Führerschein gemacht hat, aber seit Ewigkeiten einen Deux-Chevaux fährt. Nach zwanzig Jahren sei er erstmals von der Polizei kontrolliert worden und anschließend verwarnt. Der Bretone habe sich damals aber geweigert, eine Führerscheinprüfung auf Französisch zu absolvieren. Auf Bretonisch gab es keine. Die Polizei erwischte ihn immer wieder unterwegs auf der Landstraße. Heute ist er 82, fährt weiter seinen unverwüstlichen Deux-Chevaux und besitzt jetzt eine außerordentliche, offizielle Sondergenehmigung, zumindest einmal in der Woche, nämlich sonntags, ohne Führerschein zur Kirche zu fahren und zurück.

Die Bretagne als Reiseland? Dazu Paul: »Die Bretagne ist überall sehenswert. Ich selbst mag die Küste im Norden zwischen Paimpol und Perros-Guirec am meisten. Da hat jedes Dorf seinen eigenen Charme. Aber ich gebe ungern Tips, weil jeder andere Vorstellungen hat. Richtig lernt man die Bretagne erst kennen, wenn man die großen Straßen verläßt, das Auto abstellt und losläuft.« Eben. Reisen durch die Provinz – eine Frage der richtigen Geschwindigkeit.

Super, Hyper, Mammouth

Was ist dran am »savoir vivre«?

Die Franzosen sind stolz darauf, daß alle Welt glaubt, sie seien besondere Lebenskünstler. Die Sehnsucht ihrer neidischen Nachbarn nach einem »Leben wie Gott in Frankreich« schmeichelt ihnen, ist längst Bestandteil ihres kulturellen Selbstverständnisses und darüber hinaus zum wichtigen Exportschlager geworden. »Fronkraisch, Fronkraisch!«

Die Franzosen mögen Klischees. Und besonders die, die sie selbst betreffen: Franzosen, heißt es da, seien Meister der guten Küche, der Liebe, der extravaganten Mode, sie hätten die überlegene Gelassenheit des »laisserfaire«, hätten stets Sinn für alles Sinnliche, und seien darüber hinaus allesamt stolze Individualisten. Kurzum: Frankreich – das Land des »savoir vivre«.

Wie immer solche Klischees viel zu allgemein und zu generalisierend auch sind – die Franzosen fühlen sich hinter diesen stereotypen Bildern doch wohl. Wer ließe sich nicht gern nachsagen, er sei ein sinnenfroher Individualist!

Nur stimmt die Vorstellung vom Volk der gelassenen Lebenskünstler heute immer weniger mit der Realität überein. Wie überall, gehen auch zwischen Lille und Bordeaux die Uhren immer schneller, fällt das ausgedehnte Mittagsmenue dem Terminplan zum Opfer, wird die Stilisierung der Alltäglichkeiten zum reinen Luxus.

Da hilft das Festhalten an den alten Klischees darüber hinweg, daß aus dem Volk der Genießer längst eine gewöhnliche Massengesellschaft geworden ist. Die eigenwillige Kulturnation Frankreich, immer stolz auf Autarkie, Tradition und Individualismus, erwies sich gegenüber den Versuchungen der Konsum- und Massengesellschaft als genauso verwundbar wie ihre Nachbarn. Und mehr noch: heute sind die Franzosen die besten Amerikaner Europas.

Dazu zwei Beispiele, an denen das leicht ersichtlich wird: Fastfood und Shopping-malls.

Auch kleinste Dörfer werden in Frankreich mittlerweile belagert von den riesigen Hallen der Einkaufsmärkte. Nach dem Vorbild amerikanischer shopping-malls werden sie wie gigantische Schuhkartons am Ortsrand auf die Wiesen geknallt. Eine schnell errichtete Fertigbauhalle, Dach drauf, Regale rein, Waren einräumen, Kassen und Berieselungsmusik angestellt, draußen noch meterhohe Leuchtreklamen installiert, Parkplatz davor – und fertig. Geöffnet meist von 8.00 bis 22.00 h.

Warenangebot im kleinen Krämerladen von Guimilau

Diese Konsumtempel aus Stahlblech prägen inzwischen überall das Bild der französischen Provinz – und sie wuchern weiter. Mit dieser nicht enden wollenden Flut von Großmärkten ist Frankreich im europäischen Vergleich einsame Spitze; nur die USA bieten mehr. Und wer hätte gedacht, daß das Land der vielen romantischen Einzelhändler, das Land der vielen Straßenmärkte derartig auf den american-way-of-shopping einschwenken würde? 1972 entfielen auf 10.000 Einwohner in den USA 10 Lebensmittelläden, in der BRD 24, in Frankreich dagegen noch stattliche 52. Diese Zeiten sind vorbei. Die Franzosen entwickelten eine heimliche Schwäche für das Einkaufen à la »Super, Hyper, Mammouth«.

In Frankreich ist Supermarkt nicht gleich Supermarkt. Die Franzosen klassifizieren ihre Märkte liebevoll nach Hallengröße: von 120 bis 400 qm Verkaufsfläche nennt man ein Geschäft »superette«, von 400 bis 2.500 qm »supermarché«, und erst ab 2.500 qm wird der Laden zu einem stattlichen »hypermarché«. Und es sind vor allem diese Hypermarchées, die das absolute Konsum-Delirium inszenieren: in Menge, Vielfalt, Auswahl und zum Teil auch Qualität und Frische einfach sehenswert. (Empfehlung: ohne etwas einzukaufen eine Stunde »ganz entspannt« in einen Hypermarché. Unvergeßlich!)

Jahr für Jahr gibt es einen Wettstreit unter den Betreibern der Einkaufsmärkte darum, wer den größten hat; 1991 liegt Carrefour vorne, mit seiner 24.400 qm-Halle in Portet-sur-Garonne – das sind mehr als drei Fußballfelder voller Waren unter einem Dach (Carrefour war es auch, der 1963 den ersten Hypermarché eröffnete). Was die Anzahl der Märkte angeht, liegt

1991 die Gruppe Leclerc mit 230 Hypermarchés an der Spitze, gefolgt von Carrefour, Euromarché, Casino, Cora, Docks, Intermarché und anderen.

Mit der Guppe Leclerc verbinden die Franzosen jene Tellerwäscherkarriere des Bretonen Edouard Leclerc, der als einfacher Kolonialwarenhändler begann und heute in Frankreich den kompletten Einzelhandel dominiert. Nach amerikanischem Franchise-Prinzip gebaut, entwickelte sich Leclercs Firma in kurzer Zeit zur umsatzstärksten Kette Frankreichs (100 Mrd. FF) mit fast 50.000 Mitarbeitern.

Und Leclerc ist weiter im Goldrausch. 1991 sollte in Morlaix, an der bretonischen Nordküste, quasi über Nacht ein weiterer Markt hochgezogen werden; mitten in einem idyllischen Wald- und Wiesenstück am Ostrand der Stadt. Bedarf herrschte keiner, weil die Gegend mit ähnlichen Märkten schon mehr als bedient ist. Es hagelte Proteste der Anwohner. Zwar hatten sie keine Veto-Möglichkeit, aber sie alarmierten die benachbarten Einzelhändler – und mit Erfolg. Seit 1974 wird in Frankreich dem lokalen Einzelhandel per Sondergesetz bei der Genehmigung neuer Großmärkte ein Mitspracherecht eingeräumt. Man will die Kleinen schützen und ihnen Umsatzanteile sichern. Genützt hat das Gesetz wenig: im Bereich Lebensmittel z.b. kassierten die Großmärkte 1990 schon 60% des Umsatzes. Frankreich – dem Klischee nach das Land des feinen Geschmacks, der anspruchsvollen Küche und der wählerischen Individualisten – in Wahrheit irgendwann ein einziger Supermarkt?

Beispiel zwei: Fastfood. Als in Frankreich das Big-Mac-Zeitalter anbrach, die ersten Filialen in Paris und Marseille öffneten, da lächelte man souverän oder rümpfte abfällig die Nase. Sicher, beim deutschen Nachbarn hatte das neumodisch amerikanische Burger-tum schon Fuß gefaßt; die hatten ja auch keine eigene Gastronomie-Kultur. Dort war es ein leichtes gewesen. Aber in Frankreich? Es würde doch wohl niemandem gelingen, die Jünger eines Bocuse mit Standard-Bouletten zum Gaumenfrevel zu verleiten! Selbst die amerikanischen Investoren waren sich beim Thema Frankreich ihrer Sache alles andere als sicher und zögerten lange. 1981 gab es im ganzen Land erst 100 Burger-Tresen.

Aber der Durchbruch kam, und heute sind es über 2.000. Jeden Tag kommen drei dazu. Darüber wundern sich selbst die Franzosen, in dieser Sache ausgesprochen reserviert. Wer hätte gedacht, daß das Volk der Nouvelle Cuisine Geschmack an amerikanischen Ketch-up-Brötchen finden würde?

Geradezu salonfähig wurde die neue Fastfood-Kultur mit der Eröffnung eines McDonald's auf der Nobelmeile Champs-Elysées, inmitten so wohlklingender Namen wie »Chez Maxime's«. Und just von diesem berühmten Edel-Establissement hat Fastfood in Frankreich jetzt seinen Spitznamen: wen immer es heimlich oder unheimlich in Richtung BigMac zieht, der sagt jetzt geschickt, weil zweideutig, er gehe zu »Chez Mac's«.

Merlin und Viviane, Tristan und Isolde

Zu Besuch bei den sagenhaftesten Bretonen Europas

Dicht und wild hängen die grauen Nebel, an den Felsen zerbricht schmetternd die Brandung, die Gischt geht hoch, da springen durch die Klippen flink ein paar Gestalten, verwegen und mit Tüchern umhängt. Einer ruft etwas gen Himmel – und schon sind sie wie vom Erdboden verschwunden. Sind sie hinüber in den Wald? Was mag in diesem dunklen Wald wohl sein? Die Bretagne, das mystische Land der Märchen und Legenden, der Könige und Zauberer. In dieser Atmosphäre der Ängste und der Wunschphantasien entstanden auch die Liebesgeschichten zweier besonders berühmter Paare der Sagenwelt: Tristan und Isolde, und Merlin und Viviane. Alle vier sind echte Bretonen, wer hätte das gedacht. Alle vier sind Liebende, die sich in ihren Leidenschaften übermäßig tief verheddern, bis ihnen süße Lust zur öden Qual wird. So gesehen zunächst kein typisch bretonisches Thema.

Tristan und Isolde sind Figuren einer ursprünglich keltischen Geschichte über eine Liebe, die herrlich frei und tapfer beginnt und schließlich leidenschaftlich-klebrig endet. Der Stoff wurde von Oper (Richard Wagner) wie Film (Jean Cocteau) vielfach variiert – im Grunde geht es um folgendes: Tristan, zu deutsch: der Traurige, ist ein Waisenkind. Der Vater stirbt kurz vor, die Mutter kurz nach der Geburt, und plötzlich ist Tristan der Prinz von Léon, der westlichsten Spitze der Bretagne. Und sein Onkel ist jener König Marc'h, ein im 5. Jahrhundert lebender Herrscher über die Halbinsel Cornouaille, heute genannt Sizun. Dieser König Marc'h, der am Strand von LeRis, oberhalb von Douarnenez residiert haben soll, holt sich den flinken und klugen Neffen ins Haus und macht ihn zum Mann. Tristan hilft dem Reich des Oheims, das gerade eine schwere Zeit durchlebt.

Marc'h ist den keltischen Iren gegenüber wegen einer alten Geschichte noch abgabepflichtig: Frauenhandel. Konkret müssen von Cornouaille 300 Jungfrauen Jahr für Jahr nach Irland abgegeben werden. Neffe Tristan kann soviel Schönheit nicht einfach außer Landes verschwinden sehen, weshalb er anbietet, der Schmach ein Ende zu bereiten.

Als wieder einmal das irische Schiff in die Bucht von Douarnenez einläuft, stellt sich Tristan dem irischen Anführer Morold, dem Schwager des Irischen Königs, in den Weg und verweigert den Jungfrauen-Tribut. Auf einer kleinen Insel in der Bucht kommt es zum Zweikampf. Tristan holt mit dem Schwert aus und spaltet dem armen Morold gewaltig den Schädel. Ein verhängnisvoller Splitter seiner Klinge bleibt im Schädel des toten Morold zurück. Auch Tristan wird lebensgefährlich verletzt, Marc'h will ihn schon aufgeben – es bleibt ihnen noch eine einzige Person, die ihn retten könnte. Die aber ist ausgerechnet die Schwester des ermordeten Morold, die heilkundige Königin von Irland.

Es hilft nichts – Tristan muß da hin, wenn's sein muß inkognito. Er verdreht seinen Namen und reist als »Tantris«, als Spielmann, an den irischen Hof, wo er unter den heilenden Händen der Königin und ihrer assistierenden Tochter in wenigen Wochen wieder gesundet. Jene Assistentin heißt Isolde. Na, und da bahnt sich natürlich was an. Diese Isolde hat inzwischen blitzgescheit am Klingensplitter aus dem Schädel ihres toten Onkels das Schwert von Tristan wiedererkannt. Bei aller Liebe fordert sie ihn auf, außer Landes zu verschwinden, bevor sie die Wachen verständigt. Tristan haut ab.

König Marc'h indes findet ebenfalls Gefallen an Isolde und will sie heiraten. Tristan ist darüber nicht gerade begeistert. Und ausgerechnet er soll auch noch das Mädel von der grünen Insel in die Bretagne holen. Tristan

»Der sinnende Zauberer, sitzend im Gras«, Illustration von Aubrey Beardsley (1894)

fügt sich murrend dem Willen des Oheims. Auch Isolde, noch weniger begeistert, nimmt die Angelegenheit als Pflicht gegenüber der irischen Krone und reist mit nach Douarnenez. An Bord passiert das Unheil: Ihre heilkundige Mutter hatte Isolde für alle Fälle etwas ins Gepäck getan, ein Fläschchen Liebesdroge, um ihr damit den Zugang zum greisen König Marc'h etwas zu erleichtern. Aber durch ein Versehen trinken während der Reise Tristan und Isolde davon, das Zeug wirkt phantastisch, der Trip reißt sie davon, und fortan sind sie untrennbar durch heiße Leidenschaft miteinander verbunden. Ein Martyrium beginnt.

Isolde heiratet pflichtgemäß den König, kann aber heimlich nur mit Tristan. Tristan dient treu dem Oheim, turtelt aber hinter dessen Rücken mit der Königin. Von Leidenschaft getrieben fallen sich die beiden immer wieder im Wald von Huelgoat in die Arme. Tristan verzweifelt zwischen Trieb und Treue und über die eigene Willenlosigkeit, ist von alldem mittlerweile extrem suizidgefährdet und stürzt sich auch tatsächlich eines Tages bei Douarnenenz von den hohen Klippen. Just in dem Moment kommt eine Böe auf, bläst ihm unter den weiten Mantel und trägt ihn sanft und unverletzt hinunter auf eine kleine Insel, die heute Ile de Tristan heißt. Wieder nichts. Er überlebt. Für Tristan und Isolde finden die süßen Liebesqualen einfach kein Ende. Wenn sie sich darüber doch nur freuen könnten! Nun, auch hier gilt: Es kommt, wie es kommen muß. Irgendwann entdeckt König Marc'h den Betrug und ist zutiefst gekränkt und entehrt. Die beiden werden auf dem Scheiterhaufen verbrannt und ihre Urnen jeweils links und rechts einer kleinen Kapelle bei Brest begraben. Ende der Leidenschaft? Hört die Droge endlich auf zu wirken? Aus Isoldes Herz entsprießt eine Rose, aus Tristans Brust ein Weinstock, beide wuchern empor und ranken bald schon über dem Dach des Gotteshauses ineinander.

Das Liebesnest der beiden, der Wald bei Huelgoat in den Monts d'Arrée, ist einer der sagenhaften Märchenwälder der Bretagne. In einem anderen Unterholz-Liebesnest, dem Forêt de Paimpont, trifft man auf die Spuren des Pärchens Merlin und Viviane. Auch diese beiden gelten als klarer Fall von schwerblütiger Leidenschaft, auch diese beiden litten prototypisch für abendländische Liebesnot (beispielhaft beschrieben von Dorothea und Friedrich Schlegel).

Es war einmal Merlin, der Zauberheld der Artussage. Er war unsterblich, alterte nicht mehr. Merlin war nicht gerade hübsch, ein knorzeliger Magier eben, und stammte aus der Vereinigung eines bösen Teufels mit einer guten, aber leichtsinnigen Jungfrau. Vom Vater hatte er die magischen Kräfte erlernt, das Reisen durch die Zeit, die Bewußtseinsübertragung, das Schaffen von Materie. Von der Mutter übernahm er, all dies nur für gute Zwecke einzusetzen. Merlin half Artus und seinen Rittern bei ihrer Suche nach dem heiligen Gral, jenem geheimnisvollen Gegenstand – vielleicht ein Kelch, eine Schale, ein Stein –, der über magische Kräfte verfügt, der heilt und Glück und für immer gut Essen und Trinken bringt. Merlin war unter den Gralssuchern für seine Fähigkeiten geschätzt und gehörte offiziell zur Tafelrunde. Merlin hatte irgendwann von dem Job genug, wollte sich zurückziehen, um als Einsiedler mehr von seinem Leben zu haben. Auf der Suche nach ein bißchen Privatleben begab er sich in die tiefsten Tiefen des bretonischen Waldes, in den Wald von Paimpont westlich von Rennes. Dort begegnete ihm ausgerechnet im »val-sans-retour«, dem Tal ohne Wiederkehr, Viviane, die blonde Tochter des reichen Schloßherrn von Comper. Als er sie sah, überkam es ihn, er stieg ihr nach, und an der nahen Quelle von Barenton eroberte er sie stürmisch. Viviane erkannte, wer er war, und überlegte sich, wie sie davon profitieren könnte, daß ihr ein Zauberer verfallen war. Sie begann, Wünsche zu äußern. Merlin zauberte ihr ein Pferd. Merlin zauberte ihr ein Schloß auf den Grund des Comper Sees. Merlin zauberte und zauberte und weihte Viviane in jede seiner Zaubertechniken ein. Dadurch wurde sie bald eine kluge, unter Kolleginnen respektierte Fee. Merlin war in seine lernbegierige Freundin total verliebt. Schließlich bat sie ihn um das Geheimnis für einen besonders gefährlichen Trick...

»Oh mein süßer Freund, noch eine Wissenschaft fehlt mir, die ich doch so gern erlernen möchte; erhöre meine Bitte und lehre sie mich.« – »Und welche Wissenschaft ist dies?« fragte Merlin, der aber schon sehr wohl wußte, was sie dachte. »Lehre mich, wie ich einen Mann fessle, ohne Ketten, ohne Turm und ohne Mauer, bloß durch die Kraft des Zaubers, so daß er niemals entweichen kann, wenn nicht ich ihn entlasse.«

Als Merlin dies hörte, seufzte er tief und ließ sein Haupt sinken. »Warum erschrickst Du, mein Freund?« fragte Viviane. »Ich weiß«, antwortete Merlin, »daß Du mich so zu halten willens bist, und doch kann ich nicht widerstehen, es Dich zu lehren, so ganz bin ich von Deiner Liebe hingenommen!«

Er offenbarte ihr die Zauberworte. Und als sie eines Tages an einem freien Platz im Wald von Brocéliande auf einem Stein saßen, da erhob sich Viviane, ging neunmal »...«-murmelnd (zum Glück nicht überliefert) um Merlin herum und sperrte ihn damit in einen neunfach gefestigten Kreis aus Luft, in dem der Zauberer auf ewig gefangen blieb. Wann immer es Viviane danach gelüstete, stattete sie ihrem »Gemahl« einen Besuch ab. Aber sie hätte ihm gern die Freiheit wiedergegeben, denn es deprimierte sie doch ziemlich, ihn ständig in Gefangenschaft zu sehen; der Zauber war jedoch zu stark, es stand nicht mehr in ihrer Macht ihn zu lösen, worüber sie sich in Traurigkeit verzehrte. Das hatte sie nun davon.

Nachwort: Wenn jetzt Viviane mit dem Zauberspruch nicht ihren Merlin, sondern den König Marc'h gefangen hätte, diesen störenden Oheim aus der ersten Geschichte – vielleicht hätten beide Paare bis an ihr Lebensende glückliche Tage in der Bretagne verbracht, irgendwo in einer Holzhütte, mitten im tiefen, tiefen Wald.

Biniou und Bombarde

Volksmusik und Celtic-Folk in der Bretagne

Aus einem Hinterhof der Rue Jean-Jaurès in Quimper dringt laute Musik. Trötende Pfeifen und volkstümliche Melodien – die schrillen, hellen Töne klingen nach Dudelsack. Sind hier Schotten zu Besuch? Weit gefehlt! In einem kleinen Saal üben drei junge Bretonen. Zuhörer willkommen. Der Dudelsack ist nicht nur ein altes schottisches oder irisches, sondern auch ein bretonisches Instrument. Auf Wunsch spielen die drei die bretonische Nationalhymne »Bro gaz va zadon«: nach altem Brauch mit einem dreipfeifigen Dudelsack, dem Biniou, einer schneidend lauten Oboe, der Bombarde, und dazu einer kleinen Trommel als Marschinstrument. Ein Trio dieser Art nennen die Bretonen »Bagad«. Diese Musik hat, das läßt sich nicht leugnen, etwas Schmetterndes, Eintöniges. Es braucht eine Weile, bis man sich hineinhört, um dann doch Ausdruck und Melodienvielfalt zu entdecken. Europäische Volksmusik, die erstaunlich fremd wirkt. Die drei Musiker können aber auch ganz anders: Plötzlich wechselt der Trommler vom Marsch-Rhythmus auf federnden Jazz, und dann legen sie los mit einer dynamischen Folk-Session.

Mit dem Wiederaufleben der keltischen Kultur ist die Volksmusik wieder sehr gefragt. Das Spielen alter Lieder auf alten Instrumenten wurde zum Inbegriff einer sich auf ihre eigenen Traditionen und ihre unterdrückte Kultur besinnenden Bretagne. Volksmusik beinhaltete auch politische Töne, was später in den 70er Jahren mit dem irisch-bretonischen Folk-Revival europaweit die Fans mobilisierte.

Biniou und Bombarde bildeten seit Jahrhunderten das traditionelle Duett für bretonische Volksweisen und -melodien. Der Biniou, wie alle Dudelsäkke, ist im Grunde eine Weiterentwicklung der Flöte. Und Vorfahre der klassischen Orgel: ein kleiner, damals noch mobiler Blasebalg mit angesetzten Pfeifen. An die Stelle des ursprünglich nur zweipfeifigen, bretonischen »Biniou koz« (eine Melodie- und eine Begleitbaßpfeife) trat in den 30er Jahren der größere »Biniou bras«, der eher dem schottischen Dudelsack ähnelt und mit drei Pfeifen (zwei Begleitbässen) tiefer und komplexer klingt. 1939 zählte man offiziell im Land noch 63 Biniou-Virtuosen, heute sind es wieder über 2.500.

Die Bombarde entwickelte sich aus einem, in Deutschland als Schalmei bekannten Holzblasinstrument mit doppeltem Rohrblatt, das im Mittelalter aus Arabien eingeführt wurde. Wenn der Klang an orientalische Schlangenbeschwörer erinnert, so hat das also einen Grund. Aus der trötenden Bombarde wurde im 17. Jahrhundert schließlich die klassische Oboe, mit differenzierter Klappentechnik, anderem Mundstück und dadurch einem weicheren, nasalen Klang.

Zu den traditionell bretonischen Instrumenten gehört auch die kleine keltische Harfe, bretonisch Telenn. Seit Troubaix' Zeiten diente sie den singenden und Geschichten vortragenden Barden zur Begleitung und Untermalung.

Gerade die Harfe machte in der Bretagne eine völlig unerwartete Karriere. Wer hätte gedacht, daß dieses zarte und zugleich schwerfällige Instrument, dieser Außenseiter der klassischen Orchestermusik, eines Tages zum ernst zu nehmenden Mittelpunkt des modernen Folkrocks würde? Zu verdanken ist dies besonders einem Mann: Alain Stivell.

Stivell (bretonisch: die Quelle) wurde geboren als Sohn eines bretonischen Musiklehrers. Vater Stivell hatte sich selbst eine keltische Harfe gebaut – typisch für das wiederbelebte Interesse an bretonischer Musik. Sohn Alain übte auf dieser Harfe, spielte zunächst hauptsächlich klassische Stücke, fing aber bald an, vom Vater ermutigt, das ganze Feld keltischer Musik zu erforschen. Lieder aus der Bretagne, aus Irland, Schottland und Wales.

Inzwischen ein überzeugter Verfechter der Autonomie, ging er nach Paris, wo er in kleinen Clubs spielte, manchmal als Harfensolist, manchmal gemeinsam mit seinem bretonischen Kollegen, dem Gitarristen Dan Ar Bras. Anfang der 70er Jahre produzierte Stivell ein erstes Solo-Album und begann, sich eine Begleitband mit elektronischen Rock-Instrumenten aufzubauen.

Während der 60er Jahre, dem Erfolgsjahrzehnt des Rocks, hatte der Folk an Einfluß verloren. Rockkonzerte zogen ein Massenpublikum an, während Folk-Musiker sich in die Hinterräume der Pubs und Clubs zurückgezogen hatten. Stivell versuchte, das schöpferische Potential des Folk, die unzähligen individuellen Melodien, Harmonien und Themen, das ganze keltische »Material« mit zeitgemäßen Rock-Elementen zu mischen. Damit prägte er eine neue Richtung des Folkrock, den Celtic-Folk.

1973 spielten er und seine Band im Olympia, dem berühmten Pariser Konzerttempel, vor ausverkauftem Haus. Der Bretone Stivell wurde mit seiner Musik über Nacht zum französischen Helden. Und dann brach er auf, um auch noch das große Britannien und schließlich die USA zu erobern. Stivell wurde zum ersten Folk-Superstar der 70er-Jahre.

Seine Konzerte waren für das Publikum überraschend anders: Da stand kein Star- und Karriere-Typ auf der Bühne. Er spielte ausschließlich Harfe und Dudelsack! Er sprach nur stockendes Englisch, und auch die seltsame Mischung von akademisch-würdevollem und agitatorischem Eifer irritierte zunächst die Fans. Er begann die Abende mit Solostücken und erzählte viel über seine Lieder, erläuterte vor allem die musikalische Geschichte der keltischen Länder: Töne eines unterdrückten Volkes. Die Musik wurde

Alain Stivell: brezhoneg' raok

Tud an Argoad ha tud an Arvor
Tud diwar ar maezh ha tud ar chêrioù bras
Tud Breizh izel ha tud an Naoned
Diwallit' ta mar plij, diwallit' ta

Refrain:
Hep Brezhoneg, Breizh ebet
Hep Brezhoneg, Arrabat komz divar, benn Breizh

Mar c'hellit ket fell' dre ho taoulagad
Mar c'hellit ket lar' dezhi »dagaran«
Mar c'hellit ket lar' »va mab« d'ho bugel
Echu eo an abadenn da virviken
Refrain...

Da virviken ez a da vezan dall
Un dachenn gwell d'ar Gwirvoud, d'an Hollved
Un tamm muioc'h mac'homet an denelezh
Gant an nerzh, an arc'hant, an danvez
Refrain...

Zuerst Bretonisch
Ihr Leute von den Feldern, Leute von den Küsten
Ihr Leute vom Land und Leute aus den großen Städten
Ihr Leute aus der Basse-Bretagne und ihr Leute aus Nantes
Paßt auf, bitte paßt auf.

Refrain:
Ohne bretonische Sprache gibt's keine Bretagne
Ohne bretonische Sprache kann man nicht über die Bretagne reden

Wenn ihr euch nicht mehr umschaut mit euren eigenen Augen
Wenn ihr nicht mehr zu ihm sagen könnt: »Ich liebe dich«
Wenn ihr zu eurem Kind nicht mehr sagen könnt: »Mein Sohn«
ist diese Geschichte für immer vorbei.
Refrain...

Für immer erblindet
eine großartige Vision der Wahrheit, des Universums
das Menschliche noch ein Stück weiter zugrundegerichtet
durch die Gewalt, das Geld, den Konsum.
Refrain...

schrittweise immer rockiger, mit Schlagzeug, Keyboard und E-Gitarre, bis der Saal vibierte. »Er ist der einzige Gelehrte, den ich kenne«, schrieb 1975 der englische Musikkritiker Robin Denselow, »der plötzlich auf die Bühne marschiert und Dudelsack spielt, mit einer auf höchsten Touren laufenden Rockband als Begleitung, und damit eine andächtig lauschende Konzerthalle in ein rock-and-rollendes Tohuwabohu verwandeln kann.«

Der internationale Erfolg Stivells hat der Kulturbewegung in seiner Heimat deutlich den Rücken gestärkt. Er machte Biniou, Bombarde und Telenn populär, und vor allem gelang ihm der damals noch ungewohnte Brückenschlag zwischen alt und neu, zwischen traditioneller und kritischer, zeitgemäßer Musik: Folk statt Folklore.

Die keltische Harfe – bei Troubadix gefürchtet, bei Stivell rockiges Folk-Instrument

Verwitterte Grandhotels und Formel-1-Container

Hotels in Frankreich

Franzosen lieben Hotels. Besonders legendär sind die einst noblen Grandhotels des fin-de-siècle in den alten Seebädern an den Küsten von Normandie und Bretagne. In jener Zeit im 19. Jahrhundert, als man mit der neuen Eisenbahn von Paris aus direkt bis ans Meer fahren konnte, wuchsen diese luxuriösen Strandpaläste überall aus dem Boden. Der Sonntag am Meer, das Baden in den Wellen und das Promenieren am Strand waren gerade erfunden worden – und sofort wurde es auch unter den wohlhabenden Parisern zur Mode, zum »dernier cri«. Von Dieppe bis Roscoff, besonders aber entlang der Paris-nahen Côte-fleurie, entstanden für die Begüterten unter den Badehungrigen erstklassige Hotels der vornehmsten Art. Gerade weil es in dieser Region draußen nicht immer nur sonnig zuging, war ein komfortables Ambiente im Innern der Etablissements besonders gefragt. Die Salons und Suiten waren vom feinsten, die Speisekarten selbst schon eine Reise wert. Man ging ins Casino oder zu den heilsamen Wasserbädern der Thalassotherapie. Es war die Zeit, in der sich die Promenaden vor den Hotels verwandelten in Laufstege der Pariser Haute-Volée.

Im Krieg wurden viele der alten Hotels zerstört. Die großen Tage der Nordküste schienen vorbei, man kam ja inzwischen auch viel schneller in den wärmeren Süden an die Sonnenstrände der Côte-d'Azur. Für die Luxus-Klientel war der Norden schlichtweg so uninteressant, daß den Hotels, die den Krieg überstanden hatten, nun auch noch die Gäste wegblieben. Viele machten dicht, manche wurden abgerissen, weil der Unterhalt der riesigen Gebäude einfach nicht mehr zu finanzieren war.

Einzelstücke dieser vergangenen Seebäder-Kultur haben dennoch überlebt. In Dieppe, Deauville, Dinard oder Perros-Guirec kann man sie finden. Wo sie früher das Leben und den Anblick einer ganzen Bucht oder Promenade bestimmten, wirken sie heute eher zufällig, eher bescheiden. Meist mit den Jahren verwittert und heruntergekommen, haben sie Patina angesetzt und starren nur noch melancholisch aufs Meer. Viele haben keinen Hotelbetrieb mehr, sondern sind umfunktioniert und Suite für Suite als Eigentumswohnungen verkauft worden: Wohnen im Hotel.

Franzosen lieben Hotels. Als besonders schick gilt es seit eh und je, überhaupt und ganz und gar in einem Hotel zu wohnen. Eine Hoteladresse als Privatadresse verbreitet die Aura des cosmopoliten Weltbürgers, die große Welt des Geistes, des Abenteuers, des freien Individualisten. Schriftsteller wie Sartre, Simenon, Genet etc. – von ihnen erzählt man sich gern, wie sie ihre Jahre in Hotels verbrachten:»savoir vivre« im dritten Stock links, Zimmer 42. In Frankreich pflegt man die Kultur des Hotels. Und deshalb gibt es davon dort auch besonders viele. Das ganze Land ist überzogen mit einem in Europa einmalig dichten Netz von Unterkunftsmöglichkeiten. Da gibt es zunächst überall die normalen Hotels, die offiziell besternten oder sternlosen, dann die in Hotelketten oder die freien, individuellen; daneben aber auch zahlreiche »chambres d'hôte« (Gästezimmer), »gîtes ruraux« (Bauernhöfe mit Fremdenzimmer), »réfuges« (Wanderhütten) oder schließlich die über zweihundert Jugendherbergen.

Franzosen brauchen Hotels. Dabei hat eine Übernachtung im Hotel für sie erst in zweiter Linie etwas mit langen Urlaubsreisen zu tun. In erster Linie gab und gibt es in diesem großen Land einen enormen Bedarf an Übernachtungsmöglichkeiten für beruflich Reisende. Franzosen leben damit, daß sie ständig geschäftlich in die Provinz müssen. Das hängt unter anderem zusammen mit ihrer zentralstaatlichen Organisation von Wirtschaft, Verwaltung und Politik. Zentralismus bedeutet in Frankreich, daß die meisten Chefetagen großer Unternehmen wie auch die der Ministerien und Verwaltungsinstitutionen ihren Sitz in Paris haben. Noch in den 70er Jahren mußte z.b. ein Schulleiter, und sei's einer aus den tiefsten Tälern der Pyrenäen, viele hundert Kilometer weit nach Paris fahren, um dort Kleinigkeiten wie drei Schultische oder -stühle zu ordern und abzuholen. Dabei konnte es durchaus vorkommen, daß diese Tische und Stühle im Nachbarort der Schule in den Pyrenäen hergestellt wurden, dann aber zuerst in Paris zentral gelagert und von dort aus wieder verteilt werden mußten. In der Gegenrichtung machen sich regelmäßig viele Beamte oder Abteilungsleiter von Paris aus auf den Weg in die Provinzen, um dort nach dem Rechten zu sehen und Weisungen zu erteilen. Wer von Paris aus als Richter oder Professor in die Provinz geschickt wird, zieht nicht dorthin um, sondern reist für zwei, drei Tage an, um den Standort Paris und die dortigen Kontakte nicht aufgeben zu müssen. Denn in »Paris werden die Karrieren gemacht.

Auch zwischen Provinz und Provinz ist man unterwegs: Oft kam es und kommt es noch immer vor, daß z.B. ein Lehrer aus Rennes zwei Tage die Woche in Rennes und drei in Brest unterrichten muß, wenn Paris es so wünscht. Zentralstaat als absurdes, bürokratisches Prinzip.

Dieses häufige Unterwegssein gehört für alle trotzdem wie selbstverständlich zum Alltag einer Verwaltungswelt, deren allesentscheidender Kopf Paris ist. Mit dem Abbau dieses extremen Zentralismus seit dem Beginn der 80er Jahre wurde das übermäßige Pendeln zwar etwas eingedämmt; ein ständiges Hin-und-Her gibt es aber immer noch.

Glanz und Elend eines Grandhotels bei Dinard

Viele der beruflich Reisenden – Handelsvertreter, Manager, Beamte etc. – klagen darüber, haben sich mittlerweile aber damit abgefunden, bei Fahrten quer übers Land abends meist nicht mehr nach Hause zurückzukommen. Sei's, weil die Entfernungen zu groß sind, die Landstraßen zu eng und zu voll, das Autobahnnetz, das sich in den 80er Jahren überhaupt erst zu verdichten begann, wegen der Mautgebühren teuer ist. Oder sie sitzen nach Feierabend irgendwo in der Provinz fest, weil das Netz der Eisenbahnen zu schlecht ist, das abseits der wenigen, superschnellen TGV-Linien auch noch zunehmend ausgedünnt wird. Wer also woanders arbeiten muß, bleibt lieber gleich über Nacht und geht ins Hotel.

Dazu kommen die vielen Fernfahrer; denn für den Güter- und Schwerlastverkehr gilt auch in Frankreich, daß er weniger über Gleis und Autobahn, als vor allem über die Landstraße abgewickelt wird; Frankreich hat da eine ganz eigene, schon traditionell selbstbewußte Brummi-Kultur. »Güter auf die Schiene«, solche Forderungen kennt man nicht. Also brauchen auch die Fernfahrer überall Hotelbetten. Das Netz der »relais routiers« wurde extra für diese Kundschaft landesweit eingerichtet: preiswerte, kleine Hotels, meist direkt an der Landstraße, erkennbar am blau-roten Zeichen.

Diesen Bedingungen des alltäglichen, beruflichen Hin-und-Hers ist es zu verdanken, wenn man in Frankreich noch im kleinsten Dorf irgendwo in der tiefsten Provinz mit einem Hotel rechnen kann. Zentralismus schafft lange Wege, und lange Wege schaffen Hotels.

Außerdem sind die Franzosen Weltmeister in Wochenendtrips. Nach dem Motto »Warum denn in die Ferne schweifen...« bereist man die eigenen Provinzen. Freitag, 15 Uhr, steigt Frankreich ins Auto und schiebt sich in Staus durchs Land. An diesem Wochenende Bretagne, dann Vogesen, mal Languedoc, mal Normandie, Maine, Anjou oder ins Dauphiné. Die Franzosen sind vernarrt in ihre Regionen, und die haben dank ihrer Unterschiedlichkeit in der Tat die Erholsamkeit der Fremde. Und damit es auch wirklich eine kleine Reise wird, steigt man ab im Hotel; deshalb sind gerade an den Wochenenden überall die Quartiere knapp.

Bei aller Breite der Nachfrage und des Angebots hat sich die Hotelkultur Frankreichs in den letzten fünfzehn Jahren massiv verändert. Die ganze Branche wurde umgekrempelt. Erst gab es ein Hotelsterben, dem gerade die kleinen, schlichten, preiswerten Herbergen zum Opfer fielen. Noch zu Beginn der 80er Jahre konnte man in der Bretagne mit etwas Glück für ganze 20 Francs logieren, in einem Zimmer mit Waschbecken und Strohmatratze. Dann kam die Renovierungswelle: Wo früher Waschbecken, Bidets oder sogar noch die völlig ausreichend Duschkabinen in den Zimmern standen, wurden jetzt Vollbäder reingezwängt. Es stiegen die Preise, und schnell war ein Großteil des ehemaligen Charmes dahin. Und wer nicht rechtzeitig investieren und renovieren konnte, dem gruben die neuen, anonymen Fertigbauketten entlang der Ausfallstraßen das Wasser ab. Stichwort: Novotel.

Dahinter verbirgt sich eine wilde, französische Tellerwäscherlegende. Was zwei Franzosen 1967 am Flughafen von Lille unter dem Namen Novotel begannen, entwickelte sich bis 1992 zum größten Hotelkonzern der Welt. Aus den USA in die Heimat zurückgekehrt, eröffneten Paul Dubrule und Gérard Pélisson mit gepumptem Geld ein schlichtes Mittelklassehotel der Fertigbauklasse. Drei Jahre später hatten sie schon sieben. Ihre Chance sahen sie in der Kombination von französischem Hotelbedarf, amerikanischem Kettenprinzip und universalem Mittelklassestandard. Ihre Rechnung ging auf.

Kein Hotelier war in Europa jemals so erfolgreich wie die zwei Franzosen, wenn es um die Eroberung neuer Märkte im Hotelbereich ging. Heute wird alle drei bis vier Tage irgendwo auf der Welt eine neues Haus ihres Konzerns Accor eröffnet. Bislang regieren sie über 1.500 Betriebe mit mehr als 165.000 Betten, gruppiert unter zwölf verschiedenen Namen wie Sofitel, Novotel, Ibis, Urbis, Mercure und Formule 1. In Amerika gehört ihnen die Kette Motel 6. Mit der Anzahl ihrer Häuser thronen sie nun auf Platz 1 der Hotelketten-Weltrangliste, hinter ihnen die klassischen Giganten wie Holiday-Inn, Marriott oder Hyatt. Bis zum Jahr 2000 soll ihr Betten-Imperium um jährlich 100 neue Häuser wachsen. Ihr weltweiter Umsatz 1991: 6,7 Milliarden Mark, davon knapp eine halbe Milliarde allein in Deutschland; Gewinn etwa 232 Millionen Mark. Ihren Erfolg erzielten die beiden mit

Niedrigpreisen: weil sie sich von Liftboys, Sterlingsilber und Ritz-Ambiente nicht beeindrucken ließen, setzten sie auf minimalen Kostenaufwand bei garantiertem universalen Standard. Dafür gab es weder im eigenen Land noch in ganz Europa Konkurrenz. Versunken in ihr eigenes Traditionsbewußtsein, hatte die französische Hotelbranche der neuen Konkurrenz anfangs nur ungläubig zugeschaut – seit Jahrzehnten war kein einziges neues Hotel erbaut worden, schon gar nicht außerhalb der Ortschaften an der Landstraße oder auf dem Acker. Diese neue Verbindung von Hotellerie und Massenkultur schien zunächst befremdend; aber schließlich waren die Franzosen dann doch amerikanischer als sie sich eingestanden.

Mit Formule 1, ihrem neuesten Ketten-Kind, haben sich die zwei Chefs der Accor-Gruppe endgültig als die »McDonald's der Welthotellerie« etabliert. 150 dieser Billig-Herbergen mit zusammen 8.000 Betten stehen bereits in Frankreich. Ihre skurrilen Fassaden stießen auf Verwunderung: Man hielt die Gebäude für Musterhäuser neumodischer Plattenbau-Firmen oder einfach für gestapelte Container. Außen dran steht in großen Lettern wie an einer Tankstelle der Einheitspreis der Zimmer. Als 1986 das erste Haus öffnete, zahlte man 100 Francs, 1992 liegt der Preis bei 135 Francs. Wobei es völlig egal ist, wieviele Personen darin übernachten; allerdings bieten die winzigen Zwölf-Quadratmeter-Zimmer, inclusive Waschbecken, sowieso höchstens Platz für drei. Macht also pro Bettdecke schlappe 45 Francs – ein Niedrig-Preis, bei dem in der Nachbarschaft jeder Patron, der bislang

Übernachtung im Container zu Discount-Preisen

Beton-Ghetto mit Eigentumswohnungen für Wochenendtouristen in Quiberon

im Haus über seinem Bistrot bescheidene Zimmer anbot, schlechte Zeiten kommen sieht und sich zum Trost einen Pernod spendiert.

Als das Konzept für Formule 1 entwickelt wurde, hieß die Devise für die Planer: Die Übernachtung darf nur so viel kosten, wieviel sich Jedermann für eine Schlafstätte leisten kann, also unter 100 Francs. Die Architekten, Ingenieure und Fertigbauspezialisten haben schließlich gerechnet und festgestellt, daß dann ein Bad für vier Zimmer reichen muß. So wurde es dann beschlossen. Hotelzimmer kalkuliert als Industrieprodukt.

Mittlerweile ist das Container-Logis für Franzosen genauso selbstverständlich wie McDonald's. Gerade die beruflich Reisenden, aber auch Familien mit Kindern, erschöpfte Tramper und Schulklassen holen sich inzwischen am Rezeptionstresen ihre Schlüssel ab. Meist aber erst dann, wenn es wirklich keine andere Alternative mehr gibt.

Und wer möchte, dem bietet sich überall und gar noch preiswerter das »Hôtel aux milles étoiles« an, das Hotel zu den tausend Sternen. So nennen die Franzosen die Übernachtung unter freiem Himmel.

Der Apfel der Sünde
Über die richtige Art, Calvados zu trinken

Die Normandie ist ein Apfelland: Apfelbäume, Apfeltorte, Apfelmost, Apfelwein und Apfelschnaps. Nirgendwo werden soviele Flaschen mit Cidre und Calvados gefüllt und geleert wie in der Normandie. Weil hier jede Region eigene, dem Boden und der Witterung angemessene Baumsorten kultiviert, ändern sich Geschmack und Qualität von Dorf zu Dorf; genau 48 verschiedene Apfelsorten sind offiziell für die Cidre- und Calvados-Herstellung zugelassen. Wenn von September bis November Erntezeit ist, sieht man, wie die Wein-Äpfel zu meterhohen Bergen rund um die Bauernhöfe aufgetürmt werden. 100 Tonnen pro Hof sind keine Seltenheit. Mit propper hochgezüchteten Tafeläpfeln haben sie fast nichts gemein außer den Kernen und dem Namen: Wein-Äpfel sind klein, knorzelig und arm an Fruchtfleisch.

Die Normannen schätzen, erkennen und pflegen die Unterschiedlichkeit ihrer Sorten, ihrer Kombinations- und Verarbeitungsweisen. Nur Banausen mit unsensiblen Kehlen kippen ihr Glas Cidre ohne Sinn für derartige Feinheiten hinunter. Wie in Deutschland entlang den Weinstraßen, lohnt sich in der Normandie (besonders im südlichen Pays d'Auge und in der Normannischen Schweiz) eine Cidre- und Calvados-Tour, bei der man von den Patrons zum Probieren eingeladen und auf den wohl zu beachtenden Unterschied zwischen Trinken und Schmecken eingeschworen wird.

Als die Römer unter Cäsar durch die Normandie zum Ärmelkanal vorstießen, trafen sie dort auf Hügel voller wilder Apfelbäume; der Golfstrom sorgt seit jeher für ein mildes Kanalklima. Und die Römer trafen dort auch auf irgendein betörendes, furchtbar saures Apfelgetränk, das bei den Bauern der Gegend schon beliebt-berüchtigt war. »In vino veritas«, sagten die Römer und brachten der Bevölkerung erstmal bei, wie man richtigen Wein macht. Vorher wurden die Äpfel nur in offenen Trögen zerstampft und endlos vergoren; aus dem Brei schöpfte man dann das prickelnde Getränk ab und füllte die Tröge immer wieder mit Wasser auf. Die Römer verstanden es nun, den Gärungsprozeß zu kontrollieren und so zu beenden, daß der Apfelwein lager- und transportfähig wurde. Im 15. Jahrhundert schließlich hatte der Cidre in der Normandie das Bier aus den Krügen verdrängt. Der leicht prickelnde Frucht-Wein war im Vergleich zur »Cervoise« (mittelalterliches Bier) einfach verträglicher, amüsanter und vielfältiger. Heute klassifiziert man vier Sorten:

Adam und Eva in der Normandie – kann denn Calvados Sünde sein?

– cidre doux: mild, lieblich, Alkoholgehalt bis 3% und mehr als 40 g Zucker pro Liter (trinkt man zum Dessert).

– cidre brut: kräftig, herb, 4,5% Alkohol, weniger als 30% Zucker pro Liter (zum Menu).

– cidre sec/demi-sec: sehr herb, 4% Alkohol, kaum Zucker (auch zum Menu).

– cidre bouché: Flaschengärung wie beim Champagner, sehr edel, bewahrt die Qualität der Apfelsorte.

Traditionell wird noch viel für den Hausbedarf privat gekeltert und gebraut; das in den eigenen Gärten geerntete Obst wird zur Verarbeitung meist an Großkeltereien gegeben, weil sich für die 500 bis 1000 Liter Privat-Cidre pro Jahr die aufwendigen Geräte nicht rentieren.

Raymond ist so ein typischer Normanne mit hauseigener Sorte. In der Nähe von Bacqueville im nördlichen Pays de Caux hat er mit seiner Familie und Freunden ein altes Bauernhaus renoviert, an der Straße ein Schild mit »chambres d'hôte« (Gästezimmer) aufgestellt und sich im Laufe der Jahre immer mehr zum Selbstversorger entwickelt. Hier kommt nichts auf den Tisch, von dem er nicht weiß, was drin steckt. So wie das Geflügel selbstgepeppelt, die Rübenreihen selbstgeharkt, Salate handverlesen sind, auf den Tellern also weitestgehend nur home-made-Produkte landen, will Raymond auch wissen, was er im Glas hat. »900 Flaschen Cidre im Jahr mache ich selbst, aber was ist das schon, das sind gerade mal drei pro Tag, das reicht nur knapp.«

Vor Jahren war Raymond auch noch stolzer Besitzer einer eigenen Calvados-Sorte. »Früher wurde ziemlich viel schwarz gebrannt. Das ist jetzt strikt verboten. Man muß heute seinen Cidre zu offiziell kontrollierten Brennereien bringen, die daraus eine festgelegte Literzahl Calvados machen, für die man dann auch immense Branntweinsteuer zahlen muß.« Bei den Kontrollen greift der Staat energisch durch: überraschend taucht der Fiskus in den Wohnzimmern und Kellern auf, zählt Flaschen und verhängt, wo mehr gefunden wird als amtlich taxiert, drakonische Strafen. Offiziell schreibt sich die Regierung das gerne als Kampf gegen zu massiven, weil zu billigen Alkoholkonsum auf die Fahnen. Im Norden wird in der Tat mehr geschluckt als in Restfrankreich. Inoffiziell bangt der Staat eher um den Verlust von Steuermillionen. Häufig kommen Hinweise auf Schwarzbrenner aus der Nachbarschaft; denn wer in Frankreich jemanden wegen Steuerhinterziehung verleumdet, kassiert Prozente des hinterzogenen Betrages.

Seinen Namen verdankt der Apfelbranntwein der Côte du Calvados, der Apfelbaumküste zwischen Deauville und Carentan. Und diese wiederum wurde so bezeichnet nicht wegen ihrer zahlreichen Schnapsleichen, sondern nach einem Schiff der spanischen Armada namens »El Calvador« (frei übersetzt »Mastenbrecher«), das 1588 hier strandete. Damals erfreute sich in dieser Gegend der Apfelschnaps bereits großer Beliebtheit, wenn auch namenlos. 1533 war erstmals per Dokument eine Brennkonzession für einen Apfelschnaps als »Eau-de-vie sydre« erteilt worden. Erst zu Beginn des 19. Jahrhunderts gab ihm ein Schnapsbrenner den Titel der ganzen Region: Calvados.

Zu Zeiten der Schwarzbrennerei war der »Calva« für Normannen so billig und selbstverständlich wie das tägliche Brot. Raymond erzählt, daß seine Großmutter, wenn sie für eine Tagesreise in die Stadt aufbrach, frühmorgens ein volles Wasserglas davon trank. Die Mischung von Alkohol und abwehrstärkender Apfelsäure galt als gesund. Auch ihrem Enkel wollte sie später wohlwollend stets ein Glas mit auf den Weg geben, bevor er ins Auto stieg. Leider war aber die Tradition des angesäuselten Alltagszustands mit den Gefahren moderner Zivilisation nicht mehr zu vereinbaren. Seine Großmutter hatte dafür zeitlebens kein Einsehen. Kann denn Calva Sünde sein?

Die hohe Kunst des Calvados-Genusses kennt viele Variationen. In der Normandie rühmt man sich der Spitzfindigkeiten, mit denen man von Sonnenauf- bis -untergang diesen hochprozentigen Alkohol kippt, ohne der dreisten Sauferei verdächtigt zu werden. Die richtige Art, Calvados zu trinken, besteht deshalb darin, ihn nicht einfach kornartig ex und hopp zu nehmen, sondern bedacht und variierend zu schmecken. Dazu dient auch das spezielle, schlanke und tulpenförmige Calvadosglas mit Deckel. Die »Sünde Calva« strebt nach ihrer kultivierten Form.
– La foutinette: in einer Art Grog werden 1/3 Calvados mit 2/3 heißem Wasser und etwas Zucker verrührt. Dieser Winterabendfreund macht warm, entspannt und knallt schließlich in den Kopf. Ab ins Bett.
– Le pousse-café: ein französischer Espresso wird mit zwei Eßlöffeln Calvados verlängert. Ein pousse-café zum Frühstück – und nichts hält den Tag in seinen Grenzen. In manchen Regionen trinkt man als pousse-café auch Espresso und Calva hintereinander (in dieser Reihenfolge).
– La rincette: man beginnt wie beim pousse-café mit Espresso und etwas Calva. Dann wird jeder aus der Tasse genommene Schluck gleich mit Calva wieder aufgefüllt. Unverbesserliche Leberschänder füllen solange immer wieder nach, bis die Farbe des Kaffees ganz verschwindet und der Spaß aufhört.
– Le petit canard: als »kleine Ente« wird ein Stück Würfelzucker maximal mit Calva getränkt, dann auf der Zunge zerlutscht. Bescheiden und trotzdem durchschlagend.
– Le pommeau: eine Art verlängerter Calva. Zwei Drittel Apfelsaft werden mit einem Drittel Calva gemischt und kühl serviert. Erfrischt und belebt.
– Le trou normand: seine größte Beliebtheit feiert der Calvados als trou normand (»normannisches Loch«). Zwischen den Gängen eines Menues wird ein Gläschen Calva gereicht, um im Magen schon mal aufzuräumen. Neben dem coup d'avant, dem Aperitif, und dem coup du medécin, dem

Digestif, kann man mit diesem dritten coup du milieu, dem trou normand, restlos alles klar machen. Man vergißt schnell, was schon alles auf dem Teller war, man ißt einfach weiter und weiter und weiter.

Gästen aus dem Ausland wird Calva auch gern pur im Calvaglas mit einem Mini-Cocktail-Äpfelchen serviert. Äußerst pittoresk.

Calvados schmeckt aufgrund seines hohen Säuregehalts trotz der manchmal über 50% Alkohol sehr leicht und dezent. Sein Bukett wirkt unaufdringlich. Wie Cognac wird er in Eichenholzfässern gelagert und erhält dadurch seine Bernsteinfarbe. Übrigens geht jede zweite Export-Flasche nach Deutschland. Calvados genießt den Ruf eines gut bekömmlichen, quasi gesunden und zugleich harten Alkohols. Naja. Trotz aller Leichtigkeit bleibt es dabei: Äpfel sind Äpfel, und Schnaps ist Schnaps.

Nach der Ernte im Spätherbst türmen sich vor den Bauernhöfen die Apfelberge

Emanzipation und Spitzenhäubchen
Bretonische Trachten im Land der Bigouden

Fast jede Gegend in Frankreich ist stolz auf ihre regionale Kultur, auf traditionelle Tänze, eigene Küche und eigene Trachten. Es gibt in den Provinzen kaum einen Postkartenständer ohne Fotos mit ortsüblichen Trachten. Die früher nur sonntags, zu Feiertagen oder anderen besonderen Anlässen wie Hochzeit, Kommunion oder Taufe getragenen Kleider galten in den ländlichen Gesellschaften als Insignien des Wohlstands und der kulturellen Identität. Mit Brokat, Samt und Seide wurde zur Schau gestellt, wer man in der Gemeinschaft war, weil der Aufwand an teuren Stoffen, an peniblen, hochfeinen Stickereien und Spitzen die Familien horrende Summen kostete und vor allem handwerklichen Fleiß und Zeit. Die besten Großmütter stickten die besten Ornamente. Am Trachtenkostüm war abzulesen, ob man den Standards der Gemeinschaft genügte oder nicht, ob man stolz war, dazuzugehören und die eigene Kultur zu pflegen oder ob einem die eigene Herkunft egal war.

Seit den fünfziger Jahren heiratete die emanzipierte Frau, die vom Land in die Stadt gezogen war, nicht mehr wie ihre dort gebliebene Schulkameradin im ortsüblichen Brokatkleid mit Schürze. Allgemein galten Trachten den modernen Französinnen als konservativ und im schlimmsten Sinne provinziell. Im Gegensatz zu den Kostümen der höfischen und städtischen Kultur, die sich von Epoche zu Epoche wandelten, blieb die Trachtenkultur der Provinz in Farbe und Form fast unverändert: das Leben auf dem Lande war eben immer das gleiche, immer beständig, und wer mit 19 in die Gewänder der Großmutter schlüpfte, zeigte, wes Geistes Kind sie war. Lange Zeit hatten die meisten dieser einstigen Selbstdarstellungskleider nur noch folkloristischen Wert, gehörten zu Volkstanzgruppen und Dorffesten, wenn sie nicht ganz und gar in Vergessenheit gerieten und in den Schränken von Motten zerfressen wurden.

In der Bretagne trägt man heute nach wie vor die alten Trachten. Und das nicht nur anläßlich der vielen Heiligenumzüge überall im Land, den sogenannten Pardons, sondern häufig auch im Alltag. In der Bretagne gehören Trachten noch wie selbstverständlich zum kulturellen Wir-Gefühl; an Stelle ihres sonst eher konservativen, muffigen Beigeschmacks stehen die Trachten hier für kulturelle Emanzipation.

Besonders deutlich wird dies am Beispiel des Kopfschmucks der Frauen. Zu den bretonischen Trachten gehören traditionell die Spitzenhauben der

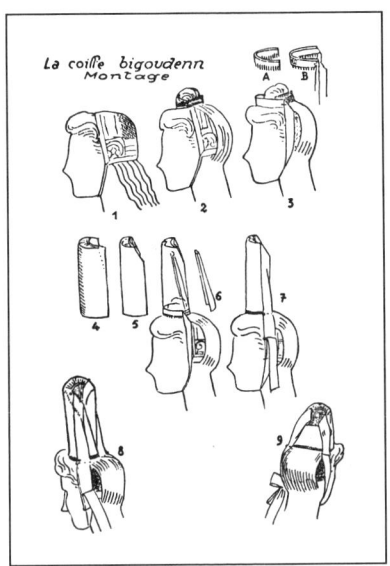

Anleitung zum Aufsetzen einer Spitzen-
haube: 1.Haarnetz überziehen, 2.Haare
zum Dutt hochbinden, 3.Rundkamm im
Dutt befestigen, 4.-6.Haube am Kamm
festknoten, 7.-9.Haubenscherpe binden.

Stolz der Frauen im Pays de Bigouden:
ihre hohen Spitzentürme

Frauen, die hier seit Jahrhunderten eben nicht nur zu außergewöhnlichen
Anlässen aus den Schubladen hervorgekramt wurden, sondern als Kopf-
schmuck alltäglich waren und es bis heute geblieben sind. Alltäglich deshalb,
weil viele Frauen in der Bretagne früher regelmäßig ihre Haare abschnitten
und an vorbeiziehende Händler verkauften, die daraus Perücken für die
höfische Gesellschaft knüpften. So trugen die Frauen in der Öffentlichkeit
tagtäglich eine Haube, um den geschorenen Kopf und die daran erkennbare
Schmach der Armut zu verbergen. Aus dieser Not entwickelte sich mit
immer mehr Kunstfertigkeit und bretonischem Selbstbewußtsein die hohe
Kunst der Spitzenhäubchen.

Vor allem der Süden, das »Pays de Bigouden«, ist bekannt für seine
Spitzenkultur. In den Dörfern zwischen Douarnenez und Concarneau trifft
man auf eine Menge blütenweißer Hauben. Wer als Frau in dieser Region
die bretonische »ar c'hoef«, die »coiffe«, die Haube, trägt, ist keineswegs
von vorgestern, sondern kulturbewußt und stolz auf die eigenen Besonderheiten angesichts der sonstigen Vereinheitlichung der Kleidung. Deshalb
haben auch junge Bretoninnen wieder Spaß daran, leihen sich von ihren
Großmüttern die Monturen aus und lernen wieder, wie man sie in den
Haaren aufbindet und knüpft. Die typische »coiffe bigoudenn« hat dem
Südteil des Landes schließlich sogar den Namen gegeben.

Vielleicht interessiert man sich auch deshalb wieder dafür, weil gerade die Bigouden-Haube das vielleicht Extravaganteste und Schrillste ist, was Trachtenkultur je hervorgebracht hat. Manche der Hauben sind wahre Türme – bis zu einem halben Meter hoch. Man erblickt sie schon von weitem. Heimat dieser aufgetürmten Spitzen ist Pont-l'Abbé, eine kleine Stadt südlich von Quimper, zugleich die Hauptstadt des Bigouden-Landes. Hier entstand im Laufe der Zeit unter den Frauen eine große Gruppe hochqualifizierter Stickerinnen und Spitzenklöpplerinnen, die bald berühmt wurden für ihre feinen Nadeln und für die Schönheit und Vielfalt ihrer Ornamente mit Blumen, Tieren, Sonnen, Fischgräten und Pfauenfedern etc. Im Museum im Schloß von Pont-l'Abbé sind unzählige Hauben aus der ganzen Bretagne in den verschiedensten Größen und Formen zusammengetragen und ausgestellt. Vom kleinen Mützchen bis zu besagten Türmen, manche mit Schärpen, manche mit dazugehörenden Halskrausen oder mit Kragenrevers aus hauchfeiner Spitze, andere wieder nur mit bunten Stickereien. Hier wird anschaulich, wie im Laufe der Geschichte diese Türme immer höher und höher geworden sind, bis sie heute so aussehen wie aufrechtstehende, aufgeblasene Hemdsärmel.

Daß sich die Hauben im Pays du Bigouden irgendwann überhaupt in die Höhe richteten, interpretiert der Schriftsteller Pierre Jakez Hélias, selbst Bigouden und Verfechter der Volkskultur, mit einem für Bretonen besonders wichtigen historischen Ereignis: Als der Gouverneur de Chaulnes 1675 den ersten großen Volksaufstand in der Bretagne niederwerfen und zur Strafe sämtliche Kirchtürme des Landes schleifen ließ, hätten die Frauen als Ausdruck ihres unbeugsamen Widerstandswillens auf jedem Kopf einen neuen Kirchturm erstehen lassen. »Das ist zwar nur eine Legende«, gibt Hélias zu, »aber sie paßt ausgezeichnet zu unserem Charakter«.

Tatsächlich braucht man für dieses Hochgesteck ein starkes Rückgrat und einen aufrecht gehaltenen Kopf; denn schon beim leisesten Wind wirken diese Hauben wie kleine Segel und fangen den Wind ein, so daß die Gefahr besteht, daß plötzlich unter dem Druck der Hals einknickt und die Trägerin die Balance verliert. In einem so windreichen Land wie der Bretagne muß sich da jede Trägerin besonders vorsehen. Folglich bieten solche Türme automatisch eine ausgezeichnete Schule für den aufrechten, gesicherten Gang. Ein Grund mehr für die Bretoninnen, die Tradition ihrer »ar c'hoef« besonders zu pflegen.

Daß die bretonischen Türme ausgerechnet in den dreißiger Jahren dann nochmals sprunghaft in den Himmel wuchsen, mag ebenso wiederum Zeichen des Widerstandswillens unter den Frauen gewesen sein; gerade nach 1930 flammte die bretonische Autonomie-Bewegung wieder auf. Was die Männer mit Parolen, Blockaden und Sabotageakten zu verwirklichen versuchten, machten die Frauen mit dem Kopf.

Sylvie Vaudran

Von Hummer bis Hai

Fischerei in der Bretagne

In den Fischauktionshallen von Concarneau, morgens um fünf Uhr dreißig. Gabelstapler kurven rasant und geschickt durch die riesigen Hallen und bringen die Beute. Hier wird gedealt mit frischer Ware, das muß schnell gehen, alles wirkt hektisch, aber nicht ohne Stil. Tausende weißer Styroporkartons werden nebeneinander aufgebaut, jeder Fischer läßt zusammenstellen, was er zu bieten hat, die Kartons bleiben offen, die Kunden prüfen skeptisch en Detail. Hier kaufen nicht nur Restaurants und kleine Händler, hier geht es auch um das ganz große Geschäft, 50 Zentner Thunfisch, 100 Kilo Garnelen. Großhändler aus ganz Frankreich kaufen hier ein. Entlang der Wand zur Straßenseite hängen Münztelefone. Kein Apparat mehr ist frei, überall telefonieren emsige Agenten mit ihren Firmen, halten so ständig Kontakt zu Fischauktionen in anderen Häfen und vergleichen Angebot und Preise, bevor sie zuschlagen. Börsenatmosphäre. Dann erscheint der Auktionator. Im weißen Kittel, begleitet von zwei Assistenten, die die Handelsab-

Fischauktion mit Großhändlern aus ganz Frankreich in Concarneau

schlüsse notieren, bietet er die Ware an und nennt den Mindestpreis. Das Pokern kann beginnen. Die Kunden, die um die Kartons im Halbkreis stehen, und die Telefonierer im Hintergrund geben nur flinke, kleine Handzeichen, um zu signalisieren: Ich biete mehr. Ist ein Handel perfekt, gibt der Auktionator mit einer lauten Holzklapper sein Zeichen.

Fischen ist wie ernten. Menge und Qualität der Ware schwanken von Tag zu Tag, und damit auch die Preise. Die Vielfalt in den Hallen von Concarneau ist gewaltig: Allerlei Muschelsorten, Krabben, Garnelen, Hummer, Schollen, Barsche, Seezungen, Kabeljau, Goldbrasse, Makrelen, Sardinen, Thunfische, Rochen und auch Haie sind im Angebot. Die Bretagne liefert fast die Hälfte aller französischen Fische. Bei Fischkonserven produziert sie allein zwei Drittel. Der Hafen von Concarneau liegt mengenmäßig hinter Boulogne und Lorient in Frankreich an dritter Stelle. Ende der 80er Jahre wurden in der Bretagne pro Jahr durchschnittlich 150.000 Tonnen Fisch, 15.000 Tonnen Krustentiere und 3.000 Tonnen Jakobsmuscheln verkauft.

Der Fischfang in der Bretagne hat schwere Krisen hinter sich, und die Lage ist weiterhin instabil. Die Fischer klagen und fordern stärkere Unterstützung aus Paris und Brüssel. Einstmals nannten sich die Bretonen das Volk der mutigen und stolzen Fischer. Aber heute, wo die Arbeitsplätze extrem unsicher geworden sind und dazu fast durchweg technisiert, will kaum jemand noch Fischer werden. Die langen Fangtouren gehen auf Kosten

Muschelernte für die Familie – verrottete Betonmolen sind vorzügliche Muschelbänke

der Familien, der Leistungsdruck macht die körperliche Schwerstarbeit noch härter, es gibt kaum berufliche Verbesserungsmöglichkeiten, und der Lohn läßt auch zu wünschen übrig. Die Aura vom »Abenteuer auf See« ist verloren. Früher war Fischerei entlang der ganzen Küste der Erwerbszweig schlechthin. Bis die nahen Gewässer irgendwann fast leergefischt waren, die Ausfahrten immer weiter wurden, die Kosten stiegen und der gesamte Fischfang rationalisiert wurde. Die Konkurrenz aus Amerika, Japan und Skandinavien rüstete mit viel Kapital ihre Hochseefischerei auf Radar-Fang um, installierte auf den Schiffen komplette Fischfabriken, in denen sofort ausgenommen, filettiert und zum Teil schon eingedost wird, und machte sich in den offenen Fanggründen, also außerhalb der nationalen Hoheitsgebiete, breit. Der bretonischen Flotte fehlten die Mittel, um bei der Modernisierung mitzuhalten. Jahr für Jahr gingen Tausende von Arbeitsplätzen verloren. Waren es 1985 noch 10.000 professionelle Fischer, zählte man 1991 nur noch knapp 7.000. Dabei ist wichtig zu bedenken, daß die Zahl der Arbeitsplätze, die nur mittelbar von der Fischerei leben, ungefähr zehnmal so hoch ist. Zu einem Fischkutter mit acht Mann Besatzung kommen knapp 80 Arbeitsplätze an Land.

Noch sind in der Bretagne insgesamt 2.340 Fischerboote registriert, davon aber nur 41 große (ab 150 Bruttoregistertonnen), die sich zum Hochseefang eignen. Concarneau ist mit 29 Großfängern der Haupthafen für die Hochseefischerei. Die Concarneau-Flotte hat sich u.a. auf Thunfisch spezialisiert, den man auf mehrwöchigen Touren (Grande pèche) vor der westafrikanischen Küste mit langen über Grund streifenden Spezialnetzen fängt. Andere Großfänger fischen in der Biscaya, der Irischen See oder vor Grönland und Neufundland.

Das Gros der bretonischen Fischer kreuzt mit kleinen Fischkuttern weiterhin in Küstennähe (pèche au large). Sie fahren mit der Flut aus, bleiben bis zu drei Tagen auf See und rangeln sich mit den Kollegen aus Nord- und Südwestfrankreich um die verbliebenden Fanggebiete. Offenbar haben die bretonischen Fischer eine einflußreiche Lobby: Sie dürfen zum Teil effektivere Netze verwenden als ihre französische Konkurrenz.

Die kleinen Kutter fischen, was sie in die Netze kriegen, achten aber darauf, ihre eigenen Reviere nicht abzufischen, so daß die Populationen sich wieder regenerieren können. Immer häufiger kommt es vor, daß wandernde Schwärme fortbleiben, weil in Küstennähe die Wasserqualität sinkt.

Von der steigenden Umweltbelastung des Meeres sind selbst die Krebs- und Hummerfischer betroffen. Zwar werden die Schalentiere heute auch weit draußen auf hoher See erbeutet und dann in Wasserbehältern lebend an Land gebracht; meist aber wird noch traditionell mit Körben und Reusen direkt vor der Felsküste gefangen.

Direkt an der Küste arbeiten zahlreiche »Meeresbauern«. Sie züchten und ernten Muscheln aller Art, vor allem Miesmuscheln, Jabobsmuscheln und

Austern, heute in riesigen durchorganisierten Zuchtanlagen, den Muschelparks. Hochburg der Austerzucht ist das Morbihan.

Außerdem ernten die Meeresbauern auch Algen. Die Braunalge und der dunkle Blasentang werden schon seit dem 18. Jahrhundert bei Ebbe aus dem felsigen Meer geholt oder nach Stürmen an den Stränden eingesammelt, getrocknet, zermahlen und als Düngemittel auf die Äcker gebracht. Vor dem Aufkommen von Kunstdünger war Algendung für die Küstenregion ein wichtiger Markt. Algen produzieren u.a. Kalk, ein für die Böden wichtiger Nährstoff. Einige Fabriken (z.B. in Pleubian) nutzen den Nährstoffreichtum der Algen direkt für die Nahrungsmittelindustrie. Ein Blick rüber nach Japan läßt sie hoffen, daß Algen zum Nährstoff der Zukunft werden können. Vorausgesetzt, daß die Schadstoffbelastung der Meere beendet wird, denn diese Gifte verseuchen die Algen genauso wie die Fische.

Die einfachste Art der Fischerei ist die »pêche à pied«. Bei Ebbe ziehen die Bretonen mit Schaufeln, Eimern und kleinen Netzfängern ausgerüstet los, wandern barfuß über die freigespülten Sand- und Wattflächen und sammeln und jagen, was ihnen an Muscheln, Krebsen oder Krabben in die Quere kommt. Die »pêche à pied« wurde schnell zum beliebten Freizeitsport der Touristen. Leider lassen viele Hobbyjäger ihre Beute anschließend irgendwo verkommen, weil sie nicht wissen, was eßbar ist und wie es zubereitet wird. Dann lieber gleich lassen oder die Fischer fragen.

Bei Feinschmeckern stehen Haie hoch im Kurs

Giverny
Claude Monet und seine Gartenkunst

Schon in der Frühe kommen Gärtner und wahre Monet-Fanatiker. Der Garten des Malers, im Seine-Tal bei Giverny, ist dann noch geschlossen und still, die Luft riecht nach Erde, nach Zierstauden und Obstbäumen. Dann ist für manche die Zeit des bestens Lichts. Gebannt schmachten die Pilger vor ihren Hobby-Staffeleien. Die hohe Luftfeuchtigkeit im Seine-Tal – zumal im Morgennebel – bricht das Licht und macht die Luft milchig-hell. Die Impressionisten waren ganz vernarrt in diese opake Helligkeit, die leuchtet, ohne zu blenden. In der Frühe rollen weder PKWs noch Busse über die Landstraße D5, die mitten durch die Gartenanlagen schneidet und sie in zwei Hälften trennt. Mit Geldern aus den USA wurde Monets Garten Ende der siebziger gründlich restauriert. Unter die Landstraße wurde eine Unterführung gebaut, ein fünfzehn Meter langer Fußgänger-Tunnel, durch den man vom einen Teil, dem eigentlichen Zucht- und Obstgarten, in den anderen, eher parkähnlich angelegten Teil gelangen kann, ohne sich durch die breite Straße im »Natur- und Kunstgenuß« irritieren zu lassen.

Hauptaufgabe der Gärtner ist es, dafür zu sorgen, daß der Garten seinen Charakter einer wilden, üppig wuchernden, verschwenderischen Natur bewahrt. Hier wird nicht – wie im klassischen französischen Garten – geometrisch zurechtgestutzt, sondern hie und da wachsen die Sträucher kontrolliert über die Wege, so daß alles urwüchsig verschlungen und lebendig wirkt. Eben wie auf den Bildern Monets, ganz im Sinne des Malers. Deutlich wird, wie die ästhetisierte Abbildung von Natur wiederum als Vorbild für Naturgestaltung dient. Überdeutlich auch, wie die Bilder Monets über seinen Zaun hinaus die Gartenästhetik der ganzen Region beeinflussen: schon zwanzig Kilometer vor Giverny begegnet man den ersten Garten-Kopien.

Claude Monet (1840-1926), einflußreicher Maler des französischen Impressionismus, wurde mit seinem Bild »Impression, soleil levant« (1872) zum Namensgeber für diesen neuen Stil einer Naturmalerei, die nach draußen drängt, bepackt mit Staffelei und den neu entwickelten Tubenfarben (handlich und endlich konservierbar frisch). Gefragt war die Nähe und unmittelbare Atmosphäre der Motive, ihre »Natürlichkeit« im wechselnden Tageslicht, die betörende Stimmung ihrer Farben. Man wollte keine »sujets« mehr, keine inhaltlichen Vorgaben für ein Gemälde. Keine ausgedachte Repräsentation. Allein wichtig waren die Dinge in ihrer natürlichen, originären Präsenz, die Wahrnehmung des Gesehenen wie die des Sehens selbst.

Der Garten Claude Monets – ein malerisch komponierter Biotop

Dagegen war das Treiben der Pariser Salons artifiziell und zutiefst ablehnungswürdig. Monet, selbst gebürtiger Parisien, verließ die Stadt des Fin de siècle in Richtung Normandie; mit Sisley, Renoir, Pissaro, Cézanne und anderen traf man sich am Motiv, zum Beispiel in Honfleur.

Das Phänomen der Stadtflucht ist seit Ende des 18. Jahrhunderts typisch für ein aufstrebendes Bürgertum, das in Nachbarschaft und Konkurrenz zu Schlössern der Aristokratie sich Landsitze zulegte, um sich dort der eigenen »Natürlichkeit« zu vergewissern. Man begab sich in die Gärten, feierte, machte Verlobungen und Geschäfte. Aus Gartenhäusern wurden Villen, aus Dörfern entstanden Villenvororte. Entlang der Ausfallstraßen reihen sie sich aneinander, hinter hohen Mauern geschützt vor Neid und Steuerschätzung; gerade auf der Strecke von Paris nach Giverny, auf der Norduferstraße der Seine, sieht man sie überall. Merkwürdig dabei: wie im Fall Paris führen in den meisten europäischen Städten diese Flucht-Tangenten in Richtung Westen, ins Westend. Warum? Richtung Sonnenuntergang? Eine erste Antwort kann lauten: Weil in Mitteleuropa die Winde meist Richtung Osten blasen, war man in Westlage geschützt vor dem Gestank der Städte und ihrer Industrien.

Claude Monet kam 1881 nach Giverny. Dort kaufte der Künstler nach und nach in Parzellen ein Terrain zusammen, auf dem er sich nach seinen Vorstellungen die Gärten anlegen ließ, richtete sich in den aneinandergesetzten Gebäudeteilen helle Atelierräume ein und lebte dort von 1883 bis zu seinem Tode.

Kaum etwas von dem, was er später dort als »Natur« malte, hat er in Giverny so vorgefunden. Unterhalb des Grundstücks floß ein Zulauf des Epte, ein kleiner, von alten Korbweiden gesäumter Bach, dessen Wassermenge die Bauern mit einer kleinen Stausperre kontrollierten, um ihre Felder sicherer bewässern zu können. Monet mochte offensichtlich den alten Bach mit den Weiden nicht. Er hatte die Idee einer anderen Garten-Natur, die ihm die Motive des reinen Sehens sowohl unter freiem Himmel wie auch in unmittelbarer, praktischer Nähe des Ateliers bieten sollte. So konnte er den Naturmotiven nahe sein und gleichzeitig großformatige Leinwände wählen, für die er das Atelier brauchte. Er entwarf sein eigenes, kleines Naturreich, wodurch er quasi nicht das Gemälde, sondern bereits das Motiv selbst »komponieren« konnte. Sein Garten wurde deshalb auch die eigentliche »Palette« genannt.

Das, was er auf dem gekauften Gelände vorfand, ließ sich nicht mit dem vereinbaren, was er als Vorstellung im Kopf hatte. So wurde zum Beispiel das alte Bachbett kurzerhand trockengelegt und der Bach für das kurze Stück, das er durch Monets Garten fließt, umgeleitet. Denn nur so konnte er seine geplanten Seerosenteiche, mäandernden Bachläufe und verwunschenen Brücken mit einem für Seerosen lebenswichtigen, kontrolliert-mäßigen und »natürlichen« Fließwasser versorgen.

Die Gärtner sorgen dafür, daß die Bild-Motive exakt so bleiben, wie Monet sie sah.

Die Spuren dieses Eingriffs kann man heute – ein Jahrhundert danach – noch finden: Wer südwestlich um den Garten außen herumgeht, trifft dort auf den trockenen, ursprünglichen Bachlauf. Sowohl auf die Saumreihe der heute um ihren Bach beraubten und deshalb stark verkümmerten Weiden wie auch auf Reste der alten Stausperre aus Backstein. Man stößt zwischen den Weiden, inmitten der Stoppelwiese, auch auf eine alte Backsteinbrücke. Da der Bach an dieser Stelle insgesamt zugeschüttet wurde, ist nur noch der obere, leicht emporragende Kamm dieser Brücke zu sehen: Spuren der Landschaft, die dem »natürlichen« Kunstgarten Monets weichen mußte.

400.000 Menschen jährlich spazieren durch Monets Komposition auf der Suche nach der richtigen Farbe und Perspektive. Die meisten sind Amerikaner. Einer von ihnen, der Farbschnelldruck-Milliardär und Präsident-Bush-Onkel Daniel J. Terra, ließ in unmittelbarer Nähe ein Museum errichten, Eröffnung im Mai 1992.

Giverny wurde durch Monet das Mekka nicht nur französischer, sondern auch der weniger bekannten amerikanischen Impressionisten. Die sollen jetzt im »Amerikanischen Museum Giverny« ihren Platz bekommen. Seitdem Monet 1886 erstmals im Rahmen einer Gemeinschaftsausstellung mit Renoir, Manet u.a. in New York präsentiert wurde, konnte er dort begeistern und viel verkaufen. Amerikanische Maler-Adepten pilgerten nach Giverny und suchten sich in der Nähe atelierfähige Anwesen – in New York entstand ein Giverny-Mythos; für eine Version seiner großformatigen »water-lilies« wurde im Museum of Modern Art ein spezieller Raum hergerichtet. Eine andere Version der Seerosen-Bilder, dem Spätwerk Monets, hängt in der Pariser Orangerie.

Wie errichte ich einen Menhir?

Gebrauchsanweisung für Megalithkulturen

Im Comic schlägt Obelix sie mit bloßen Karate-Händen aus dem Berg und modelliert sie – schnipp-schnapp! – mit seinen Fingern glatt und rund, bis sie aussehen wie ein riesiges, langgezogenes Hühnerei. Diese klassische, nur aus den Asterix-Romanen bekannte, ebenmäßige Form von Hinkelsteinen sucht man in der Bretagne allerdings vergebens. Die Hinkelsteine dort sind unregelmäßig, meist eckig, schief und gebrochen. Immerhin ähneln sie sich alle darin, daß sie unten breit sind und dann nach oben schlanker werden: dadurch liegt der Schwerpunkt des Gewichts tief und kann ein zu leichtes Umkippen verhindern.

Die Menhire (bretonisch »maen-hir« = langer Stein) sind sagenumwobene Zeugen der 5.000 Jahre alten Megalithkultur. Auf dem europäischen Festland gibt es davon nirgendwo so viele wie in der Bretagne, und da vor allem entlang der Südküste, in der Region Morbihan; es werden an die 6.000 Exemplare gezählt. Viele von ihnen wurden erst in jüngster Zeit wieder aufgerichtet, weshalb nicht alle wirklich echt sind – schon gar nicht jene in den Vorgärten.

Warum haben die Menschen damals unter schier unglaublichen Anstrengungen Felsbrocken aufgestellt, und vor allem wie?

Über das »Warum« ist den nachfolgenden Generationen allerhand Plausibles eingefallen – bewiesen ist davon nichts. Je nach Interpretation dienten die Steine als Sonnenkalender, Leuchttürme, magische Energiezentren, Phallussymbole, Sternflughäfen, Fruchtbarkeitssymbole, Drachenwegweiser, als Markierungen für Gräber, Wasserstellen oder Handelswege. Viele Archäologen suchen einen Zusammenhang zwischen der Bretagne als Standort und einer möglichen Funktion: danach galt den Megalithikern die Bretagne als äußerster Rand des damaligen Weltbildes, und wer den Horizont des bretonischen Atlantiks überquerte, der stürzte von der Scheibe ab hinunter ins Jenseits, ins Reich der Götter und der Toten. Die Bretagne als Küste des Sonnenuntergangs reichte besonders weit bis an den Scheibenrand, hier war man also dem Jenseits am nächsten. Deshalb pilgerten die Megalithiker Europas dorthin, errichteten gerade hier besonders viele Menhire, zum Zeichen der kultischen Verehrung alles Über- und Unterirdischen. Die Küste der Bretagne hatte demnach die Funktion eines kultischen Zentrums, eines Hafens für die Abreise ins Jenseits. Galt also damals schon die Bretagne als Finistère, als »finis terrae«, als Ende der Welt?

Warum aber lag das Zentrum entlang der Südküste und nicht im noch weiter außen gelegenen, noch wilderen Westen? Die zweite Menhir-Frage betrifft das »Wie«. Wie bricht man Brocken von bis 350 t Gewicht aus dem Naturfels, schleppt sie kilometerweit über Hügel und Täler, um sie anschließend senkrecht aufzustellen? Archäologen haben in Däniken-Manier die damaligen Bedingungen nachgestellt, und aus ihren Ergebnissen läßt sich die folgende Gebrauchsanweisung zusammenstellen.

Man nehme: eine Felsküste, große Holzkeile und Lederriemen sowie Tausende kräftiger Frauen und Männer. Zuerst schickt man Steinkundige los, um in den Naturfelsen ein zusammenhängendes, entsprechend großes Stück zu eruieren, ohne Brüche und ohne querlaufende Adern anderer Gesteinsschichten. Dann werden die Holzkeile tief in natürliche Felsritzen getrieben und mit Wasser übergossen. Die Holzfasern quellen auf und sprengen den Stein heraus. Waren die Vorarbeiten sorgfältig genug und hat man etwas Glück, so fällt genau der gewünschte Brocken heraus. Mit weiteren Holzkeil-Sprengungen kann die Form dann noch feiner bearbeitet werden, quasi modelliert. Wenn der Stein fertig ist, wird aus quergelegten, rollenden Baumstämmen eine Straße ausgerichtet, über die der Koloß mit dicken, geflochtenen Lederriemen gezogen wird. Entweder von Zugtieren oder Menschen oder beiden zugleich. Am Zielort läßt man ihn über einen extra aufgehäuften Hügel hinweg mit dem dicken Ende voran in eine vorbereitete Versenkung rutschen, so daß er dann von selbst weitgehend senkrecht in der Grube steht. Jetzt noch den künstlichen Hügel wieder wegschaufeln – fertig.

Der größte jemals entdeckte Menhir der Welt stand in Locmariaquer: der Men-er-Hroec'h (Feenstein). Der über 20 Meter lange Fels kippte irgendwann und zerbrach in vier Teile. Alle vier Bruchstücke wiegen zusammen 350 t. Der Feenstein soll von der Halbinsel Quiberon über 50 km hierher geschleift worden sein.

Neben den Menhiren kennt man in der Bretagne noch weitere megalithische Steinformationen:

– das Alignement, das sind manchmal mehrere Kilometer lange, gerade angeordnete Steinalleen. Eindrucksvoll sind die Hinkelstein-Reihen am Nordrand von Carnac, in Le Menec (1.099 Menhire in elf parallelen Reihen) und Kermario (1.029 Menhire, bis zu sechs Meter hoch). Immer mehr der Steinanlagen werden eingezäunt und abgesperrt, weil Besucher darauf herumturnten, um zu testen, wie stabil sie denn nun in der Erde stünden. Irgendwann hatten die Archäologen das Wiederaufrichten satt. Jetzt kann man einige der Alleen von speziellen Holzpodesten aus überblicken.

– das Cromlech, ein Halbkreis aus Menhiren. Solche Halbkreise schließen häufig ein Alignement ab, z.B. in Le Menec.

– den Dolmen, ein begehbares Grab aus Trag- und Decksteinen, von einer

Geschichtsunterricht zwischen Steingräbern der Megalithkultur

dünnen Erdschicht überzogen. Davon gibt es ebenfalls zahlreiche, gerade in der Region von Morbihan; z.B. in Locmariaquer, direkt neben dem Feenstein, ein gigantischer Dolmen mit dem Spitznamen »table des marchands« (Verkaufstisch), dessen Tischplatte 6 mal 4 Meter mißt.
– sowie den Tumulus, ein groß angelegtes Fürstengrab über dem ein Hügel errichtet wurde. Der prächtigste Tumulus ist der von St. Michel in Carnac. Der 120 m lange, 60 m breite und 12 m hohe Grabhügel ist eines der ältesten bekannten Bauwerke der Menschen. Er wurde vor 6.000 Jahren errichtet. Die Grabgewölbe, in denen neben Tier- und Menschenskeletten auch Halsketten aus Türkis als Grabbeigaben gefunden wurden, sind nur im Sommer zu besichtigen.
   Die Megalithkultur gilt als heidnische Kultur. Die katholischen Bischöfe fürchteten stets den mit diesen phallischen Riesen verbundenen Aberglauben, weshalb sie die Steine umlegen oder mit christlicher Symbolik bemeißeln ließen; aber die Bretonen ließen sich diesen heidnischen Fruchtbarkeitskult nicht nehmen. Bis heute gehört es sich für eine zünftige bretonische Hochzeit, daß das Paar küssend unter einem Dolmen hindurchtritt und um einen Menhiren herumtanzt, um der Empfängnis nachzuhelfen. Schon allein der Anblick von Menhiren, heißt es, macht äußerst fruchtbar.

Oliver Herler

49

Asterix und Obelix
Die Sache mit dem Hinkelstein

Ist Asterix ein Bretone? Liegt das legendäre Widerstandsnest in der Bretagne oder in der Normandie? Und was ist eigentlich mit Obelix und seinen Hinkelsteinen?

Meist spaziert der Dicke mit den roten Zöpfen geschäftig durch die Gegend; während die anderen im Dorf melken, zimmern, kochen, Wäsche waschen oder auf der Leier üben, trägt Obelix mit bloßen Händen diese gigantischen Granitblöcke umher. Mit Leichtigkeit. Und immer mit einem gewissen Stolz. Was macht, daß der Dicke so glücklich ist? Was ist das: ein Hinkelstein, und wozu dient er? Obelix weiß es selbst nicht. Mal beginnt er sie zu sammeln, mal ziert er sie mit einer riesigen roten Scherpe als Geschenk, mal tauscht er sie gegen Wildschweine. Obelix verdankt seine Funktion im Dorf diesen Granitblöcken: er ist zuständig für etwas, das keiner mehr so recht braucht und versteht, das allen Bewohnern der Résistance-Gemeinde aber durchaus wichtig ist. Wie unsinnig diese Felsbrocken auch sein mögen, im Dorf gelten sie als Insignien für Tradition und Macht – zumal als Waffe gegen die Schildkrötenpanzer-Taktik der Römer. Als Cäsar die geheime Macht der Hinkelsteine erkennt, versucht er, Obelix zu korrumpieren. Das archaische Geltungssymbol der Widerständler wird plötzlich zum tauschbaren Gut römischer Zivilisation – und Obelix wird »steinreich«. Cäsar glaubt, mit dem Hinkelstein endlich den Kern der widerspenstigen Dorf-Identität gekauft zu haben. Aber natürlich hat er sich auch diesmal zu früh gefreut.

Wie wurden diese bis zu 350 t schweren Brocken bewegt und gar senkrecht aufgerichtet? In der westkeltischen Mythologie war nur der riesenhafte Sonnengott Gargantua dazu in der Lage. Gargantua stand für Obelix Pate. Obelix weiß irgendwie mit dem unverständlichen Kulturerbe noch etwas anzufangen, wenn auch nicht begründbar. Er muß es tun, um glücklich zu sein. Daß er es tut, daß alle im Dorf einfach nur das tun, was ihnen gut und richtig erscheint, das allein schon bringt sie immer wieder in Konflikt mit der Außenwelt. Gargantua/Obelix ist per se Provokateur. Der Schriftsteller François Rabelais beschrieb Gargantua 1532 als einen mächtigen, wild und orgiastisch lebenden, daseinsfrohen Genießer. Gargantua furzte auf Sitte und Anstand, seine Moral war die des gesunden Instinkts. Auch Obelix ist ein Freund des Instinkts, wenn er sich auf seine eigene, ihm allein naheliegende Anschauung stützt. Er ignoriert Konventionen und interpre-

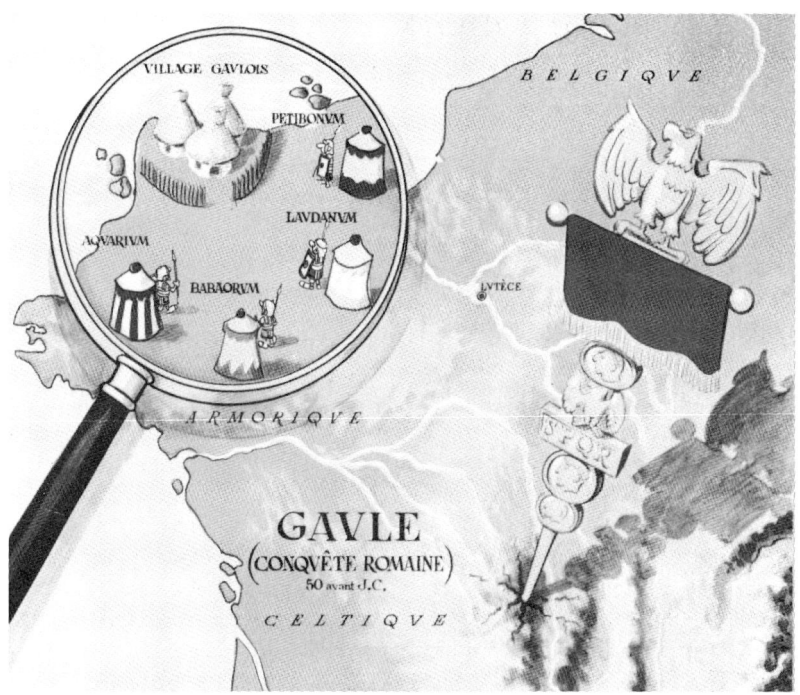

Wo genau liegt das Asterix-Dorf? In der Normandie oder in der Bretagne?

tiert von außerhalb (»die spinnen die Römer«, »die spinnen die Briten« etc.). Wie Obelix der Typ des Instinkts, so ist Asterix der der Intelligenz: der eine weiß warum, der andere tut es auch so. Beide zusammen erst ergeben die ganze Begründung für den Widerstandskampf des Dorfes. Ihr subversives Treiben richtet sich sowohl gegen das Vordringen des militanten Römischen Reichs als auch gegen sämtliche zivilisatorischen Angriffe auf ihre »unzeitgemäßen« Lebens- und Kultformen.

Was da mit Asterix und Obelix erzählt wird, ist mehr als Comic-Fiction. Es ist Gesellschafts- und Kulturkunde konkret. So kann man die Abenteuer »auch« lesen. Es ist der Autonomie-Konflikt der Bretagne, gleich aber auch die Grundstruktur der gallisch-französischen Libération, und schließlich Muster für allgemeine Zivilisationskonflikte. Alles wird zum Thema: Militär, Konsum, Europa, Fremdenhaß, Religion, Trabantenstädte, Korruption und im neuesten Band Frauenemanzipation. Immer aus der Perspektive eines kleinen Dorfes, von außerhalb der Zeit. Wenn unbekannte Länder besucht werden (Obelix: »Nimm mich mit, nimm mich mit!«), werden Unterschiede der Lebensformen karikiert und ausgespielt, meist aber siegt eine ethnische Solidarität gegen die entfremdende Macht von oben. Darin erkennen sich Gallier, Korsen, Spanier wie Brasilianer und Japaner.

Die Namen der Asterix-Helden

Im französischen Original steckt hinter fast jedem Namen der Asterix-Figuren eine kurze, witzige Geschichte. Mit den Namen haben die Übersetzer ihre Probleme. Zwar sind alle fremdsprachigen Versionen redlich bemüht, dem französischen Sprachwitz ein Äquivalent zu bieten, von der komplexen Ironie der Originale bleiben sie jedoch meist weit entfernt. Für die deutschen Versionen gilt, daß sie von Band zu Band bei den Namen phantasievoller und geschickter wurden.

Alle Namen sind vollgepackt mit Kultur-Geschichten. Die verschiedenen Ethnien werden erst mit gleichlautenden Endungen markiert (-ix, -af, -ax, -os, -um etc.), dann werden davor in Kurzformeln kulturelle oder charaktertypische Kennzeichen gepackt: Teefax, Grautvornix, Maulaf, etc.

Dieses Spiel begann damit, daß Uderzo und Goscinny Ende der 50er Jahre auf der Suche nach Namen für ihre gallischen Helden zunächst das -ix des 52 v. Chr. gegen Cäsar aufständischen Averner-Generals Vercingetorix verwenden wollten. In dieser Endung sollte das Erbe des Widerstands stets präsent bleiben. Dieser Namenssplitter, der subtil die historische Einbindung garantierte, konnte dann frei mit der Ironie des 20. Jahrhunderts kombiniert werden, und man hatte zwischen beidem einen Bogen gespannt: Geschichte und Gegenwart.

Einige der bekanntesten Namen im Deutsch-Französischen Vergleich:

Deutsch	Französisch
Asterix	Asterix
	(von »astérisque« = Sternchen, auch kleines Fußnotensternchen)
Obelix	Obelix
	(von »obélisque« = Obelisk, wie im Deutschen)
Idefix	Idefix
	(von »idée fixe« = fixe Idee, Zwangsvorstellung)
Majestix	Abraracourcix
	(von »frapper à bras raccourcis« = ziemlich derb drauflos dreschen)
Troubadix	Assurancetourix
	(von »assurance-tous-risques« = Vollkaskoversicherung)
Miraculix	Panoramix
	(von »vue panoramique« = Rundblick, Übersetzung des keltischen Wortes »Druide« = Seher)
die Dörfer	Babaorum
	(von »baba-au-rhum« = kleiner französischer Rum-Kuchen)
	Laudanum
	(von »laudanum« = alkoholische Opiumtinktur)
	Petibonum
	(von »petit bonhomme« = kleinbürgerlicher Spießer)

In mehr als 20 Sprachen wurden die insgesamt 29 Abenteuerbände bis heute übersetzt; Gesamtauflage schätzbar auf einige hundert Millionen. Der französischsprachige Comic (bis heute wird er »bande-dessinée« = gezeichneter Streifen, kurz »BD« genannt) ist – im europäischen Vergleich – traditionell stark und international weit verbreitet. Er verdankt seine vielen erfolgreichen Figuren (Tim und Struppi, Schlümpfe, Lucky Luke, Gottlib etc.) nicht zuletzt einem ziemlich rigiden Jugendpressegesetz von 1949. Unter dem ersten Nachkriegs-Präsidenten Vincent Auriol wurde in Frankreich gegen jede verherrlichende Darstellung von Gewalt energisch vorgegangen. Dem fielen damals auch die großen Heroen des US-Imports zum Opfer: Batman, Superman, Mandrake – schließlich erwischte es sogar Tarzan. Damit war das Terrain frei für eine Comic-Kultur, in der Mord und Totschlag surreal ironisiert und damit vertretbar wurden.

Als typisch französisch erwies sich in dieser Anfangszeit jenes Genre, das die karikierende Zeichentechnik eines Honoré Daumier mit der seriellen Erzählform von sprechblasigen Trivial-Epen verband. Deutlich wird diese Besonderheit, wenn man die deutschsprachigen Figuren Wilhelm Buschs oder Heinrich Hofmanns (Struwwelpeter) dagegenhält. (Vielleicht war Loriot hier der erste, der die französische Form übernahm: im Grunde stammen seine frühen »Kartoffelnasen« direkt aus Kleinbonum.) Für viele der Episoden-Comics gilt, daß Reisen in fremde Welten die Themen liefern: Tim in

Stücke vom »Stein der Feen« bei Locmariaquer – dem größte Hinkelstein der Welt

Timbuktu, Lucky Luke am Mississippi, Asterix im Morgenland etc. Als könnten die Franzosen, die nach wie vor den Urlaub am liebsten im eigenen Lande verbringen, mit ihren Helden das nachholen, was ihnen als reale Erfahrung der Fremde fehlt: Asterix und Obelix auf Reisen in der Ferne.

1959 veröffentlichten Uderzo und Goscinny ihre erste Asterix-Geschichte in dem von Goscinny herausgegebenen ersten Comicmagazin für Erwachsene »Pilote«. 1961 folgte ein erster Abenteuer-Sammelband (Asterix der Legionär) mit einer Startauflage von 6.000 Exemplaren. Schnell ging es aufwärts: 20.000 beim zweiten, 40.000 beim dritten Band, schließlich 6 Millionen internationale Startauflage beim neuesten Band 1991. Die Akzeptanz der Asterixe veränderte insgesamt das Ansehen der Comics und machte sie kulturell salonfähig. Frankreich war stolz auf die Helden dieses Trivial-Epos. Den ersten Satelliten, den sie 1965 ins All schickten, nannten sie Asterix.

In Frankreich lesen alle Comics, Kinder wie Erwachsene. Comic-Buchläden, Comic-Clubs, Comic-Fachmessen, die es in Deutschland erst seit Mitte der 80er gibt, gehören in Frankreich seit langem zum Selbstverständnis. In vielen Familien paßt ein Comics-Stapel zur festen Einrichtung der stillen Örtchen. So wie »Le petit Nicolas« von Sempé die Pädagogik der Kinderzimmer bestimmt, meistert man mit den frustrierten 68ern von Claire Bretécher verspätete Adoleszenzkrisen oder übt sich mit den Exzessen der Figuren von Reiser in sexueller Revolution. Neben diesen, seit Jahren auch bei uns bekannten und einflußreichen Kultfiguren, gibt es in Frankreich noch eine unermeßliche Menge von Abenteuer-, Sciencefiction-, Heavy-Metal-, Horror- und Sexcomics, die bei uns weitgehend unbekant bleiben. Sie wirken spröde, oft amerikanistisch – ihnen fehlt das exportfähige des typisch französischen Stils.

Seit ein paar Jahren gibt es im Norden von Paris (auf der Autobahn A1 hinter dem Flughafen Charles-de-Gaulle) einen großen »parc Asterix«: ein Freizeitland à la Disneyworld, aber eben nicht mit Micky, sondern alles hausgemacht. Ab 1992 erst treten Micky, Donald und Konsorten an, um im Westen von Paris bei Meaux mit »Euro-Disney« den französischen Markt zu erobern. Sicher muß auch diese Großmacht mit dem erbitterten Widerstand des kleinen gallischen Dorfes rechnen.

Wo genau nun liegt dieses Dorf? Jeder Band startet mit der immergleichen Landkarte Frankreichs, auf der eine Lupe den entscheidenden Ausschnitt vergrößert. Aber das Lupenglas irritiert: das Dorf könnte irgendwo zwischen St. Malo und Coutances zu finden sein. Ist Asterix ein Bretone? Die Bretonen sagen nein. Die Leute aus dem Dorf tragen Schnauzbart, Zöpfe und sind eher blond wie Normannen. Ist Asterix also Normanne? Unfug! Normannen kamen erst später ins Land. Die Leute aus der Normandie winken ab. Wenn er Gallier ist, wo lebten die Gallier?

Will ihn keiner? Alle grinsen.

Die Megastadt Cergy-Pontoise
Wohnen zwischen Normandie und Paris

Blanche sitzt am Fenster ihres Appartements und schaut hinaus in die Welt, in der sie lebt. Der Blick der jungen Französin taucht hinab auf einen riesigen Platz, menschenleer, kühl und steril. Der Platz ist gigantisch, umgeben von einem Halbrund aus verspiegelten Tempelfassaden. Blanche schaut hinüber auf die weißen Säulen, die der Wohnanlage die Aura einer futuristischen Akropolis verleihen. Daß hier außer Blanche auch noch andere Menschen leben, ist nur zu erahnen. Alle Fenster sind verspiegelt, selbst wenn sie geöffnet werden, ist kein Bewohner zu sehen. In der undurchdringlichen Fassade klafft dann lediglich ein schwarzes Loch, quadratisch und wie ausgestanzt.

»Cut!« ruft der Regisseur, die Kamera stoppt, die Szene »Blanche am Fenster« ist abgedreht. Das war 1986. Der Regisseur hieß Eric Rohmer. Für sechs Wochen lebte der französische Kult-Filmer mit seinem Team in Cergy-Pontoise und drehte dort »L'ami de mon amie«, einen Film, der

Sozialer Wohnungsbau hinter verspiegelten Tempelfassaden

»...nicht ganz so gut wie Michelangelo«

Seitdem ihn die Franzosen entdeckt haben, hat der katalanische Architekt Ricardo Levi Bofill viel zu tun. Vor allem in den »villes nouvelles«, den Trabantenstädten wie Cergy-Pontoise, schießen die Wohnpaläste des katalanischen Architekten wie Pilze aus dem Boden. Seit Anfang der achtziger Jahre zeigt Bofill mit riesigen Bauprojekten, was er unter der »Wiederbelebung der Renaissance-Stadt im zwanzigsten Jahrhundert« versteht: An schier endlosen Achsen aufgereiht, um weite elliptische oder quadratische Plätze arrangiert, stets monumental und um Noblesse bemüht, erinnern seine pompösen Kreationen aus sandbeige eingefärbten Betonfertigteilen mal an französische Schlösser, mal an griechische Tempel.

Bei kaum einem anderen Architekten ist der postmoderne Geist so hemmungslos entfesselt. Aberwitzige Verpackungen für Wohnsiedlungen sind seine Spezialität. Über einen künstlich angestauten See spannt Bofill seine »Arcades du Lac«: ein surreales Wasserschloß in Form eines Viadukts. Oder: Vor einem »Amphitheater« genannten monströsen Halbrund türmt sich ein Triumphbogen auf – vergröberte Nachempfindungen historischer Formen, die ganze Welt in einem Topf, eine Inszenierung optischer Sensationen. Den Zuckerbäckerstil der Ostberliner Stalinallee, heute Frankfurter Allee, überbietet Bofill noch bei weitem. Architekturschneiderei (»Taller de Architectura«) nennt der Patchworkbaumeister treffend sein Büro, eine von ihm umgebaute ehemalige Zementfabrik bei Barcelona. Rund 50 Architekten basteln hier unter seiner Regie aus Barockbrüstungen, Giebelfeldern und Pilastern, aus Fragmenten der gesamten Baugeschichte theatralische Hüllen – für staatlich subventionierte Sozialwohnungen.

Damit das Auseinanderklaffen von kläglichem Inhalt und aufgemotzter Verpackung nicht allzu augenfällig wird, bevorzugt Bofill Spiegelglas. Das verwehrt unerwünschte Ein-Sichten und funkelt, bei Sonne, eitel silbern; an lichtlosen Tagen reflektiert es schwarz. Bei seinem Pariser Paradestück, den »Leitern des Barock« (»Echelles du baroque«) sind ganze Fassaden mit dem High-Tech-Material verbrämt: Ein siebengeschossiger Wohncontainer gerät so zum vollverspiegelten Halbrund, angereichert mit gewaltigen Säulen, deren Kapitelle nichts zu tragen haben. Ihre Funktion ist banal und beliebig: Die Säulen sind zu Treppenhäusern ausgehöhlt.

Frankreichs derzeit erfolgreichster Baumeister ist zugleich Europas umstrittenster. Bofill hingegen – Bescheidenheit ist seine Sache nicht – hält sich »für den besten Architekten der Welt, nur noch nicht ganz so gut wie Michelangelo« und setzt sich ein bizarres Denkmal nach dem anderen. Für sein bisher größtes Projekt, die Stadterweiterung von Montpellier, wählte Bofill den Namen »Antigone«: Wieder einmal aberwitzig dekorierte Paläste, diesmal mit ausladenden Pagoden-Dächern, pathetischen geometrischen Plätzen (»Platz des goldenen Schnitts« heißt der schaurigste), gespiegelt an 800 m langen Achsen. Und alles ist menschenleer, als sei für die Bewohner wahr geworden, was Antigone, Tochter des Ödipus, der antiken Mythologie zufolge geschah: Bei Wasser und Brot wurde sie lebendig eingemauert.

Britta Meinass

unter dem Titel »Der Freund meiner Freundin« auch in Deutschland lief. Vier junge Menschen, zwei Männer und zwei Frauen, alle Anfang zwanzig, die sich in wechselnden Konstellationen ineinander verlieben – das ist, grob umrissen, die Geschichte des Films. Ein Film über den Alltag junger Menschen im Frankreich der 90er Jahre. Blanche und ihre Freunde sind erfundene Figuren, doch die Welt, in der die Geschichte spielt, ist verwirrende Wirklichkeit: Cergy-Pontoise ist eine sogenannte »Ville nouvelle«, ein neuzeitlicher Megawohnpark mit properen Fußgängerzonen und implantierten Biotopen, komfortabel, kühl und erbarmungslos. Nach Ende der sechswöchigen Dreharbeiten wollten Rohmers Schauspieler nur noch eins: raus aus der synthetisch-sterilen Welt dieser Retortenstadt. »Während des Drehs«, erinnert sich Hauptdarstellerin Sylvie Renoir, »haben wir auch in Cergy gewohnt... Alles war wie in einer anderen Welt, wie in einer Stadt im Jahr 2000.« Tatsächlich ist Cergy eine Welt für sich. Die Stadt gleicht einer Bühne, auf der sich zwischen gigantischen Architekturkulissen die Akteure verlieren.

Aber der Reihe nach: Am 10. Juli 1970 hatte alles angefangen. Per Gesetz wird die Gründung von Cergy-Pontoise beschlossen, zunächst existiert die Stadt jedoch nur auf dem Papier. Mit beispiellosem Aufwand wird im Val-d'Oise, dort wo nordwestlich von Paris die Landschaft der Normandie beginnt, urbanisiert und verdichtet. Felder, Wiesen und verstreute Dörfer rings um das Städtchen Pontoise hat es hier noch vor wenigen Jahren gegeben. Dann entdeckten Stadtplaner dieses landschaftlich reizvolle Fleckchen Erde und beschlossen, hier eine komplette Stadt zu bauen. Auf dem Reißbrett entstanden, planmäßig angelegt bis ins letzte Detail, erhebt sich heute auf der Hochebene von Le Puiseux ein riesiges Retortenstadtgebilde, das schon heute mehr Einwohner hat als Rouen, die über Jahrhunderte gewachsene Hauptstadt der Normandie. 168.025 Cergy-Pontains wurden 1991 gezählt. Sie leben in knapp 60.000 Wohnungen, die in den letzten Jahren hier emporgewachsen sind. Und noch immer wird gebaut und gebaut, wird Stadtviertel um Stadtviertel aus dem Boden gestampft. Drei- bis Vierhunderttausend Menschen sollen hier nach der Jahrtausendwende einmal leben.

Wie in Cergy-Pontoise werden auch in Evry, Marne-la-Valée, Melun-Sénart und St. Quentin-en-Yvelines neue Städte gebaut. Nicht zufällig liegen diese »villes nouvelles« an den Hauptausfallstraßen von Paris. In sicherer Entfernung zum Siedlungsbrei der Ile-de-France gelegen, sollen sie Frankreichs größtes Ballungsgebiet entlasten, denn mit 9 Millionen Einwohnern platzt die région parisiènne aus allen Nähten.

Die villes nouvelles sind Trabantenstädte einer neuen Generation. Außerhalb des zersiedelten Speckgürtels von Paris gelegen, sollen sie, um die Bewohner in ausreichender Zahl anzulocken, die Vorteile von Stadt und Land vereinen. So ist auch die Konzeption von Cergy-Pontoise im Grunde genommen nichts anderes als eine neuzeitliche Fortführung der Gartenstadtidee, wie sie der Engländer Ebenezer Howard im 19. Jahrhundert ersann: Einerseits ist die südnormannische Landschaft zum Greifen nah, der Freizeitwert hoch, die Luft sauberer als in der Region Paris, andererseits soll die ville nouvelle, wenn alle Bauten fertiggestellt sind, eine Infrastruktur bieten, die es durchaus mit anderen Großstädten aufnehmen kann. Schon jetzt gibt es 117 Schulen, etwa ebensoviele Kindergärten, 11 Kinos, 4 Theater, 6 Bibliotheken, 15 Bürgerzentren, 4 Tageszeitungen, 240 Arztpraxen, 1 Krankenhaus, 130 Restaurants, 21 Hotels, 1 Flughafen, 1 Hubschrauberlandeplatz, 8 Bahnhöfe, 6 Autobahnabfahrten und – nichts, was nicht geplant ist – 10 Bäume pro Bewohner. Auch an Arbeitsplätzen herrscht kein Mangel: 1.400 Unternehmen mit insgesamt 80.000 Arbeitsplätzen haben sich bislang angesiedelt, darunter zum Beispiel Peugeot, Renault, Siemens-Nixdorf und BP France.

Hochhäuser wie in den berüchtigten »cités dortoires«, den tristen Schlafstädten der 60er Jahre, gibt es nicht in Cergy-Pontoise. In der »ville nouvelle« zu leben, heißt vor allem, sich in einem neuen städtebaulichen Zeitalter zu bewegen. Nicht mehr in die Höhe wird gebaut, sondern in die Breite. Kaum ein Haus hat mehr als fünf Geschosse, die Bebauung ist überwiegend kleinteilig – ein Verfahren, das immense Flächen verschlingt. 20 Kilometer kann man hier mehr oder weniger geradeaus fahren, ohne daß die Stadt zu Ende ist.

Adrett und komfortabel sehen die Neubauviertel aus, denn postmoderne Architekten haben sich hier ausgetobt, ein jeder auf seine Weise. Pittoreske Türmchen grüßen ionische Säulen; aus heimeligen Dachgauben unter roten Schindeldächern kann man auf elegante Arkaden blicken – kaum ein Zitat aus der Baugeschichte, das nicht hervorgekramt wird, um den geschichtslosen Stadtneuling herauszuputzen.

Wie wohnt man in diesem postmodernen Mega-Wohnpark? Wie lebt es sich in dieser Stadt mit dem knitterfreien Kunstgesicht? Ein junges Ehepaar schiebt seinen Kinderwagen über den großen Platz aus dem Rohmer-Film. Diesmal ist die Szene echt. »Wir sind gerade erst hierher gezogen, wir haben eine 2-Zimmer-Wohnung, die kostet dreitausend Francs, aber das ist in Ordnung. Schließlich wohnen wir in der Nähe von Paris.« Der junge Vater ergänzt: »Alles ist grün und sauber, bloß, naja, es sind sehr viele Ausländer hier.«

Die Familie wohnt wie die Filmfigur Blanche in dem monumentalen Halbrund aus Spiegelglas und Betonfertigteilen, dem aufsehenerregendsten Bau der Stadt, im Ortsteil Cergy-St. Christophe. Architekt dieser Kreation ist der Freistil-Klassizist Ricardo Bofill.

Von ihrem Küchenfenster aus blickt die Familie auf einen 36 m hohen Aussichtsturm im Zentrum des Halbrunds. Um einige Grade schräg geneigt, verbeugt er sich demütig grüßend gen Paris. Er ist der Ausgangspunkt einer drei Kilometer langen Achse, die den glücklichen Bewohnern von Cergy

»Das ist unser Ufo-Landeplatz.« Die »Säulen der Menschenrechte« in Cergy Pontoise

als »Symbol der kulturellen Identifikation« dienen soll und natürlich ebenfalls auf die Hauptstadt ausgerichtet ist. Wie geht man hier spazieren? Geradeaus natürlich. Die »Axe majeur«, gestaltet von dem israelischen Künstler Dani Karavan, durchschneidet geometrische Rasenflächen, den »parc central«. Wildwuchs wird nicht geduldet, spielende Kinder schon gar nicht. Kleine Bäumchen stehen wie Soldaten in Reih und Glied, mit quadratisch gestutztem Laubwerk, auf ordentlich gemähtem Golfrasen. Was nun folgt, nennt sich »la terasse«. Tatsächlich hat man von hier aus eine grandiose Aussicht auf das Tal der Oise und die Seen von Cergy-Neuville. Die Terrasse allerdings ist ein kahler Betonplatz, groß wie ein Exerzierfeld für diverse Armee-Bataillone und zeugt vom nach wie vor ungebrochenen Verhältnis der Franzosen zu Monumentalität. Zwölf Säulen, ebenfalls aus Beton, ragen hier inmitten der grenzenlosen Leere empor.

Zwei Algerier, die ihre Mofas spazieren fahren, erzählen, daß sie seit drei Jahren in Cergy-St. Christophe leben. Auf die Frage, ob sie hier Freunde gefunden haben: »Ça va«, es geht so. »Franzosen«, sagen sie nach einer Weile lachend, »nein, Franzosen sind nicht dabei. Die tun sich schwer damit, daß wir inzwischen die besseren Jobs haben.« – »Weißt Du, was das hier ist, wo Du gerade stehst? Das ist unser UFO-Landeplatz. Nachts gibt es hier einen Laserstrahl. Der kommt da vorne aus dem Turm, leuchtet bis Paris – wenn es dunkel wird, siehts hier aus wie in einem Science-Fiction-Film. Die unheimliche Begegnung der Dritten Art.«

Britta Meinass

Marie Harel und die Revolution
Die Erfindung des Camembert und die Produktion heute

Das Dörfchen Camembert, dem dieser Käse den Namen verdankt, liegt 5 km südöstlich von Vimoutiers, im Süden der Normandie. Neben Pont-l'Éveque und Livarot ist Camembert das dritte Käsemekka dieser Region. Hier, in diesem farblosen Sieben-Häuser-Dorf, begann der Camembert in den Tumulten der französischen Revolution seine Weltkarriere.

Im Hof »Beaumoncel« lebte damals die Bäuerin Marie Harel (1761-1812). Sparsam war sie und fleißig. (Vom Mann im Haus ist weiter nicht die Rede.) Da bricht 1789 die Revolution aus. Marie ist gerade 28. Immer mehr revolutionäre Frondeure kommen durch die Gegend, auf der Jagd nach Adel und Klerus. Deren Flucht geht Richtung Osten, weil sich dort, in Bretagne und Normandie, bereits die Konterrevolution formiert. Da stürzt eines Tages ein erschöpfter, vor Angst abgemagerter Mönch auf den Hof von Marie und bittet um Unterschlupf. Marie überlegt – und schließlich versteckt sie ihn – viele Wochen lang. Als die Revolutionäre aus der Region verschwinden, ist der Mönch wieder so dick wie ehedem und Marie noch ärmer als zuvor. Sollte sie ihn jetzt einfach so ziehen lassen? Was könnte ihr dieser mittellose Mönch schon als Gegenleistung bieten? Als Mönch verfügt er standesgemäß über ein hohes Know-How in Sachen Käserei, Pflanzenzucht, Weinbau oder Manufaktur. In den Klöstern wird viel geforscht, entwickelt und produziert. Es ist nicht lange her, da hatte ein Kollege in der Nähe von Reims den Champagner entdeckt. Neue Herstellungsverfahren hielt man in den Klöstern stets streng geheim, um am Markt das Monopol nicht zu verlieren. Neue Tricks waren also Gold wert. Marie fordert. Vielleicht könnte der Mönch ihr das Geheimnis des Pilzes anvertrauen, mit dessen Hilfe der Käseschimmel weltweit zum ersten mal nicht mehr blau, grün oder rot wird, sondern so weiß wie Schnee? Sie verlangt das Geheim-Rezept, der Mönch gibt es ihr. Und Marie Harel wird als »Erfinderin« des Camembert berühmt.

Vor dem Rathaus von Vimoutiers errichtete ihr 1953 der Boß einer amerikanischen Cheese-Kette ein sprödes Denkmal. Sein Magengeschwür war angeblich durch das Camembert-Penizillin geheilt worden. Mehr dazu im Camembertmuseum von Vimoutiers.

Einer Gruppe von 20 Hobby-Käseforschern öffnen sich die Tore. Dies ist nicht das Museum, sondern eine Fabrik. Rundum ist alles grell gekachelt, lange Gänge, Neonlicht. Hier arbeiten fast nur Frauen. Alle tragen weiße

Wie wird aus Milch Camembert?

– Die Milch wird genormt: Ausgangsprodukt ist eine genau 30%-fetthaltige Milch, die aus sehr fetter Rohmilch und entrahmter Milch gemischt wird. Wegen des hohen Rohmilchanteils können nach wie vor einige Camembertsorten nicht nach Deutschland importiert werden. Man fürchtet Bakterien.

– Die Milch wird geimpft: In 100 Liter-Trögen wird die Milch mithilfe von Enzymen aus dem Labmagen saugender Kälber (Kasein) zum Gerinnen gebracht. Der Vorgang dauert 90 Minuten, ist hochsensibel und hängt ab von Temperatur und Säuregehalt.

– Die Masse wird bei Zimmertemperatur von Maschinen portioniert. Eine Einheit enthält in der Regel 5 Form-Kellen à 40 cl. Eine Maschine portioniert 200 Liter/h.

– Weil die gerinnende Milch in der Form mittig leicht zusammensackt, wird sie mehrmals geglättet, um die Oberfläche zu begradigen. Von jetzt an heißt die Milch Käse.

– Sobald der Käse genug zusammengesackt ist und nur noch ein Drittel der Form ausfüllt, wird alles umgedreht. Weil die ersten fünf Schritte einen Tag dauern, passiert das Stürzen meist abends.

– Am nächsten Morgen wird er aus der Form genommen und auf Tabletts gelegt, die auf Wagen in den Trockenraum gefahren werden, wo der Käse bei 18-20 Grad entwässert wird.

– Salzung: Die Oberseite und der Rand werden gesalzen. Für den charakteristischen Camembertgeschmack wird dem Salz als Ferment »penicillium candidum« beigegeben. Den Tag verbringt er bei 14-15 Grad. Abends dreht man ihn um und salzt für den nächsten Tag die Unterseite.

– Am vierten Tag geht es auf holzgitterartigen »Käsehürden« in die Räucherkammer, die eine Luftzirkulation auf 10-14 Grad hält. Vom fünften Tag an beginnt endlich der Schimmel zu wachsen. Nach 16 Tagen Räucherkammer sind die ersten Käse fertig und kommen als frische, noch weiche Sorte auf den Markt. Die anderen, festeren Sorten werden noch fünf, manche zehn Tage lang weitergeräuchert.

Kittel und weiße Häubchen. Alles eine Mischung aus Chemiesaal und furchterregendem Provinz-Krankenhaus. Die Räume sind kühl, feucht – und überall riecht es wie nach Babies. Ein Herr in besonders weißem Kittel zeigt uns zuerst die Labors, in denen Fermente und Räuchersalze gezüchtet und geprüft werden. Um die Marktanteile und Qualitätsstandards von französischem Käse gegenüber einer verfremdenden Massenproduktion zu verteidigen, hat Mitterand 1983 die Namen und Herkunftsbezeichnungen von 27 verschiedenen Käsesorten per Gesetz schützen lassen. Ähnlich wie schon bei den Weinen (»A.O.C.« = »appellation d'origine controlée« = geschützte Herkunftsbezeichnung) kann man jetzt auch den echten vom unechten Camembert unterscheiden. Nur der echte verdient die Aufschrift »V.C.N.« (»Véritable Camembert normand«). Hier in den Kühlräumen reifen nur

Ein Bauernhaus in der Normandie mit den typischen Dachgauben

Unmengen von Fälschungen; sie heißen später trügerisch »fromage fabriqué en Normandie«.

Die Mitarbeiter sind sicher Besucher gewöhnt; dennoch wirken manche irritiert. Als schließlich eine Frau ein riesiges Aluminiumgestell, mit bestimmt fünfhundert gefälschten Camemberts an uns vorbei über den Gang rollt, verhakt sich eines der Räder, der Wagen kippt, er kippt tatsächlich – und nach einem ohrenbetäubenden Scheppern rollen fünfhundert schöne, kleine, strahlend weiße, runde Käse über den Kachelboden davon. Was tun? Während unser besonders weiß bekittelter Mann nach kurzem, verlegenem »O-làlà« seinen Vortrag fortsetzt, eilen andere Frauen herbei, sammeln die Käse mit den Händen Stück für Stück wieder ein und legen sie sorgfältig auf die Tabletts in den Rollwagen zurück. Käsefabrik – das ist Handarbeit. Und guter Camembert – immer ein Frage der richtigen Würze.

Wohnen wie Gott in Frankreich

Wem gehören die Schlösser der Normandie?

Die beiden mächtigen, dreimeterhohen Flügel des Eisentores sind geöffnet. In weiten Bögen führt ein heller Kiesweg unter satten Baumkronen hindurch über eine Parkwiese bis zum Schloß. Es ist ein kleines, weißes Schloß, ein bescheidenes Ein-Familien-Schloß des 18. Jahrhunderts, mit kurzen Seitenflügeln, weiter Kutschenvorfahrt und sicher nicht mehr als 20 Zimmern. Rechter Hand liegen Verwaltungs- und Gesindehäuser. Die Anlage sieht einladend aus. Festlich. Weil das Tor offensteht, betreten wir den Park. Die Inszenierung der Anlage überträgt ihre Erhabenheit auf uns; weil wir allein sind, spazieren wir in aller Ruhe um das Gebäude herum. Es ist verlassen – das Dach sieht dicht aus, aber der Außenputz bröckelt, die Fensterscheiben sind stumpf, in einer Ecke liegt ein Knäuel verbogener, verrosteter Gartenstühle.

Wir sind am Rande des Waldgebietes »Forêt de Lyons«, 20 km östlich von Rouen, einem der wenigen großen Buchenwälder Frankreichs, vielleicht dem schönsten. Der Wald scheint direkt überzugehen in den Park, durch den wir spazieren. Schließlich kommt er dann doch, der deutsche Schäferhund. Er bellt, springt wild über die Wiese auf uns zu – und so wie er uns die Zähne zeigt, könnte es das jetzt eigentlich gewesen sein. Plötzlich ist dann aber auch von irgendwoher sein »chef« aufgetaucht, der uns sprechen will. Robert Desargues ist Mitte 50, korpulent, redet viel und ziemlich laut. Er wohnt in einem Teil der Nebengebäude und lebt davon, daß er sich um dieses Schloß kümmert.

»Man« habe ihm angeboten, im Schloß selbst zu wohnen, aber die Räume sind unpraktisch und unbeheizbar, sie machen ihn einsam. Wer ist »man«? Das Schloß gehört einem Unternehmer aus Paris, Desargues kriegt seinen Lohn über eine Immobilienverwaltung. Schon vor über 30 Jahren hat die alte Besitzerfamilie es verkauft: Keiner der Erben mochte in die Instandhaltung investieren. Desargues sorgt seit drei Jahren dafür, daß es nicht noch schlimmer wird.

Warum gibt es in der Normandie so viele Schlösser? Wem gehören sie, und was geschieht mit ihnen? Zwischen Cherbourg und Dieppe, Avranches und Evreux gibt es über 400 davon, und wer ein paar Tage durch das Land fährt, den beginnen sie schließlich schon zu langweilen. Ein Schloß! – Noch ein Schloß. – Und wieder eins. Frankreich ist fast überall schloß-reich; aber in der Normandie legten sie noch eins drauf. Die Gegend ist traditionell

Zu fast jedem Dorf in der Normandie gehört ein Schloß oder eine Ruine am Ortsrand

reich, seit über 500 Jahren gibt es wohlhabende Feudalgrundbesitzer. Die normannische Krume ist dick, schwer und fruchtbar; die vielen kleinen Flüsse liefern ausreichend Frischwasser und Energie für Mühlen oder Manufakturen. Für den Absatz der landwirtschaftlichen Produkte machte sich seit jeher die gute Anbindung an Paris wie an die Seehäfen in harten Louis-d'Or bezahlt. Die Ausbeutung des Landproletariats, Fronarbeit und regionale Sondersteuern taten ein übriges. Die Gewinne wurden in den Ausbau der Macht investiert, und diese galt es mit der Erhabenheit der Schlösser zu repräsentieren: daher die Inszenierung der Sichtbarkeit nach außen.

Für die Mehrzahl der Schlösser gilt, daß hauptsächlich das raumgreifende, Park-Arrangement den Eindruck bestimmt. Die Geometrie der Anlagen kokettiert mit einer überirdischen Aufsichtperspektive, die erst mit den Ballonflügen der Gebrüder Montgolfier am Vorabend der Revolution menschenmöglich wurde. Die Gebäude sind das Zentrale, auf das sich alles andere hin ausrichtet. Hinzu kommt meist noch eine architektonische Achsen-Symmetrie der Bauten, mit mittigem Flügelportal, ein mitunter extrem steil aufstrebendes Giebeldach und dessen symmetrische Kaminaufbauten etc. Und schon sieht es aus wie ein »Schloß«. Auffallend ist deshalb eigentlich nicht die große Anzahl von Schlössern in der Normandie. Auffallend ist, daß viele Häuser bis heute Grundregeln dieser Schloß-Ästhetik pflegen.

Meist haben die Schlösser die Revolutionen überdauert. Auch wenn der Adelsstand durch Reformen geschwächt wurde – geblieben ist ein französischer Aristokratismus der Form. Die Geschichte verläuft direkt vom Schloß von Versailles über Paris hinüber zur postmodernen Symmetriearchitektur der Schloßstadt von Cergy-Pontoise, in der der Architekt Ricardo Bofill eine Trabantenstadt mit eben jenen Tricks der Schloß-Ästhetik aufpeppte: Symmetrie, Park und Ornament. So wie dieser Aristokratismus der Form in der Architektur festgemauert wurde, lebt er auch heute noch in der Kultivierung der Sprache und in der Inszenierung von Öffentlichkeit – in Paris wie in der Provinz. Die Franzosen haben ein fast ungebrochenes Verhältnis zu dieser Art traditioneller Repräsentation, obwohl – oder gerade weil – sie heute nur wenige finanzieren können.

Allerdings hat die Bourgeoisie – getreu ihrem diskreten Charme – es vorgezogen, ihren Reichtum zuweilen hinter hohen Mauern zu verstecken: von manchen Dörfern zeigt sich nicht mehr als ein Labyrinth von Gassen inmitten abgezirkelter Steinmauern. Wie diese Mauern seinerzeit die Blicke des betrogenen Volkes und den Zorn des Klerus, der die bourgeoise Doppelmoral anprangerte, abwehren sollten, so schützen sie die Hausherren bis heute vor dem Fiskus. Und der Fiskus hat in Frankreich in der Tat tausend Augen; denn nach wie vor kann hier jeder Bürger gegen jeden Anzeige wegen Steuerhinterziehung erstatten und kassiert als Prämie einen Prozentsatz des hinterzogenen Vermögens. Dieser Erlaß läßt Neid, Denunziantentum und Mauern wachsen.

Früher Repräsentation der Macht – heute bewachter, leerstehender Privatbesitz

Wem gehören die Schlösser heute? In den 60ern bis Mitte der 70er Jahre wurden viele der Anwesen von ihren Besitzerfamilien verlassen. In ganz Frankreich grassierte die Landflucht. Selbst für die Schloßherren waren Unterhaltskosten und Modernisierungsaufwand zu hoch. Die Kinder gefielen sich besser in den Komfort-Etagen des 16. Pariser Arrondissement; und weil die meisten für Verkauf plädierten, fielen die Preise. Überall konnte man »Schlösser« kaufen – teilweise hieß es: für den Gegenwert von drei Citroen DS (»déesse« = die Göttin). Neben einigen Neureichen, zahlreichen Ausländern (viele Deutsche), hat der Staat einen Großteil von ihnen (ca. 60%) erworben. Aus Verantwortung für die Kulturdenkmäler hat er sie den Familien abgekauft, subventioniert die Restaurierung und hat es den Familien zugleich ermöglicht, auf Mietbasis dort wohnen zu bleiben. Oder aber die Schlösser wurden als Hotels verpachtet, zu Museen hergerichtet, in zahlreichen von ihnen sind heute Jugendheime, Reha-Zentren, Pflege- oder Altersheime untergebracht (wie z.B. im Château-des-deux-Amants, einem ziemlich gespenstig eingezäunten Altersheim auf den Bergen der Côte-des-deux-Amants hoch über der Seine, 15 km östlich von Rouen mit gutem Blick über den mäandernden Fluß). Auch die französische »Armée du Salut« (Heilsarmee) hat eine ganze Reihe von ihnen für karitative Zwecke gekauft (z.B. das Château de Fleury-la-Forêt im Tal der Andelle bei Rouen). Manche wurden von ihren Besitzern zu privaten Museen ausgebaut und können besichtigt werden. Viele Schloßerben zeigen sich und die Schweiß-hemdchen ihrer Ahnen gegen Eintrittsgeld, und wer noch etwas drauflegt,

Normannisches Manoir als Märchenschloß bei Honfleur

der wird in die intimen Anekdoten der Familie eingeweiht, die meist genauso blumig wie legendär sind.

Nach wie vor stehen viele Schlösser leer. Und nach wie vor findet man sie in den Schaufenstern der Immobilienagenturen »à vendre«. Die Banken bieten mittlerweile Ratenfinanzierung extra für ausländische Privatleute an. Wegen des neuen »Chunnels« schielen jetzt alle auf das englische Pfund.

Vielen Fremden genügt es, nur »einmal im Leben« in einem richtigen Schloßzimmer, in einem richtigen Schloß aufzuwachen und zu frühstücken. »Château-Hotels« sind deshalb sehr begehrt und meist teuer, wobei viele von ihnen sich schon »Château« nennen, nur weil das Gebäude alt und die Kieszufahrt symmetrisch angeordnet ist. Im echten »Château-de-Sully« (drei Sterne, Tel.: 31222948), einem typischen Herrschaftssitz des 18. Jahrhunderts, öffnen sich die Gemächer ab 550 FF. Viele Schloßanlagen haben auch Campingplätze aufgenommen, z.B. in Matragny zwischen Caen und Bayeux (Tel.: 31802140) oder in Le Colombier zwischen Deauville und Lisieux (Tel.: 31636308).

Das Schloß, das Monsieur Desargues instandhält, wird vielleicht irgendwann zu einem Gästehaus für Geschäftsfreunde oder für Prämienreisen der Mitarbeiter ausgebaut. »Man« sagt ihm dazu nichts genaues. Dieses Jahr hat Desargues am Pavillon herumgeflickt: jetzt ist er wieder windfest und wasserdicht. Im nächsten Jahr wird er die hölzernen Fensterverschläge streichen; also abschleifen, grundieren, lackieren, wegen der Haltbarkeit gleich doppelt. 132 Stück – und von den Nebengebäuden noch mal 48 dazu.

Amoco Cadiz – die schwarze Flut

Kenternde Schiffe in der Einfahrt
des Ärmelkanals

Am 16. März 1978 rammte der Supertanker Amoco Cadiz die Klippen der bretonischen Küste bei Portsall. Er zerbrach sofort, und 258 Millionen Liter Rohöl strömten innerhalb weniger Stunden ins Meer. Vor den Augen der völlig hilflosen und schockierten Bretonen erlebte der europäische Kontinent seine erste und bisher schwerste Öl-Katastrophe. Über 360 km weit dehnte die Strömung den tödlichen Teppich aus, vom Unglücksfelsen »Roches de Portsall« im äußersten Nordosten bis westlich hinüber zum Mont St. Michel. Entlang der Küste war alles schwarz: Felsen, Strände, Häfen – das zähe, verdickte Öl verklebte alles und kostete Zehntausenden von Seevögeln, Fischen und Krebsen das Leben. Die empfindlichen Biotope der Küstenregion kollabierten und erlitten irreparable Schäden.

Es war apokalyptisch. Die bretonischen Fischer und Bauern, die Austernzüchter und Gastwirte der Region schlugen Alarm – aber Paris blieb gelassen und schickte Gutachter. Für Fälle wie diesen gab es weder vergleichbare Erfahrungen, noch ausreichende Katastrophenpläne. Dabei hätte man so etwas befürchten müssen. Niemand wußte so recht, was tun. Warten, bis das stürmische Meer den klebrigen Film verteilte? Mit Chemie das Öl auflösen? Das Öl von der Wasseroberfläche absaugen?

Währenddessen wurde die Katastrophe zum weltweiten Medienereignis. Über Nacht wurde das Fischerdorf Portsall zum von Journalisten, Fotografen und Filmteams bevölkerten Medienzentrum. Die ganze Welt starrte auf die Bilder der vom Öl verklebten Kormorane, Möwen oder Fischreiher. Von den Fernsehsesseln aus wurde verfolgt, wie die Vögel im Todeskampf sich von der klebrigen Pest zu befreien versuchten, um schließlich nach einem letzten, verzweifelten Flügelschlag im Öl zu versinken. Bilder vom qualvollen Tod der Natur. Wann immer sich irgendwo an der Küste ein weiterer Vogel im Ölschlamm verfing, rannten die Kameraleute herbei, um ja nichts zu versäumen.

Der bretonische Zorn kochte über. Kurz entschlossen fingen die Frauen und Männer der Region an, mit Schaufeln und Eimern, mit ihren Traktoren und Jauchetankwagen den Teerschlamm vom Meer wegzuholen und in speziellen Gruben zu sammeln. Die Freiwilligen Feuerwehren halfen mit, aus ganz Frankreich reisten freiwillige Helfer an, und auch der Staat schickte nun seine Soldaten.

»La marée noire«, die schwarze Flut, wurde zum Inbegriff für das Schicksal der vernachlässigten Provinz; jetzt interessierte sich die französische Öffentlichkeit plötzlich für die Sorgen und Nöte der Bretonen dort draußen in Finistère, dem »Ende der Welt«. Die Öl-Pest wurde in ganz Frankreich zum Symbol für die Opfer, die man den Provinzen abverlangte zum Nutzen und zum Glanz der Grande-Nation und ihrer Pariser Elite.

Neben den ökologischen waren auch die wirtschaftlichen Schäden immens: Die Fischer, Austern- und Krabbenzüchter verloren für Jahre ihre Fanggründe, der Tourismus brach zusammen, viele Familien waren in ihrer Existenz bedroht. Es dauerte Monate, bis endlich nach enormen gemeinsamen Anstrengungen die gröbsten Mengen des Ölschlamms beseitigt waren, bis die unzähligen kleinen Buchten der Region wieder einigermaßen frei waren von der »schwarzen Pest«. Bis heute blieben an vielen Stellen – neben den weniger sichtbaren irreparablen Schäden der Biotope – noch deutliche Spuren der Katastrophe: große schwarze Flecken auf den Felsen, die noch jahrzehntelang an die Amoco Cadiz erinnern werden. Dabei sind diese Spuren nicht ihr allein zuzuschreiben: In den Jahren zuvor hatten schon die Tanker Torey Canyon, Olympic Bravery und Böhlen die Küste mit Öl verseucht, wenn auch in geringerem Ausmaß. Und das auf der Oberfläche treibende, angeschwemmte Öl, die gefürchteten Teerklumpen auf den Felsen und Stränden, das alles gehörte schon länger zum Alltag der Ärmelkanal-

Die »schwarze Pest« ließ den Zorn der Bretonen überkochen

Anrainer, weil Schiffe immer wieder unbeobachtet Ölreste aus ihren Tanks in die See pumpten. Familien, die hier im Meer baden oder am Strand spazieren wollten, nahmen neben Sonnenöl gleich auch Terpentinersatz mit, um die schwarzen Flecken schnell wieder zu entfernen. Nach Verursachern wurde nicht gefragt.

Heute ist die Geduld der Anwohner und Touristen angesichts solcher Umweltfrevel am Ende, gerade die Ölpest in der Bretagne markiert da eine Wende im Umweltbewußtsein und bleibt nachhaltig in Erinnerung.

Die Havarie hatte auch ein langwieriges juristisches Nachspiel: Gemeinsam mit den Fischern, Gastwirten und Umweltschützern nahmen sich die betroffenen Gemeinden und der französische Staat einen New Yorker Spitzenanwalt und verklagten den Halter der Amoco Cadiz, die amerikanische Standard Oil of Indiana, auf Schadensersatz. Sechs Jahre nach der Katastrophe, im April 1984, wurde in Chicago in erster Instanz das Urteil gefällt. Richter McGarr sprach den Betroffenen eine Schadensersatzleistung von umgerechnet 280 Millionen Mark zu; es war das erste Mal, daß der Verursacher einer Umweltkatastrophe zahlen mußte. Standard Oil ging in Berufung. Im Januar 1992, vierzehn Jahre danach, wurde die Berufung abgewiesen. Mehr noch: Das Gericht ging diesmal mit seiner Entscheidung über das Urteil der Vorinstanz hinaus und erhöhte den Schadensersatz auf 320 Millionen Mark. Standard Oil und sein französischer Partner, der Mineralölkonzern Amoco, hätten wissen müssen, daß der Tanker nicht mehr sicher war, hieß es in der Urteilsbegründung. Bereits vor dem Unglück waren Mängel am Navigationssystem der Amoco Cadiz aufgetreten und gemeldet worden.

Die Einfahrt in den Ärmelkanal ist berühmt und berüchtigt für ihre Tücken. Im Rücken hat man die Winde der stürmischen Biscaya, unter sich im Wasser die rasanten Strömungen des Golfstroms, dazu noch eine mächtig vorantreibende Flutwelle – da wird das Steuern schwerfälliger Riesentanker schnell riskant. Und wenn dann noch die Radarnavigation Mängel aufweist oder gar ganz ausfällt und der Kapitän auf Sichtnavigation, sprich: Leuchttürme und Ufer in Sichtweite, angewiesen ist, wird es brenzlig. Die Felsen von Cornwall im Norden und der Bretagne im Süden sind nicht ohne Grund zu wahren Schiffsfriedhöfen geworden.

Als 1984 der Richterspruch im Amoco-Prozeß bekannt wurde, herrschten in Portsall große Freude und Genugtuung. Man freute sich über die bekanntgewordene Höhe der Entschädigung, vor allem aber war man stolz über den Erfolg der solidarischen Aktion. Beim Urteil der zweiten Instanz im Januar 1992 blieben die Reaktionen dann schon viel verhaltener. Denn es ist mittlerweile allen klar, wie wenig ihnen vom Wiedergutmachungs-Geld tatsächlich bleibt. Abzuziehen sind zunächst 50 Millionen Mark Gerichtskosten, davon allein fünf Millionen für das renommierte Anwaltsbüro, 80% vom Rest gehen an den französischen Staat, bleiben also den bretonischen Klägern vielleicht gerade noch 50 Millionen Mark. Eine ernüchternde Bilanz.

»Brezoneg«

Die bretonische Sprache

In einer italienischen Pizzeria in Lannion liegt eine französische Speisekarte aus. Die Gäste entscheiden sich für Lasagne und Frascati. Als sie bestellen möchten, erscheint die junge, freundliche Kellnerin und sagt etwas in überraschend hart klingenden und kehligen Lauten. Die Gäste verstehen nichts, antworten nicht, lächeln nur unsicher. War das eben bretonisch? Die Kellnerin lächelt, verständnisvoll, und versucht es noch mal, diesmal in Übersetzung: »Vous avez choisi?«

Die Situation ist typisch: immer mehr Bretonen sprechen wieder zuerst bretonisch. Nur wenn »Fremde« kommen, aus Restfrankreich oder woandersher, dann wechselt man um und verständigt sich auf französisch. Im alltäglichen Umgang – gerade unter jungen Leuten – rückt Bretonisch wieder an die erste Stelle.

Bretonisch und Französisch unterscheiden sich im Klang wie Feuer und Wasser: Anders als das Französische kennt das Bretonische keine näselnden Nasale, statt dessen zahlreiche kräftige Kehllaute wie »K« (klingt wie »K« in »Küste«), wie »R« (wie in »Rabe«) oder das »c'h« (wie das »ch« in »Rachen«). Den Grundwortschatz bilden eine vergleichsweise begrenzte Menge einsilbiger Wörter, die komplex kombiniert werden können. Bei mehrsilbigen Wörtern wird die vorletzte Silbe betont. Akzente werden zwar gesetzt, sind aber unbretonisch; wo sie verwendet werden, sind sie ein Zugeständnis an die französische Sprache. Deutschsprachige können sich grob daran orientieren, daß bretonische Wörter so ausgesprochen werden, wie sie deutsch gelesen werden.

Gegenüber der leichtfüßig tänzelnden französischen Sprachmelodie klingt das Bretonische eher bodenständig, dunkel und rauh. Ein Unterschied, der das jeweilige Selbstverständnis durchaus geprägt hat (oder, anders gesehen, Ausdruck der eigenen Mentalität ist). Und ein Unterschied, der so groß ist, daß in ihm der französisch-bretonische Konflikt wie unüberwindbar verfestigt scheint.

Das Bretonische gehört zum keltischen Ast der indogermanischen Sprachen. Dieser Ast gabelt sich in zwei Zweige: einerseits das Gälische in Irland und Schottland, andererseits das Britische, Walisische, Cornische und Bretonische. Bereits 1000 v. Chr. war die Bretagne von Kelten besiedelt, deren Einfluß und Sprachkultur aber später von den gallo-römischen Machthabern zurückgedrängt wurde. Dann waren es erst wieder neue keltische Einwanderer, die im 5. und 6. Jahrhundert n. Chr. ihre Sprache, auf der Flucht vor Angeln und Sachsen, aus Großbritannien nach Klein-Britannien mitbrachten. Daraus entwickelte sich das eigenständige Bretonisch, von den Sprachwissenschaftlern heute »breton armoricain« und von den Bretonen selbst »brezoneg« genannt. Die Sprache breitete sich damals über die gesamte Halbinsel aus. Zeugnis dafür sind Inschriften und u.a. mehrere bretonisch geschriebene Rezeptsammlungen aus dem 8. Jahrhundert. Aus dem 9. und 10. Jahrhundert existieren zahlreiche lateinische Grammatiken, Lieder oder Texte von Vergil, versehen mit bretonischen Anmerkungen. Aber schon 851, als sich Erispoe von König und Papst zum ersten bretonischen Herzog anerkennen ließ, sprach man bretonisch nur noch in wenigen Gegenden, z.B. in Dol, Guérande und St. Nazaire.

Es hatte sich nicht durchgesetzt, jedenfalls nicht in den besseren Kreisen. Bretonisch war nicht die Sprache der Machthaber, der Justiz, der Aristokratie und der Schulen geworden. Beispiel: Als Pierre Abélard, selbst gebürtiger Bretone, im 12. Jahrhundert zum leitenden Abt des Klosters St. Gilda im Morbihan wurde, äußerte er sich verächtlich über diese »häßliche, mir unbekannte Sprache« (lingua mihi ignota et turpis) seiner Mönche. Natürlich zogen es Klerus und Adel vor, sich lieber an der Sprache von Versailles zu orientieren. Aber als Sprache des einfachen Volkes, der Bauern- und Fischerfamilien blieb das Bretonische mal mehr, mal weniger präsent.

1659 tauchen erstmals eine bretonische Grammatik und ein Wörterbuch in den Schriften des Père Maunoir auf. Er fordert eine orthographische Reform und führt u.a. das typisch bretonische »c'h« ein, wie in Ploumanac'h oder Ploulec'h. Danach lebt die bretonische Schriftsprache auf: Im 18. Jahrhundert verbreitet sich die Grammaire françoise-celtique des Grégoire de Rostrenen, Anfang des 19. Jahrhunderts die Grammaire celto-bretonne von Le Gonidec. Le Gonidec übersetzt die Bibel ins Bretonische und prophezeit: »Eines Tages wird man wissen, wie vorteilhaft es ist, rein bretonische Worte benutzen zu können, wenn man für Bretonen schreiben will, und (...) man wird aus der Rede all das entfernen, was fremden Sprachen entliehen wurde.«

In der Romantik wurde es auch in den Pariser Salons zur Mode, sich der Sprachgeschichte und der mündlich tradierten Volkskultur zuzuwenden. Da erzielte die bretonische Sprache ihren »literarischen Durchbruch«: 1839 veröffentlichte der 24jährige Hersard de La Villemarqué eine Sammlung bretonischer Lieder und Geschichten unter dem Titel »Barzaz Breiz«. George Sand schwärmte: »Hut ab vor den Bretonen!« Die Sammlung wurde in mehrere Sprachen übersetzt, und die europäische Kulturszene nahm zur Kenntnis, daß Bretonisch keine Mundart des barbarischen Mittelalters war.

In den gehobenen Salons zwar als »kulturfähig« rehabilitiert, wurde Bretonisch als offizielle Regional-Sprache von Paris verboten. Im Gefolge der Revolution setzten die Jakobiner gewaltsam die Einheitssprache Französisch durch. Alles Regionale galt ihnen als zutiefst konterrevolutionär.

Die ummauerten Pfarrbezirke – über Jahrhunderte Horte der bretonischen Sprache

»Der Föderalismus und der Aberglaube sprechen bretonisch«, wetterte Barère im Konvent. 150 Jahre lang wurde Bretonisch, wie alle anderen Regionalsprachen, verboten und unter Androhung massiver Strafen vor allem aus den Schulen verdrängt.

Umgekehrt waren Priester und Feudalherren in der Bretagne brennend daran interessiert, ihr braves Volk fest auf Bretonisch einzuschwören, um sie von modernen Einflüssen, von gefährlichen republikanischen Texten fernzuhalten. Französisch war die Sprache der Aufklärung.

Trotz Verbot begann sich Anfang des 20. Jahrhunderts eine eigenständige bretonische Literatur zu formieren. Im Geist des Widerstands gegen die Pariser Kulturhegemonie erschien 1923 erstmals die Zeitschrift Gwalarn, eine literarische Beilage des Autonomisten-Blattes Breiz-Atao. Gwalarn-Herausgeber Roparz Hemon trommelte voller Enthusiasmus: »Entweder wir töten das Französische, oder das Französische tötet uns.«

Die Vorstellung kultureller Eigenständigkeit lief mehr und mehr parallel mit der politischen Autonomie-Bewegung. Nach dem 1. Weltkrieg waren zahlreiche nationalistische Parteien gegründet worden, deren einflußreichste, die Parti national breton (PNB), mit den deutschen Nationalsozialisten paktierte. Bretonisch wurde entdeckt als Blut-und-Boden-Sprache, Breiz-Atao zum Organ der PNB. 1930 wandte sich der rechtsextreme Autonomist Ollier Mordrel in der Breiz-Atao gegen den Mißbrauch der Sprachkultur für fremde Zwecke und resümierte enttäuscht: »Die katholischen Mönche

Offizielle Zweisprachigkeit in der Bretagne

Bretonisch als Muttersprache

Bretonisch war noch vor 40 Jahren eine quasi verbotene Sprache. In den öffentlichen Institutionen, vor allem eben in der Schule, durfte niemand bretonisch sprechen. Aber in den Familien, auf den Märkten und unter Freunden wurde es weiterhin gesprochen und gelernt, da wurde es von den Eltern an die Kinder weitergegeben. Trotzdem haftete dem Bretonischen durch den »Sprachkrieg« etwas sozial Minderwertiges an: Bretonisch hatte das Etikett, die Sprache der Kirche, der armen Fischer und Bauern zu sein, eine aussterbende Nebensächlichkeit. Paris hat alles Mögliche unternommen, um den Eindruck zu vermitteln, Bretonisch sei keine Kultursprache, sondern eine provinzielle Randerscheinung, eine Sprache des Mittelalters, mit der man sich in der modernen Welt nicht zurechtfinden könne.

Weil der französische Staat und die oberste Schulbehörde in Paris sich nach wie vor weigern, die bretonische Sprache als gleichberechtigt in das staatliche Schulsystem zu integrieren, haben sich in der Bretagne immer mehr private Schulen gebildet, die bretonisch unterrichten. Der Staat hat dann nachgezogen, die Lehrstühle für keltische Sprachwissenschaften an den Universitäten in Rennes und Brest angeordnet, und auch im Schulbereich zweisprachige Klassen genehmigt. In diesen speziellen Klassen werden jedoch bislang nur drei Schulstunden pro Tag in bretonisch unterrichtet, meist Fachkunde, also Physik, Erdkunde etc., was keineswegs ausreicht.

Wenn man Bretonisch nicht als Sprachunterricht wie Englisch oder Deutsch auffassen will, nicht als zusätzliche Fremdsprache, nicht als Hobby, sondern als Muttersprache, dann muß man in der Vorschule damit anfangen. Eine ganze Reihe rein bretonisch-sprachiger Vorschulen hat sich in der Diwan-Bewegung (»diwan«, bret. = Erneuerung) zusammengeschlossen. Die privaten Schulen bieten Unterricht in Bretonisch von der 1. bis zur 9.Klasse an. Nur so wird es zu einer Selbstverständlichkeit, und die Kinder bekommen das Gefühl, daß Schule und Familie keine getrennten Sprachwelten sind. Die privaten bretonischsprachigen Schulen, von denen es mittlerweile sicher einige Hundert gibt, verzeichnen nach wie vor enormen Zulauf. Jedes Jahr haben wir bei der Einschulung in die erste Klasse 20% mehr Schüler!

In erster Linie ist es wichtig, Bretonisch als Muttersprache aufzuwerten, damit den Kindern die Traditionen und Lebensformen ihrer Vorfahren in ihrer sozialen Umwelt wieder verständlich werden. Das hat nichts mit konservativem Traditionsbewußtsein zu tun, sondern soll nur die Entfremdung von der eigenen Kultur verhindern. Man stelle sich nur die schizophrene Lage der Kinder vor, daß Bretonisch einerseits Familiensprache, andererseits offiziell verboten bzw. Fremdsprache war! Langfristig geht es darum, dem Bretonischen die Selbstverständlichkeit einer lebendigen Sprache zurückzugeben.

Sabine Rocard

Kleines Lexikon Bretonisch-Deutsch

Ein paar bretonische Wörter zu kennen, ist für die Orientierung unterwegs immer hilfreich. Außerdem lassen sich dieser kleinen Liste bereits die meisten Orts- oder Flußnamen »übersetzen«. Für die richtige Aussprache kann man sich zunächst daran orientieren, daß die Wörter klingen, wie sie (von uns deutschsprachigen) gelesen werden. Das macht die Sache einfach.

aber	Flußmündung	koz	alt
aod	Strand	kreac'h	Hügel
avel	Wind	kreiz	Mitte
aven	Fluß	kroaz	Kreuz
bag	Schiff	lec'h	Ort, Stelle
bara	Brot	len	See
beg	Landzunge	loc'h	Teich
bihan	klein	mad	gut
brao	schön	men	Stein
braz	groß	menez	Berg, Gebirge
bré	Hügel	meur	groß
breiz	Bretagne	milin	Mühle
bro	Gebiet	mor	Meer
brug	Heidekraut	nann	ein
deiz	Tag	nevez	neu
demat	Guten Tag	noz	Nacht
dol	Tisch	park	Feld
douar	Erde, Platz	pen	Kopf, Kap
dour	Wasser	pont	Brücke
du	schwarz	porz	Hafen
enez	Insel	poull	kleiner Teich
feunteun	Brunnen	raz	Engpaß
gallek	französisch	roc'h	Felsen
goat	Wald	roz	Anhöhe
goaz	Bach	ruz	rot
guic	Weiler	stang	größerer See
gwenn	weiß	ster	Fluß
gwer	grün	stivell	Quelle
gwerz	Lied	toull	Loch
hen	alt	trez	Sand
hent	Weg	tron	Tal
hirlang	groß	tro	Turm
ilis	Kirche	trugarez	danke
kaer	schön	ty	Haus
kastell	Schloß	ya	ja
kemper	Zusammenfluß	yec'hed mat	Auf Ihr Wohl!
kenavo	Auf Wiedersehen	yen	kalt

der Bretagne predigten über Jahrhunderte, das Bretonische und der rechte Glauben seien wie Bruder und Schwester. Die Marxisten bewiesen, daß die bretonischen Arbeiter doppelt ausgebeutet würden, als Proletarier und als Bretonen. Die Populisten haben gewettert, Französisch sei die Sprache der Bourgeoisie, allein Bretonisch sei die Sprache des Volkes. In den 30er Jahren vernimmt man nun in den Hoch-Rufen auf das keltische Erbe auch das Echo der chauvinistischen Barbarei.«

Nach dem Krieg wurde Bretonisch daraufhin lange Zeit verachtet als die Sprache der Kollaboration.

Erst 1951 hob die französische Nationalversammlung das Verbot der regionalen Sprachen auf, und gab damit auch dem Bretonischen offiziell seine Existenzberechtigung zurück. Ende der 70er Jahre erlebte das Interesse an keltischer Kultur eine Renaissance: der Celtic-Folk Alain Stivells war für die Bretonen Sprach- und Widerstandskultur.

Seit 1977 darf Bretonisch wieder in Vorschulen unterrichtet werden. Mittlerweile gibt es zahlreiche bretonisch-sprachige Theaterbühnen, Zeitungen und Zeitschriften, einige Radiostationen und Fernsehsendungen. Dessen ungeachtet hält man den Bretonen nach wie vor entgegen, ihre alte Sprache habe einfach einen zu kleinen Wortschatz für die Erfordernisse moderner

Aufkleber der bretonisch-sprachigen Vorschulen

Kommunikation. »Dazu müßte man erst noch 20.000 neue bretonische Wörter erfinden«, spottete »Le Monde«.

1886 stellte der Sprachforscher Paul Sébillot fest, daß von den damals 1,2 Mio. Bretonisch-Sprachigen zwei Drittel kein Französisch konnten. Heute sprechen es noch über eine Million, aber alle sind, bis auf wenige Ausnahmen unter älteren Bewohnern in der Westbretagne, zweisprachig. Für den offiziellen Gebrauch hat sich eine Sprachgrenze verfestigt: Die Region westlich der Achse zwischen St. Brieuc im Norden und Vannes im Süden gilt als bretonischer Sprachraum. Öffentliche Straßen- und Ortsschilder müssen hier zweisprachig sein. Östlich der Achse St. Brieuc-Vannes, also im offiziell französisch-sprachigen Gebiet der Bretagne, dem »pays gallo«, übermalen autonome Aktivisten immer wieder die rein französischen Schilder mit schwarzer Farbe: Ausdruck des immer noch nicht zur Ruhe gekommenen Sprachkrieges.

Dennoch hat sich insgesamt die Lage entschärft. Dank der – auch in der französischen Ost-Bretagne – aus dem Boden sprießenden privat-schulischen Angebote, Bretonisch zu lernen und zu praktizieren. Bleibt abzuwarten, ob das vorübergehende Modeerscheinungen sind, oder ob es zu einer tiefer greifenden Renaissance kommt.

Wie in Pont-l'Abbé sind die meisten Flüsse stark mit Schadstoffen belastet

Hilfe für das Wasser

Umweltschutz in Armor und Argoat

Überall Wasser: An drei Seiten umgeben vom Meer, eine 2.000 km lange, gefaltete Küste, dazu die vielen fjordartig breiten Mündungen der »Abers«, außerdem die kräftigen Niederschläge, die allgemein hohe Luftfeuchtigkeit und die vielen tausend Quellen, Bäche und Flüsse überall – die Bretagne hat an Wasser mehr als genug. Fischerei, Landwirtschaft und Tourismus leben alle drei vom Wasser.

Aber dem Lebensnerv der Bretagne geht es heute extrem dreckig! Umweltschützer und Politiker schlagen Alarm. Betört vom Image der Bretagne als wilder, unversehrter Natur-Region hatten die Verantwortlichen zu lange im ahnungslosen Dornröschenschlaf verharrt. Erst Ende der 80er wachte man auf und mußte feststellen: Das Wasser in der Bretagne ist extrem gefährdet.

Die Lachse waren die ersten Indikatoren. Zum Laichen kamen sie sonst immer herauf in die bretonischen Flüsse. Die Aulne beispielsweise war ein berühmter Lachsfluß, bis die Schadstoffbelastung die Laichgründe vernichtete. Schon Mitte der 70er Jahre hatte Jean-Claude Pierre, der Gründer der Schutzgemeinschaft »Eaux et Rivières de Bretagne« prophezeit: »Stirbt der Lachs, ist der Mensch bedroht.« Damals fand er kaum Gehör. Heute ist man eifrig bemüht, die Schäden zu beheben, weiß aber noch nicht einmal genau, wie die weitere, rücksichtslose Schadstoffeinleitung zu stoppen ist.

Problem Nummer eins ist das Grundwasser. Geologisch verfügt die Bretagne, wie die meisten uralten Felsmassive, über ein extrem wasserundurchlässiges Fundament. Der Granit dichtet alles ab. Die Natur bietet kaum unterirdische Kavernen und es gibt nur wenig Grundwasser. Deshalb haben die Menschen hier seit Jahrhunderten ihre Brunnen und Quellen besonders verehrt. Viele Wasserstellen wurden im Mittelalter umbaut mit architektonisch einmaligen kleinen Kapellen, so die »Fontaine Sainte-Barbe« in Le Faouet oder die »Fontaine Sainte-Noyale« bei Pontivy.

Wenn der Regen auf das bretonische Massiv niederprasselt, kann es nicht in den Boden dringen, sondern fließt in Tausenden von kleinen Bächen und Flüssen in Richtung Meer.

Problem Nummer zwei: die Gülle. Nach der Schwarzen Flut der Ölpest schwappt nun eine gigantische Gülle-Flut über die Bretagne. Seit der massiven Einführung der Stalltierhaltung im Land, seit dem Umsatteln der Bauern von Getreide auf Schweine- und Geflügelzucht und der Ausweitung der

Milchviehwirtschaft, weiß man nicht mehr wohin mit dem Kot. Beispiel: 23 Millionen Hühner arbeiten mittlerweile in bretonischen Batterien, und täglich werden 1,5 Millionen Hähnchen für den Export (vor allem in arabische Länder) geschlachtet, in Deutschland vor allem unter der Marke »Père Dodu« bekannt. In der Bucht von St. Brieuc bewirkten die vielen Schweineställe im Umkreis ein fast völliges Aussterben der begehrten Co-quilles-St. Jacques, die auf Felsbänken vor der Küste wuchsen. Statt dessen wuchern nun die Grünen Algen.

Zur Gülle kam die chemische Düngung in der Felderwirtschaft noch hinzu, so daß der Nitrat- und Phosphatgehalt der Gewässer rasant anstieg. Auch das Grundwasser ist mittlerweile von Nitraten kontaminiert. Die Firma Katellroc hat nach verstärkten Kontrollen ihre Trinkwasserquellen in Lizio (Morbihan) schließen müssen und füllt nun anderswo ihre Flaschen.

Eilig wurde die Zahl der Klärwerke auf 800 im ganzen Land erhöht. Aber das reicht nicht, solange die Schadstoffmengen nicht ursächlich reduziert

Die Bretonen fürchten um die Sauberkeit ihrer Strände

werden. Notwendig ist eine Kehrtwende zurück von der intensiven zur extensiven Landwirtschaft, wie sie zum Beispiel die »Travailleurs-Paysans« fordern, eine linke, ökologisch orientierte Bauerngewerkschaft, die seit ein paar Jahren gegen den Teufelskreis von Expansion, Verschuldung und ökologischem Bankrott mühsame Überzeugungsarbeit unter den bornierten Kollegen leistet.

Die Lage hat sich zugespitzt. Seit allen klar geworden ist, daß die Wasserverschmutzung auch das wichtige Standbein Tourismus gefährdet, tut sich was. Das politisch einflußreiche »Comité économique et social de Bretagne« legte einen offiziellen Bericht vor, der die totale Lähmung der gesamten bretonischen Wirtschaft prophezeit für den Fall, daß nicht sofort der Gülle-Hahn zugedreht wird.

Problem Nummer drei: der Wald. Das Hinterland der Bretagne war vor tausend Jahren noch von einem dichten, hohen Mischwald überzogen. Ein Großteil davon wurde im Laufe der Jahrhunderte von Köhlern zu Holzkohle verfeuert. Holzbarone rodeten die Wälder und verkauften die Stämme an die Werften, forsteten das Gelände aber nicht wieder auf, sondern verpachteten es als Ackerland. Wenn aufgeforstet wurde, dann nicht mit Mischwald, sondern mit Kiefern, die schnell wachsen und Geld bringen, aber die Böden auslaugen. Der saure Regen gab dann den übrig gebliebenen Waldstücken den Rest. Als in der Nacht vom 16. auf den 17. Oktober 1987 ein gewaltiger Orkan mit 200 km/h über die Bretagne hereinbrach, wurden 50.000 Hektar des eh schon geschwächten Waldes verwüstet. In den letzten Jahren mehrten sich zudem Waldbrände.

Naturschutz hat in der Bretagne mittlerweile eine recht starke Lobby. Neben der »Association Eaux et Rivières de Bretagne« bemüht sich vor allem die SEPNB (Société pour l'étude et la protection de la nature en Bretagne) um effiziente Maßnahmen zum Schutz der Küsten, der Gewässer und des Waldes. Gegründet wurde der Verband schon 1958 von zwei Gymnasiasten aus Quimper, Michel-Hervé Julien und Albert Lucas. Den beiden leidenschaftlichen Ornithologen ging es zunächst um die Erhaltung der Brut- und Nistplätze bedrohter Vogelarten. Vor allem entlang der Küste forderten sie erfolgreich mehr Schutzgebiete. 35 große Reservate hat die SEPNB »freigezwungen«, zusammen bilden sie Frankreichs umfangreichstes Naturschutzgebiet. Heute ist die SEPNB die größte Umweltschutzorganisation des Landes. Sie gilt als kompetent, einflußreich und aggressiv. Gearbeitet wird zweigleisig: einerseits Artenschutz, andererseits Schutz gefährdeter Biotope, wie der Torfgebiete, der Heide, Wälder, Moore und Salinen. Nachteil: es ist kein zusammenhängendes Terrain, es sind vereinzelte Flecken geblieben, so daß dazwischen weiter gefrevelt werden kann.

Die Umweltschützer in der Bretagne verzeichnen mittlerweile erste kleine Erfolge. Der Lachs, der vor dem verschmutzten Wasser floh, ist in einige Flüsse wieder zurückgekehrt.

Bretonische Crêpes

Die weltberühmten, hauchdünnen Teigfladen sind so etwas wie die Pizza der Bretagne: ein vielfach variierbares, preiswertes Alltagsgericht für jedermann. Und dennoch bleibt die Zubereitung eine hohe Kunst. Fast jedes Dorf hat eine eigene Crêperie, und jede Crêperie rühmt sich mit eigenen Rezepten. Traditionell wurden die Crêpes in der Bretagne auch mit Buchweizenmehl gebacken. Der Teig wird mit einem hölzernen »Rabot« hauchdünn auf der heißen Eisenplatte verteilt und goldgelb angebacken. Die süßen Varianten werden mit Marmelade, Schokolade, Kastaniencreme oder Früchten serviert und sind die eigentlichen »Crêpes«. Wer es nahrhafter mag, wählt Wurst, Fleisch, Fisch, Muscheln, Schinken, Gemüse, Käse oder Ei – dann nennt man es »Galettes«. Die Königin der zarten Fladen, die auch Karriere in der anspruchsvollen Haute Cuisine machte, ist die »Crêpe Suzette«: mit Orangenbutter bestrichen, sorgsam gefaltet und dann mit Grand Marnier flambiert.

Zutaten für 12 Crêpes:
75 g Mehl, 1/8 l Milch, 2 Eier, 1 Eigelb, 1 gehäufter Teelöffel Puderzucker, abgeriebene Schale von 1/4 unbehandelter Zitrone, 1 Prise Salz, 1 Eßlöffel Weinbrand, 3 Eßlöffel Bier, 2 Eßlöffel zerlassene Butter.

Zubereitung:
Eier, Eigelb, Milch, Puderzucker und Salz in einer hochwandigen Schüssel mixen. Mehl darübersieben und unterrühren. Weinbrand, Bier und zerlassene Butter untermischen und den Teig 60 Minuten ruhen lassen. Wenig Butter in einer Crêpepfanne oder in einer kunststoffbeschichteten Pfanne erhitzen. Mit einem Schöpflöffel in die Mitte der Pfanne etwas Teig gießen und durch Wenden der Pfanne schnell gleichmäßig auf dem Pfannenboden verteilen. Hauchdünn muß der Teig sein! Mit einem Deckel wenden und beidseitig goldgelb anbacken. Die Crêpes zwischen zwei flachen Tellern in einem vorgeheizten Backofen auftürmen und zum Servieren warm halten.

Krebse, Muscheln, Fisch, Lamm und Crême-fraiche

Die Küche in Bretagne und Normandie

Auf den Tisch kommt, was die Natur bietet. Das gilt gleichermaßen für Bretagne wie Normandie. Was den einen die Meerestiere, sind den anderen die Kühe mit Milch, Käse und Crême-fraiche. Gut Kochen und genüßlich Tafeln gehören zum Alltag, wobei die Einheimischen in der Regel nicht allzuviel halten von der artifiziellen Haute Cuisine mit ihren großen Tellern und kleinen Portionen. Geschätzt werden eher einfache und herzhafte Rezepte nach traditioneller Art.

Bretagne

Zunächst ein Blick in bretonische Töpfe: hier bestimmen der Reichtum und die Vielfalt des Meeres die Speisekarten der Restaurant- und Familienküchen. Die Bretonen sind wahre Fischfanatiker, genießen Muscheln, Krabben, Krebse und Hummer wie ihr tägliches Brot, und sie verstehen sich auch außerordentlich gut auf deren Zubereitung.

Im Vordergrund steht in der bretonischen Küche die Qualität der Zutaten. Alles muß von bester Qualität und absolut frisch sein, denn gerade die Fische (poissons), Muscheln (coquillage) und Schalentiere (crustacés) werden meist nur mit leichten, dezenten Soßen angerichtet, so daß der reine Geschmack der Tiere gut erhalten bleibt.

Auch in der Bretagne ist abzuraten von den überall marktschreierisch angebotenen Touristen-Menüs zu Dumpingpreisen. Die Portionen sind meist klein. Und dafür dann wieder recht teuer. Am besten schmeckt es dort, wohin die Einheimischen gehen, was leicht an den Gästen im Restaurant oder den Autoschildern davor zu erkennen ist. In der Regel sehr gut und dazu preiswert sind Restaurants in unmittelbarer Nähe größerer Fischereihäfen wie Concarneau und Lorient. Da sitzt man oft mit den Matrosen zusammen und tafelt für wenige Francs (ab ca. 75,- FF) an Neptuns Meeres-Menü. Nirgendwo in Frankreich, von Deutschland ganz zu schweigen, bekommt man Vergleichbares geboten.

Als Entrée zum Beispiel Miesmuscheln (Moules), Jakobsmuscheln (Coquille St. Jacques), gefüllte oder überbackene Pfahlmuscheln (Palourdes)

Rezepte

Coquille Saint-Jacques à la bretonne
(Jakobsmuscheln)

Zutaten: (für 6 Personen)
6 große Jakobsmuscheln, 2 gehackte Schalotten, 50 g gehackte Zwiebeln, 0,2 l Weißwein, 100 g Butter, 1 Eßl. zerriebenes Brot, 1 Eßl. gehackte Petersilie. Die Muscheln gut waschen, bürsten und die gewölbte Seite nach unten gerichtet auf ein Backblech legen. Auf eine heiße Herdplatte oder in einen heißen Ofen stellen, bis sich die Muscheln öffnen. Dann gleich mit einem Messer die obere Muschelhälfte ablösen. Die flache Schale wegwerfen. Die Spitze eines biegsamen Messers unter die Nuß des Muschelfleisches schieben und sie aus der gewölbten Hälfte lösen. Die gewölbten Schalenhälften säubern. Die rohe Nuß und das rohe Mark gewürfelt mit Schalotten und Zwiebeln leicht anschwitzen. Mit Weißwein aufgießen, würzen, die gehackte Petersilie und das Brot zufügen und 7-8 Min. langsam kochen lassen. Der Fond muß Saucenkonsistenz bekommen. Vom Feuer nehmen, leicht mit Butter aufschlagen, abschmecken und in die Schalen einfüllen. Mit groben Brotkrumen bestreuen, mit zerlassener Butter beträufeln und überbacken.

Ragoût d'Agneau à la bretonne
(Lammragout)

Zutaten:
1 kg Lammfleisch (typisch bretonisch »pré-salé«), Salz, Pfeffer, Mehl, 100 g Bratfett, 4 Zwiebeln. Sauce: 50 g Fett, 2 Knoblauchzehen, 2 Tassen Zwiebelwürfel, 2 Eßl. Mehl, 1 Tasse Wasser, 1 Tasse Tomatensaft, 5 hautlose Tomaten, 1 Bund Küchenkräuter, 2 Petersilienstengel, 4 Tassen Erbsen, Würfelkarotten, Blumenkohlrosen (alles gekocht).

Das Lammfleisch zerschneiden, die Stücke mit Salz und Pfeffer einreiben und in Mehl wälzen. In einer breiten Pfanne Fett heiß werden lassen, die Zwiebelscheiben und danach die Lammfleischwürfel anbräunen. Dabei ständig umrühren! Den Pfanneninhalt in einer Schale warmstellen. Sauce: In Fett Knoblauchscheiben, Zwiebelwürfel und Mehl hellbraun werden lassen. Mit Wasser und Tomatensaft ablöschen und die Fleischstücke wieder einlegen. Mit Tomaten, dem Kräuterbund und den Petersilienstengeln 45 Min. schmoren lassen. Kräuter und Petersilie entfernen, das gekochte Gemüse hinzugeben, und dann mit Salz, Pfeffer und Zucker abschmecken.

oder Austern (Huitres – aus Belon, Concarneau oder Cancale). Austern-Saison ist im Herbst, weil die Tiere den Sommer über erst ihren feinen Geschmack entwickeln. Danach vielleicht Krebse (Crabes), Garnelen (Crevettes) oder Langusten (Langoustes). Wer unschlüssig ist, wie er das Fleisch aus den Schalen befreit, der frage mutig den Nachbarn nach Tips für den Umgang mit den dazu gereichten Zangen und Bohrern. Das sieht nach Arbeit aus, aber es lohnt sich. Die Schalentiere werden meist nur in gewürztem Wasser abgekocht und dann mit feiner Remoulade, Weiß- oder auch Schwarzbrot serviert.

Die Seefischkarte ist umfangreich: Kabeljau, Rochen, Barsch, Thunfisch, Schellfisch oder Loup de Mer. Kombiniert werden sie typisch bretonisch mit »beurre blanc«, einer feinen Sauce aus Essig, Zwiebeln und gesalzener Butter, oder »à l'armoricaine« mit einer wesentlich schärfer gewürzten Saucen-Variante.

Ein sehr schmackhaftes, traditionelles Gericht der Fischerfamilien ist die »Cotriade«, die bretonische Fischsuppe. Zu Fischgerichten passend: bretoni-

Die Fischer in der Bretagne fangen fast die Hälfte der französischen Fische

scher Weißwein. Trotz ihres frischen, herben Klimas hat die Bretagne im Süden zwei eigene Weißweinsorten: aus dem Sèvre-Tal bei Nantes stammt der fruchtig-trockene, durchaus anspruchsvolle Muscadet. Etwas herber und einfacher dagegen schmeckt der (auch preiswertere) Gros-Plant.

Soviel zum Fisch. Und sonst? Auf dem Gemüsemarkt haben sich in den vergangenen Jahren vor allem Blumenkohl und die traditionellen Artischokken behaupten können. Artischocken sind hier extrem preiswert und frisch und in Essigwasser gekocht, mit einer Sauce Vinaigrette serviert eine Delikatesse. Von den Salzwiesen hinter der Küste stammen Lämmer mit besonders würzigem, weil quasi vorgesalzenem Geschmack (Présalé); bretonisch zubereitet als Lammkotelett oder als typisches Ragout (s. S. 87). Ein legendärer, deftiger Bauerneintopf ist der bretonische »Kig ha Fars« mit Rind- und Schweinefleisch, dazu Gemüse der Saison und eine Art Nudelteig aus Buchweizenmehl. Ebenfalls als typisch bretonisch werden die Kaldaunenwürste (andoulliette) aus Quimperlé gehandelt. Die Tatsache, daß immer mehr bretonische Bauernfamilien von Schweine- und Hühnerzucht leben, hat sich noch nicht sonderlich in den Kochtöpfen bemerkbar gemacht. Erwähnenswert sind als Dessert noch die Erdbeeren und Melonen von Plougastel, der Halbinsel in der Bucht von Brest. Und bei all dem nicht zu vergessen, weil quasi die heimliche Identität der bretonischen Gastronomie: Crêpes, Crêpes und abermals Crêpes.

Normandie

Die Normandie ist das Land der Kühe, weshalb reichlich Butter und kräftige Sahnesaucen zum festen Bestandteil fast jeder normannischen Mahlzeit geworden sind, egal ob zu Fisch oder Fleisch. In den Küchen findet Crêmefraiche kiloweise Verwendung, auch mal pur serviert, mit Früchten zum Dessert. Weil die Normannen auch fleißige Gemüsebauern sind, kennen sie eine Reihe origineller Rezepte für Gemüseaufläufe und-suppen. Von der Küste stammen hochwertige Fische, die Seezunge aus Dieppe z.B. hat einen ausgezeichneten Ruf, die Austern aus Courseulles gelten als Delikatesse. Ganz besonders stolz sind die Normannen auf ihre guten Käsesorten, den Pont-l'Évêque und den Livarot (beide aus dem 13. Jahrhundert) wie auch auf den legendären Camembert, den Käse mit Weltkarriere, dessen Prototyp erst Ende des 18. Jahrhundert erfunden wurde und mit dem das, was sich heute weltweit Camembert nennt, nicht mehr viel gemein hat.

Die normannische Apfelkultur hat nicht nur köstliche Getränke hervorgebracht, sondern auch leckere Kompottrezepte und feine Apfeltorten zum Dessert. Und was wäre das normannische Menü ohne den heimischen Calvados, je nach Belieben und nach Variation vor den Gängen als Aperitif, zwischendurch als »trou normand« oder danach als Digestif.

Rezepte

Soupe à la normande
(feine Gemüsesuppe)

Zutaten:
Möhren, Kartoffeln, Lauch, Butter, helle Fleischbrühe oder gesalzenes Wasser, Reis, Crême fraiche, Weißbrot.

Von den Möhren das Gelbe auslösen, das Rote ebenso wie die geschälten Kartoffeln in Scheiben, das Weiße der Lauchstangen in feine Streifen schneiden – von jedem muß in etwa die gleiche Menge vorhanden sein. Möhren und Lauch in Butter andünsten; wenn sie weich sind, mit Brühe oder Wasser aufgießen. 1 Stunde Kochen lassen, dann die Kartoffeln zufügen sowie einige Löffel Reis. Weitere 30 Minuten kochen. Gleichzeitig reichlich vorgewärmte Crême fraiche einrühren. Eine Suppenschüssel mit getrocknetem französischen Weißbrot auslegen und frische Butter darauf verteilen. Kurz vor dem Servieren die heiße Suppe darübergießen.

Filet de Sole à la normande
(normannische Seezunge)
Zutaten (für 4 Personen):
1 kg Muscheln, 75 g Butter, 1 Tasse Zwiebeln, 1 Eßl. Mehl, 12 gedünstete Champignons, 1 Tasse Champignonsud (vom Dünsten), 1/2 Tasse Weißwein, Salz, 4 Eßl. Sahne, 1/2 Tasse Petersilie, 2 Seezungen, 50 g Butter, 1 Tasse Zwiebeln, 1/2 Tasse Weißwein, 50 g Butter.

Die gewaschenen Muscheln in Salzwasser kochen (5 Min.), bis sich die Schalen öffnen und das Fleisch herausgenommen werden kann. In einer Kasserolle Butter zerlassen, darin die Zwiebeln glasig dünsten, mit Mehl bestäuben und in der Schwitze das Mehl dünsten, bis es braun wird. Dann mit Champignonsud langsam zu einer gebundenen Sauce auffüllen. Dazu Weißwein, Salz, Sahne, gehackte Petersilie, die Muscheln und die feingeschnittenen Champignons. Die Sauce jetzt warmstellen. Die Seezungenhaut auf beiden Seiten von den Schwanzflossen her abziehen. Dann entlang der Mittelgräten aus einem Fisch vier Filets schneiden. Auf einem geschlossenen Backblech die Filets mit Butterflocken, Zwiebelwürfel und Weißwein im Ofen gar ziehen lassen. Die Filets mit Pergamentpapier (oder Alu) abdecken, damit sie nicht austrocknen. Währenddessen in die warmgestellte Sauce Butterflocken schlagen, damit sie locker wird. Die garen Seezungen auf einer Schale servieren und mit der Sauce übergießen. Garnieren mit Petersilie, Zitrone oder Krebsen.

»Dem Präsidenten sagen, was Sache ist«

Ein bretonischer Bürgermeister unterwegs nach Paris

Pouldouran ist ein kleiner Ort im Norden der Bretagne. Das 153-Seelen-Dorf gehört zur Region von Tréguier. Ab Dorfkirche sind es mit dem Fahrrad knapp zwei Stunden Fahrt bis zum Meer, zu den stürmischen Granitfelsen der sagenhaften »Côte du Granit rose«. Das Meer kommt aber auch bis nach Pouldouran; denn das Dorf liegt am Ufer des »Aber Jaudy«, einem der typisch bretonischen Fjorde, in die die Flut bis viele Kilometer weit ins Hinterland steigt.

In Pouldouran ist Jean-Jacques Zwingelstein der Bürgermeister. Und Jean-Jacques Zwingelstein wurde geladen zu einem Gespräch mit dem Präsidenten der Republik, François Mitterand. Dafür hatte er lange gekämpft. Die Anliegen dieses Bürgermeisters sind nicht die speziellen Nöte seines Dorfes allein, nein, es geht ihm generell um die Probleme kleiner Ortschaften wie Pouldouran. Gemeinsam mit anderen Bürgermeistern seines Departements hat er sich für die Gründung einer »Association des petites communes«, eines Interessenverbandes für Gemeinden mit weniger als 200 Einwohnern, eingesetzt. Schließlich wurde er, für ihn nicht völlig überraschend, zu deren Präsidenten gewählt. »Vielleicht, weil ich Bretone bin«. Seine beiden Stellvertreter stammen ebenfalls aus der Bretagne.

Zwingelstein versucht, eine politische Lobby zu schaffen für die Kleinsten der Kleinen, und das sind nicht wenige: »Von den 36.000 Gemeinden der Republik gehören 11.000 zu unserer Kategorie ›Unter 200 Einwohner‹. Die Situation ist bei allen die gleiche.« Konkret geht es ums Geld, denn die bescheidenen Kassen der kleinen Rathäuser sind leer, während die Lasten weiter steigen. »Es ist eine Frage des Überlebens.«

»Wenn wir an Nationalfeiertagen Blumen oder Kränze benötigen, macht meine Frau das selbst mit Sachen aus dem Garten. Wenn nicht, wären es wieder 400 Francs mehr auf Kosten der Gemeinde.« In Pouldouran zählt jeder Centime. Daß die Realität so hart ist, hatten seine Frau und er nicht erwartet, als sie vor drei Jahren entschieden, daß er zur Bürgermeisterwahl kandidieren sollte. Lokalpolitik in der Bretagne, das ist in erster Linie eine Sache der Frauen, und als Bürgermeister empfehlen sich Männer im Ruhestand, weil sie die Zeit dafür haben. Das Amt bringt viel Ärger und wenig Lorbeeren. Monsieur le Maire arbeitet ehrenamtlich. Zwingelstein, früher im Agrargroßhandel tätig und seit ein paar Jahren Rentner, nimmt die

Angelegenheit aber nicht nur als zu erledigende Notwendigkeit, sondern engagiert sich mit viel Enthusiasmus. Immerhin ist es ja jetzt so weit, daß er als Präsident der kleinen Kommunen vom Präsidenten Frankreichs gehört wird.

Der Weg dahin war lang und frustrierend. Seit 1989, seitdem ihre Association existiert, haben Zwingelstein und seine Stellvertreter nicht davon abgelassen, immer wieder energisch an die Türen zahlreicher Gremien und Institutionen zu klopfen, wo man sie durchaus freundlich empfing. Aber als Antwort erhielten sie von den Regierungen der Departements, den Regionalparlamenten oder von den Abgeordneten der Nationalversammlung nur aufmunternde Briefe. Bewegen tat sich nichts. »Sogar der Verband der Bürgermeister Frankreichs hat die speziellen Probleme unserer kleinen Gemeinden nicht verstanden.« Zwingelstein und seine bretonischen Kollegen ließen sich davon nicht irritieren und suchten nach deutlicheren Mitteln: »Wir haben am 14. Okober (1991) einen offenen Brief an den Präsidenten der Republik geschrieben. Zwei Wochen später erhielten wir eine Antwort seines Büros mit einer Ladung für den 14. November.« Da waren sie dann doch überrascht. »Jetzt müssen wir eben dem Präsidenten sagen, was Sache ist.«

Das Budget von Pouldouran beläuft sich auf pro Jahr knapp 350.000 Francs. Das muß reichen für alles Mögliche, von der Müllentsorgung bis hin zur Instandhaltung der öffentlichen Gebäude, Wege und Straßen. Ganz zu schweigen von den Kosten für notwendige »Extras«, wie z.B. 450.000 Francs für die Renovierung der Kirche von Pouldouran. Bei den Straßen hat Pouldouran vergleichsweise Glück: die Gemeinde, deren Fläche knapp einen Quadratkilometer umfaßt, hat darauf nur vier Kilometer »Communale« (C) zu unterhalten. In der Regel ist der Straßenbau und -unterhalt gerade für ländliche Kommunen ein Faß ohne Boden. »So etwas muß bei der Zuteilung der staatlichen Finanzmittel berücksichtigt werden«, fordert Zwingelstein.

Solche staatlichen Mittel, die in die Gemeinden zurückfließen, machen nur etwa die Hälfte eines Kommunal-Budgets aus. Die andere Hälfte muß gedeckt werden durch direkte Abgaben vor Ort. Und da sitzt ein weiteres Problem: Je weniger Wirtschaftskraft in den Gemeinden, desto ärmer das Rathaus. Und wenn die Umsätze im Agrarsektor weiter sinken (1991 minus 9%), die Gewerbe weiterhin in städtische Regionen abwandern, droht der Bankrott. »Es genügt ja schon, wenn auf dem Gebiet der Nachbargemeinde ein großer Supermarkt öffnet!« Außerdem: In Pouldouran leben 40% Rentner und nur 20% Berufstätige. Will man junge Familien dafür gewinnen, im Ort zu bleiben, fehlt es an Wohnraum. »Wir haben große Häuser zu verkaufen, aber nichts zu vermieten. Die Sozialwohnungen müssen da besser verteilt werden.«

Zwingelstein fordert von Mitterand für die Kommunen eine Reform der

Verwaltungsstruktur – und mehr Geld aus dem nationalen Steuertopf. Wenn es Mitterand mit der Dezentralisierung weiterhin ernst sei, so der Bürgermeister, dann dürfe er den Kommunen nicht nur mehr Rechte und Pflichten zugestehen, sondern müsse auch dafür sorgen, daß sie finanziell dazu in der Lage sind, diese praktisch umzusetzen.

Erst Mitterands Regionalreform 1982 hatte bewirkt, daß die Gemeinden eigenverantwortlich wurden. Bis dahin war die gesamte Territorialverwaltung Frankreichs von Paris aus zentral gelenkt worden. Die für die Departements verantwortlichen Präfekten bzw. die Unterpräfekten für die Arrondissements wurden von oben vom Staatspräsidenten auf Vorschlag des Innenministers ernannt. Diesen Präfekten oblag gegenüber den Gemeinden eine Art administrative Vormundschaft (»tutelle administrative«), d.h. daß auf Wunsch eines Präfekten Anordnungen des Bürgermeisters oder Beschlüsse des Gemeinderates einfach aufgehoben werden konnten. So reichte der lange Arm der Machthaber vom Elysee-Palast aus bis tief hinein in die entferntesten Provinzen. Nichts geschah ohne das Placet aus Paris. Mitterand endlich hat dieser Praxis der »Rechtsaufsicht« ein Ende gemacht. Dafür sind ihm Zwingelstein und seine Kollegen dankbar; und dennoch: »Was nutzen uns Rechte, wenn wir sie nicht nutzen können?«

Für Jean-Jacques Zwingelstein steht fest, daß die vielen tausend Verwaltungseinheiten der kleinen Kommunen ersetzt werden müssen durch Zusammenschlüsse zu größeren Verbänden. Dadurch könnten regionale Ungleichheiten ausgeglichen, Projekte leichter koordiniert und vor allem kostensparend durchgeführt werden. Das neue Stichwort: Intercommunalité.

Dabei soll gewährleistet bleiben, daß jede Ortschaft ihren Charakter und ihre Autonomie bewahrt. »Hengoat, Troguéry und Pouldouran haben ganz unterschiedliche Mentalitäten«, sagt Zwingelstein im Hinblick auf seine Nachbardörfer, »zusammen arbeiten – Ja! Fusion – Nein!«

Schließlich ist Zwingelstein an besagtem Tag nach Paris gefahren und hat den von der Association vorbereiteten Forderungskatalog persönlich an Mitterand übergeben. Und weiter? Jetzt beraten darüber erstmal die Verwaltungsjuristen.

»Wunder gibt es immer wieder...«

Wie die kleine Jeanne d'Arc einmal Frankreich rettete

Wie kam Jeanne d'Arc nach Rouen? Wieso wurde sie von wem verbrannt? Was war mit dem König? Wie war die Lage?

Der »Hundertjährige Krieg« zwischen England und Frankreich (1337-1453) dauert schon drei Generationen. Der französische König Charles VI., seit seinem 12. Lebensjahr unschuldig im Amt, seit seinem 17. Lebensjahr ebenso unschuldig verheiratet mit der frivolen Münchner Bayern-Prinzessin Isabelle, hat mit 24 genug von all dem und dreht durch: er säuft, heult, lallt und praßt, macht endlich alles richtig falsch und wird schließlich am Nachmittag des 5. August 1392 verrückt. Von 1392 bis 1422 regiert er offiziell in vornehmer »geistiger Umnachtung«. Weil er als Chef nichts mehr geregelt kriegt, versuchen die konkurrierenden Häuser Orléans-Armagnac (Süden) und Burgund (Osten) das Ruder in Paris zu übernehmen, können sich aber über ihre Kompetenzen nie einigen und meucheln sich gegenseitig. Im Mai 1413 gibt es in Paris unter der Führung des Schlachters Caboche eine Revolte des Volkes gegen den König, dem sich die Herrscher aus Burgund neunmalklug anschließen. Es ist Bürgerkrieg. Der Aufstand bricht aber nach fünf Monaten zusammen – und die Burgunder müssen raus aus der Stadt. Nun sind die Armagnacs wieder an der Reihe. Jean-sans-peur (der Burgunderkönig Johann ohne Furcht aus Dijon) verbündet sich daraufhin offen mit dem ursprünglich verfeindeten König von England. Und Henry V., dieser von Shakespeare als das Idealbild eines Königs überlieferte Mann der Tat, kommt kurzerhand über den Kanal und schlägt 1415 bei Azincourt in der Nähe von Crécy ein hektisch zusammengewürfeltes französisches Ritterheer vernichtend.

Schnell machen sich die Angelsachsen im Land der verspotteten »frogs« ziemlich breit. Der Burgunder Jean-sans-peur ernennt Henry V. dann 1416 irgendwie einfach zum König Frankreichs – und die Armagnacs aus dem Süden sind weg vom Fenster.

Der forsche Henry V. bekommt 1420 schließlich sogar Paris, die Krone von Charles VI. und dazu noch als give-away dessen halbfrivole, halbbayerische Tochter Katharina.

Henry V. und mit ihm die Burgunder nisten sich in Paris für länger ein. Mit Katharinas Hilfe lernt er Französisch und wie man Mousse-au-chocolat macht. Als sie ein Kind kriegen, ist es ein Viertelbayer. Zehn Monate später stirbt Henry V. Jetzt ist ein Baby König von England und Frankreich. Sein

Erziehungsberechtigter, der Herzog von Bedford, greift ihm beim Regieren unter die Arme und rückt mit den Truppen weiter nach Süden vor, gegen die Armagnacs. Orléans wird eingeschlossen. Die blassen Briten freuen sich schon auf die Côte-Azur. Die Franzosen verstehen jetzt überhaupt nichts mehr – es wird immer verrückter.

Da endlich erscheint einem Mädchen ein Engel – spät, aber immerhin – und fordert es auf, dem Ganzen schleunigst ein Ende zu bereiten und dafür zu sorgen, daß die Engländer nach England zurückkehren; die Franzosen gehören nach Frankreich. Das Mädchen heißt Jeanne und wohnt im Dorf Domrémy bei Nancy, wo – genau wie in Orléans – Burgunder und Engländer über die Dörfer kommen. Auch Domrémy wird geplündert. Jeanne haßt die Fremden. Sie ist 17 Jahre alt, und der Engel kommt von da an immer wieder, um ihr zu befehlen, Frankreich zu befreien.

»Gehorsam ist des Weibes Pflicht auf Erden!« läßt Schiller den Engel in seiner »Jungfrau von Orléans« drohen. Also zieht sie 1429 mit ein paar Männern Begleitung los nach Chinon, wohin der Dauphin des Hauses Armagnac-Orléans, Charles VII., geflohen war. Dem wollte sie wieder zur Macht verhelfen. Und der staunt natürlich nicht schlecht. Weil aber sowieso alles schon so absurd ist, bekommt das Mädel, was es will: eine Rüstung, ein Pferd, ein offiziell-königliches Lilienbanner und eine kleine Armee. Sie befreien Orléans am 7. Mai 1429. Der Sommer kommt, der Wind dreht. »La poucelle d'Orléans« (Jungfrau von Orléans) wird gefeiert, und sie führt den immer noch staunenden Charles VII. in die Krönungskathedrale nach Reims; dort wird er am 17. Juli 1429 König. Als nächstes will das Mädel schnell auch Paris befreien, kann sich bei den Militärs aber nicht durchsetzen. Hingegen nehmen der Engländer Bedford und die Burgunder sie mittlerweile ziemlich ernst, und wie durch einen Zufall kriegen die Burgunder sie am 23. Mai 1430 bei einem kleinen Scharmützel bei Compiègne zu fassen. Bedford sagt, er wolle sie lebend, und kauft sie den Burgundern für 10.000 Goldstücke ab. Weil sie aus dem klapprigen Gefängnis von Beaurevoir fast fliehen konnte, bringt man sie schließlich in das Verließ von Rouen. Im Frühjahr 1431 beginnt ein Prozeß, dessen Ausgang von vornherein feststeht. Der politischen Justiz fällt denn auch in diesem Fall nichts besseres ein, als sie wegen Hexerei und Ketzerei anzuklagen. Formeller Hauptanklagepunkt ist das Tragen der Männerkleider. Nach monatelangen Verhandlungen unter Ausschluß der Öffentlichkeit erklärt sie ein geistliches Gericht unter Vorsitz von Pierre Cauchon, dem Bischof von Beauvais (der auch schon die 10.000 Goldstücke kassiert hatte), der Ketzerei für schuldig. Hexen oder Ketzer zu verbrennen, war gang und gäbe; es galt, aus Gründen des Seelenheils das sogenannte Böse mitsamt dem Körper, in dem es hauste, zu vernichten. Als Jeanne das kommen sieht, schwört sie am 24. Mai 1431 alles ab. (Manche Franzosen behaupten: Sie wurde dazu gezwungen!) Zunächst ist sie damit gerettet, bzw. auf Lebenszeit bei Brot und Wasser hinter Gittern. Allein,

Jeanne-d'Arc als Comic-Figur – eine junge Frau opfert sich für die Grande Nation

die Engländer sind mit diesem Kompromiß nicht einverstanden: sie setzen ihre burgundischen Kollaborateure weiter unter Druck, und diese bringen Jeanne schließlich dazu, unfreiwillig rückfällig zu werden. Als sie am Morgen des 29. Mai erwacht, findet sie in ihrer Zelle nur Männerkleider vor. Sie ahnt etwas. Stundenlang bleibt sie nackt und zittert. Als sie schließlich doch blaugefroren in die Hosen schlüpft, springt die Tür auf – und die Geistlichen sehen, was sie sehen wollen. Am Tag darauf, am 30. Mai 1431, wird sie morgens um acht auf dem zentralen, alten Marktplatz von Rouen bei lebendigem Leibe verbrannt.

Weil trotz des mächtigen Feuers das Herz etwas erhalten bleibt, kriegen es die Engländer erneut mit der Angst: »Wir haben eine Heilige verbrannt!« Um jede Macht irgendwelcher Reliquien zu verhindern, streuen sie Jeannes Asche noch am selben Tag von der Hauptbrücke der Stadt hinunter in die Seine.

Im Juli 1456 wurde das Urteil von der Kirche widerrufen und Jeanne rehabilitiert. Denn die Engländer waren inzwischen zurückgedrängt, klammerten sich nur noch an Calais, ihre letzte kontinentale Besitzung. Der Krieg war entschieden. 1909 sprach die Kirche Jeanne »selig«. 1920 wurde sie eine »Heilige«, ihr Namenstag ist heute französischer Nationalfeiertag. Sei es aus politischen, moralischen oder religiösen Motiven, dient sie den Franzosen als Personifizierung des märtyrerhaften Widerstandes; und nicht nur denen. Bei Schiller sind Jeannes letzte Worte: »Kurz ist der Schmerz, und ewig ist die Freude«. Bei Brecht: »Es hilft nur Gewalt, wo Gewalt herrscht, und es helfen nur Menschen, wo Menschen sind.«

»Vielleicht ja, vielleicht auch nein«
Politik in der Normandie

Die Normandie pendelt bei Wahlen mal von links nach rechts, mal von rechts nach links, je nachdem, was gewählt wird, und je nachdem, wer gerade in Paris regiert. Diese Wechselhaltung entspricht ganz dem »peut-être bien que oui, peut-être bien que non« (»vielleicht ja, vielleicht auch nein«), jener Verlegenheits-Floskel, die in Frankreich als typisch normannisch gilt. Dieses Pendeln zeigt die große Unentschlossenheit der Wähler, wenn es darum geht, die politische Richtung für die Zukunft ihrer eigenen Region zu bestimmen. Das Hin-und-Her läßt sich auch begründen mit der großen Vielfalt in der Bevölkerung.

Die Normandie hat sich sehr verändert. Lange Zeit fühlte sich die ländliche Bevölkerung, der Bauernstand, ohnmächtig gegenüber den wachsenden urbanen Ballungsgebieten der Städte wie Rouen, Le Havre oder Caen, mit ihren steigenden Anteilen eher linker Gruppierungen aus Arbeitern, Angestellten und jungen Selbständigen. Die linken Städte regierten das Land. Diese Veränderung mochten die Bauern damals überhaupt nicht. Eigentlich zutiefst konservativ, gehören sie traditionell zu Frankreichs Rechten.

Zehn Jahre nach der Wende von 1981, die François Mitterand an die Macht brachte, ist die Region politisch wieder sehr gegensätzlich. Die linke Welle scheint gebrochen, die Politiker der Rechten sind wieder an der Macht, weshalb man sagen kann, daß die Normandie nicht prinzipiell links oder rechts ist. Sie pendelt eben.

Zwei Dinge bleiben aber unveränderlich gültig: Zum einen schätzen es die Normannen, wenn einer der ihren auch in der nationalen Politik »Gewicht« hat und für die Geschicke Frankreichs eine Rolle spielt. Deshalb muß jeder, der in der Normandie zu den politischen Tenören zählen will, auch landesweit Einfluß haben. Und zwar egal in welcher politischen Richtung. Zu diesen Spitzenpolitikern zählen zum Beispiel Laurent Fabius (Sozialist), seit Januar 1992 Parteivorsitzender der Sozialisten und damit Mitterands Erbprinz, Jean Lecanuet (rechtsliberale UDF), ehemaliger Staatsminister, Roland Leroy (Kommunist), Direktor der kommunistischen Tageszeitung »L'Humanité«, und viele andere typische Wahlplakatgesichter. In der Normandie unterstützt man solche Berühmtheiten im Glauben, daß sie automatisch die Interessen der Region vertreten werden. Insgeheim verfolgen die Normannen das Ziel, soviel wie möglich »eigene Leute« in Machtpositionen zu bringen.

Zum anderen aber – und das ist genauso unveränderlich gültig – sind die Normannen alles andere als bloß opportunistisch. Sie zögern nicht, in die Rathäuser, Bezirks- oder Regionalparlamente auch mal unbekannte Gesichter, sogenannte »jeunes loups«, zu wählen, die dort unkonventionell und kritisch den politischen Alltag aufwirbeln. So geschehen im März 1989, als bei Kommunalwahlen die Grünen mit beachtlichen Erfolgen in die Rathäuser einzogen. Diese Wahl war damals der erste konsequente Ausdruck der Tatsache, daß immer mehr Normannen bewußt auf die Bedrohung ihrer eigenen Umwelt reagieren: vielerorts wurden in den weiten Ebenen die alten Baumhecken zwischen den Feldern gerodet, Erosion bedroht insgesamt die Stein- und Felsküste, wohin zusätzlich noch die drei Atomkraftwerke von Penly, Paluel und Flamanville gebaut wurden.

Der Durchbruch der Linken 1981 und ihre seitdem zunehmende Etablierung im Gleichgewicht der politischen Kräfte hat das Machtgefüge in Frankreich insgesamt belebt. Man muß immer wieder daran erinnern, daß seit der Regierungsübernahme durch den Sozialisten Mitterand die politischen Machtstrukturen in Frankreich weitgehend dezentralisiert wurden. Erst seitdem haben die demokratischen Institutionen der Regionen wirkliche Macht. In der Normandie sind dies neben den Bezirksregierungen (Conseil Général du Département) die Regionalregierungen (Conseil Régional) der westlichen Basse-Normandie und der östlichen Haute-Normandie.

Im Verlauf der neuen Machtverteilung in den 80er Jahren ist eine, ehemals auch in der Normandie stark vertretene Partei fast vollständig untergegangen: die kommunistische Partei. Auf einen Abgeordneten der KPF kommen heute siebzehn Sozialisten. Den Kommunisten »gehören« nur noch ein paar Städte wie Le Havre, Evreux und Dieppe. Daß diese Städte noch von Kommunisten regiert werden, liegt in der Hauptsache am Charisma ihrer Bürgermeister und nicht am Parteiprogramm: André Duroméa, Roland Plaisance und Irénée Bourgois, alle drei gelten als respektable Persönlichkeiten und sind in der Öffentlichkeit beliebt. Dennoch ist die Zukunft auch dieser Lokal-Matadore ungewiß, solange es von der Parteiführung in Paris keine überzeugende Antwort auf die Veränderungen in Moskau und in Osteuropa gibt. Wenn sie keine neue Perspektive findet, wird die kommunistische Partei endgültig zur machtpolitischen Marginalie.

Im rechten Lager artikuliert sich immer stärker die Front National, in der Normandie liegen ihre Wahlergebnisse aber noch unter dem französischen Durchschnitt. Hier ist man Veränderungen gegenüber aufgeschlossen, hütet sich jedoch vor extremen Parolen. Die Schlagworte der Rechtsradikalen gehören zum Zweiten Weltkrieg, der Extremismus dieser Partei erinnert viele normannische Wähler an die Tausenden junger Soldaten, die bei der Befreiung Frankreichs von den Nazis ums Leben gekommen sind: direkt vor ihrer Tür auf den Stränden der Normandie.

Steckbrief Basse-Normandie (1990)

Gesamtfläche: 17.589 qkm
(zum Vergleich Schleswig-Holstein: 15.720 qkm)

Hauptstadt: Caen

Einwohner: 1.391.000
(Schleswig-Holstein: 2.619.000)

Bevölkerungsdichte: 79 Einwohner/qkm
Ausländische Mitbürger: 22.300 (1,6%)

Berufstätige: 533.400   *Arbeitslosigkeit:* 9,0%
davon in der   davon
   Landwirtschaft: 17,4%   Frauen: 53%
   Industrie: 28,1%   unter 25: 39%
   Dienstleistung: 52,8%

Départements:

Département	Hauptstadt	Einwohner
Calvados	Caen	617.000
Manche	Saint-Lô	479.000
Orne	Alencon	294.000

Städte:
Caen: 183.526 Einwohner
Cherbourg: 85.484
Alencon: 40.450
Flers: 25.276

Wichtigste Industrien:
Moulinex (9 Werke): 8.638 ArbeiterInnen
Marine-Werften: 4.800
Renault LKW Blainville: 3.900
COGEMA (Atomindustrie): 2.620
Citroen-Caen: 2.300

Wichtigste Landwirtschaft:
Milch 43,4%
Rindfleisch 21,7%

Steckbrief Haute-Normandie (1990)

Gesamtfläche: 12.317 qkm
(Schleswig-Holstein: 15.720 qkm)

Hauptstadt: Rouen

Einwohner: 1.737.200
(Schleswig-Holstein: 2.619.000)

Bevölkerungsdichte: 141 Einwohner/qkm
Ausländische Mitbürger: 57.300 (3,3%)

Berufstätige: 645.900   *Arbeitslosigkeit:* 11,8%
davon in der   davon
  Landwirtschaft: 6,5%   Frauen: 50%
  Industrie: 35,6%   unter 25: 36%
  Dienstleistung: 56,8%

Départements:

Département	Hauptstadt	Einwohner
Seine-Maritime	Rouen	1.222.000
Eure	Evreux	514.000

Städte:
Rouen: 379.879 Einwohner
Le Havre: 254.595
Évreux: 54.626
Elbeuf: 51.075
Dieppe: 41.809

Wichtigste Industrien:
Renault Sandouville: 7.900 ArbeiterInnen
Renault Cléon: 5.700
Raffinerie francaise: 1.800
Saint-Gobain-des Jonquères: 1.600
CDF Chemie: 1.550

Wichtigste Landwirtschaft:
Getreide 26,2%
Milch 22,2%
Rindfleisch 20,2%

Die Normannen gelten in Frankreich als Wackelköpfe, die weder JA noch NEIN sagen können. Man liebt es, zu vermitteln und Kompromisse zu finden. Deshalb ist es nur konsequent, daß gerade der schillerndste Kopf jener jungen Politikergeneration, die eher unideologisch und pragmatisch Machtpolitik betreibt, daß gerade dieser Laurent Fabius ein Normanne ist. Auf ihn sind sie alle besonders stolz.

Eric Sénecal-Audigou

Parolen gegen den kommunistischen Bürgermeister in Dieppe

Endlager Normandie
Europas Atommüll in La Hague

Die Halbinsel Cotentin im Nordwesten der Normandie ist eigentlich eine große Sandbank. Zwischen Ost- und Westküste nichts als sandiger Untergrund. Bis zum Horizont ist das Land flach, glattgezogen wie ein Crêpe. Nur hier und da ragen in der Ferne einsame Kirchtürme empor, manchmal auch Getreidesilos; die wenigen seichten Hügel verlieren sich unauffällig in den weiten Ebenen. Der Blick schweift kilometerweit über eine schöne, gemächliche Landschaft voll sattgrüner Wiesen und Weiden, fruchtbaren Böden, durchzogen von unzähligen Bächen, und hin und wieder trifft man auch auf karges, verwildertes Heideland. Überall sind die Felder gesäumt mit hohen Hecken und Baumreihen, angelegt zum Schutz gegen den übers Land stürmenden Wind. Die Region ist fast menschenleer. Zwar gibt es Bade- und Fischerorte entlang der Küsten im Norden, Westen und Osten – das Binnenland aber ist reines, uraltes Agrarland, und da arbeiten und leben heute kaum noch Menschen. Hier im Cotentin arbeiten in erster Linie die Kühe. Kauend.

Im Cotentin kommt der Wind von Westen. Nicht selten braust der Orkan über die flachen Sandküsten. Die vom Atlantik in den Ärmelkanal strömende Flutwelle drückt mit aller Kraft gegen die Flanke des Cotentin. Und daß die hier anrennenden Ausläufer der Biscaya-Stürme nicht schon längst die ganze Sandbank weggeblasen und fortgespült haben, verdankt sie allein einem kleinen, schützenden Granitkamm entlang der Nordküste bei Cherbourg. Der Felsenkamm hält das Land fest. Und auf diesem Kamm liegt an der Westspitze das Nuklearzentrum von La Hague.

Vor Urzeiten war das Cotentin denn auch tatsächlich eine Insel, im Süden durch unwegsame Moor- und Sumpfgebiete vom Festland getrennt. Bis heute überquert man einen breiten Gürtel morastiger Feuchtgebiete in der Höhe einer Achse zwischen Carentan und Lessay, um in den weit abseits gelegenen Norden zu gelangen. Paris ist weit, sehr weit. Quer durch die ruhige, verträumte Gegend verläuft die einzige Hauptverkehrsachse bis hoch nach Cherbourg. Die Straße ist überfüllt mit chromblitzenden Milchtanklastern, mit PKWs Richtung Englandfähre, mit LKWs Richtung Industriehafen und zwischendrin auch mit riesigen Gefahrgut-Konvois auf dem Weg nach La Hague.

An den Industrievierteln Cherbourgs vorbei führt der Weg nach La Hague, von dort kurvt man aufwärts durch die Zacken der Granitberge, erreicht ein verlassenes Plateau – und oben geht es dann nur noch geradeaus. Über den weiten Himmel rasen die Wolken, es gibt irgendwann keine Ortschaften mehr, und auch die breite Straße ist plötzlich leer. Hinter Beaumont-Hague schließlich beginnen Straßenverzweigungen wie bei der Anfahrt auf einen Flughafen.

Hier, auf dem äußersten Landzipfel, kurz vor dem Ende der Straße, thront ein gigantischer Fabrikkoloß. An drei Seiten umgeben von stürmischem Meer erheben sich hinter einem breiten Wall hochspannungsgeladener Sicherheitszäune die Kräne und riesigen Gebäude der Wiederaufbereitungsanlage und des Atommüllagers. Ständig fahren Lieferwagen durch die Sicherheitstore aus und ein, es wird an vielen Stellen noch gebaut, der Komplex sieht aus wie eine unwirkliche Mondstadt. Vor einem der Eingänge preist ein Informations-Container Technik und Sicherheit; hier baut die COGEMA, Frankreichs Atommonopolist, gemeinsam mit der EDF, dem staatlichen Strommonopolisten; einen Container weiter wirbt die Außenstelle des Arbeitsamts um ungelernte Hilfskräfte. Rundherum liegen Felder, zwei Bauern machen neben ihrem Traktor eine Pause. Warum die Atomfabrik ausgerechnet hierher gebaut worden sei? Wegen des Bodens. Der andere sagt: Wegen der Winde. Die würden gleich alles davonwirbeln.

Atomkraft in Frankreich: das ist die Geschichte einer Nation, die, weil arm an eigenen Rohstoffen und jahrzehntelang energieimportabhängig, so massiv ins Atomzeitalter eingestiegen ist, wie sonst niemand in Europa.

Das Atomkraftwerk von Penly in der Normandie

Während heute allenthalben Ausstiegswege diskutiert und zögernd angegangen werden, setzt man in Paris nach wie vor – und mehr denn je – auf Atomkraft. Und auf Wiederaufbereitung. Wackersdorf ist tot – es lebe La Hague? In Frankreich glaubt man, dem Atom viel zu verdanken. Immerhin waren Kernforscher wie Pierre und Marie Curie oder Henri Becquerel Franzosen, und immerhin wurde allen dreien der Nobelpreis verliehen, was einem Franzosen nur selten passiert. Frankreich – die Atomnation. Zur Nutzung der Kernenergie, und nicht nur zur friedlichen, haben viele in Frankreich ein nahezu ungebrochenes Verhältnis. Atom ist tabu, denn auf Atom gründen die Franzosen einen Großteil ihres nationalen und wirtschaftlichen Selbstverständnisses, sei es als militärische Nuklearmacht, sei es als energieautarke Industrienation. Daß sie nach der Katastrophe von Tschernobyl 1986 ihr Atomprogramm weiter massiv ausbauten, während ihre europäischen Nachbarn nun auch offiziell Zweifel äußerten, kam vielen im Lande zunächst wie ein typisch französischer, typisch französisch-trotziger Alleingang vor; in Wahrheit befindet sich Frankreich mittlerweile tief in einer fatalen, kaum noch reversiblen Atomabhängigkeit. 1990 kamen allein 75% der Stromenergie aus Atomkraftwerken, gegenüber 30% in der BRD. Im Energiesektor setzt Frankreich rigide auf Monokultur.

Dabei hatte alles vielseitig begonnen. In den 50er Jahren sättigten die Franzosen ihren Strombedarf zu etwa 52% durch fossile Rohstoffe und den noch stattlichen Rest von 48% tatsächlich allein durch Wasserkraft. Das damals in Europa einzigartige Wasserkraftprogramm wurde sogar immer weiter forciert, mit Staudämmen in den Alpen, der Provence oder dem Massif central, weshalb man 1960 mit über 55% sogar mehr Strom aus Wasser, denn aus fossilen Rohstoffen gewann. Wasser Marsch! Um dem steigenden Strombedarf nachzukommen, mußten in den Bergen immer mehr geeignete Täler für Stauanlagen gefunden, Dörfer evakuiert und Dämme errichtet werden. Als es dann hieß, man könne mit der Stauseetechnik allein dem immensen Bedarfsanstieg nicht entsprechen, entstand die Idee der Gezeitenkraftwerke, deren erstes 1966 bei St. Malo in Betrieb genommen wurde. Es blieb das einzige. Denn dann sank plötzlich der Ölpreis in den Keller, und man setzte wieder ganz auf's Verbrennen. So kam es, daß Frankreich 1973, im Jahr der Ölkrise, schon wieder zu knapp 60% ölabhängig war. Und weil man nicht wie England oder die BRD kurzfristig auf ausreichende, heimische Kohlereserven zurückgreifen konnte, wurde der allgemeine Ölschock für die Franzosen zum Energietrauma: Nie wieder wollte die Grande Nation eine solche Schmach der Abhängigkeit erleben. Deshalb schlug jetzt die Stunde der herbeigeeilten Atomlobby: knapp sechs Jahre später, 1980, produzierte die erste Meiler-Generation bereits 24% der Stromenergie, 1985 waren es 65%, 1990 schließlich 75%, 1993 sollen 80% erreicht werden. Atom boomt in Frankreich weiter. Dahinter steht der allmächtige, staatliche Strommonopolist EDF, der permanent mit aggressiven Kampagnen für eine maximale Verstromung des Energiebedarfs wirbt. Der gesamte Energiebedarf der privaten Haushalte, Heizung, Herd und Warmwasser, soll sukzessive von Gas und Öl auf Elektrizität umgestellt werden. Den Franzosen blüht ein Leben an der Steckdose.

Gegen soviel Atomstromfetischismus regt sich auch in Frankreich Widerstand, aber nur mäßig. Zu weit verbreitet ist der Glaube an die Machbarkeit technischer Sicherheit, zu stark identifiziert man den wirtschaftlichen Aufschwung der 80er Jahre mit den Leistungen des hauseigenen Atomprogramms, zu nachhaltig sind Trauma und Tabu. Zwar kam es zur Zeit der großen Anti-AKW-Bewegung zu Massendemonstrationen an Standorten wie Malville, Fessenheim oder Plogoff, wurden in Cattenom und anderswo Bauplatzzufahrten blockiert. Aber die Lobby und die schweigende Mehrheit ließen sich nicht irritieren.

Nur ein einziges Mal hatte der Widerstand Erfolg: Das kleine Fischerdorf Plogoff war vorgesehen als Standort für ein AKW in der Bretagne. An einer der ursprünglichsten Stellen der Atlantikküste, zwischen wilden Kreidefelsen unmittelbar auf der Landspitze Pointe du Raz gelegen, sollten in Plogoff vier Reaktorblöcke errichtet werden, in insgesamt acht Jahren Bauzeit. Für Paris völlig unerwartet kam es ausgerechnet hier zu einem langen, erbitterten und blutigen Kampf zwischen der COGEMA, dem französischen Atommonopolisten, und der Bevölkerung. Plogoff liegt eben in der Bretagne, und die Bretonen haben ein besonderes Verhältnis zu Paris. Schon als 1976 im Rahmen des amtlich notwendigen Zustimmungsverfahrens die Baupläne im Rathaus von Plogoff zur Einsicht ausgelegt werden sollten – rein pro forma, ohne jede Veto-Möglichkeit -, hißte der siebzigjährige, herzkranke Bürgermeister Kerloch auf dem Rathausdach die bretonische Fahne und verriegelte die Türen, damit dort die Pläne nicht ausgelegt werden könnten.

»Nukleel? Nann Trugarez!« Die bretonische Atomkraft-Nein-Danke-Version wurde zum Inbegriff des Widerstandes. Vor allem die Frauen wurden aktiv, denn ihre Männer mußten als Seemänner immer wieder für Monate hinaus aufs Meer. Die Frauen bildeten auch das sogenannte Verteidigungskomitee von Plogoff; dessen Vorsitz übernahm Annie Carval, Mutter von zwei Kindern und fortan auch Mutter des Widerstands. Eine von den Frauen gegründete Grundstücksgesellschaft kaufte mit dem Geld ihrer bald 2.500 Mitglieder das ganze vorgesehene Bauland auf, damit kein einzelner Kleinbauer vom Geld der Atommanager gelockt und zum Verkauf gedrängt würde. Zwar wurde das Gelände dann im nationalen Interesse komplett enteignet, aber die Solidarität blieb stark. Monatelang bot man Tag für Tag den anrückenden, massiven Sicherheitskräften die Stirn, kam es zu blutigen Prügeleien mit der Polizei. Ganz Frankreich starrte gebannt auf die Krawalle von Plogoff – und schließlich gab Paris das Zeichen zum Abzug. Bretoninnen und Bretonen hatten sich der Macht aus dem fernen Paris nicht gebeugt. Und in der Tat war der Krieg von Plogoff mehr ein Machtkampf zwischen bretonischer Provinz und selbstherrlichem Paris als eine Auseinandersetzung um das Für-und-Wider der Atomenergie. Man wollte einfach vor der eigenen Tür keine Baustelle, wollte die gewachsene Struktur des Dorfes, die Tradition des Alltags nicht preisgeben. Für den AKW-Bau von Plogoff wären für zwölf Jahre 8.000 Arbeiter in das 2.000-Seelen-Nest gekommen. »Unsere Männer sind sechs Monate im Jahr auf dem Wasser«, erklärte Annie Carval, »das kann doch nur zu einem Chaos zwischen den Frauen des Dorfes und den Arbeitern führen.«

Die Gemeinden möglicher Standorte werden stets gezielt mit dem Versprechen von Arbeitsplätzen und regionalem Wirtschaftsaufschwung gelockt und beruhigt. In der Tat kommt ganz kurzfristig über Nacht für alle viel Geld und viel Arbeit – aber eben eine neue, andere Arbeit, für die viele ihre herkömmlichen Berufe aufgeben. Die alte Infrastruktur löst sich auf und geht ein in das Baustellenprojekt. Und ist dann der Bau fertig und Paris

Atomfabrik zwischen Kartoffeläckern: die Wiederaufbereitungsanlage von La Hague

zufrieden, hat man vor Ort die größten Probleme, irgendwie in der Normalität wieder Fuß zu fassen. Das Strohfeuer ist vorbei. Um die meisten der Kraftwerksstandorte herum haben sich nach Ende der Bauzeit sogenannte Arbeitslosengürtel gebildet: Vom schnellen Geld gelockt, vom Bau profitierend, landen viele im Anschluß daran auf der Straße. Bei den neueren Baustellen, z.b. an den Standorten Paluel und Penly in der Normandie, versucht man dem mit der sogenannten »après-chantier«-Politik (Baustellen-Nachsorge) entgegenzuwirken: die Bauherren COGEMA und EDF sind verpflichtet, 50% der anschließenden Strukturhilfemaßnahmen zu finanzieren.

Zu einer Baustelle ist es in Plogoff gar nicht erst gekommen. Mitterand hatte im Wahlkampf 1981 das Versprechen gegeben, mit ihm als Präsidenten werde es keine gewaltsame Durchsetzung geben. Da war er gebunden. Dem Widerstand von Plogoff und Mitterands Taktik, daraus einen Wahlkampfjoker zu machen, ist es zu verdanken, daß die gesamte Bretagne heute ein weißer Fleck auf der AKW-Landkarte Frankreichs ist. (Einen alten bretonischen Reaktor bei Brennilis in den Mont d'Arrée, seit 1966 am Netz, stellte man 1987 ab. Die Bretagne ist seitdem atomkraftfrei.) Nicht so die Normandie: An den drei Standorten Flamanville, Paluel und Penly sind insgesamt 8 Reaktorblöcke am Netz, in Penly sind zwei weitere in Bau. AKW-Gegner aus der Normandie blicken mit Neid auf die Bretagne: Anders als die für ihr Selbstbewußtsein berühmten Bretonen seien die Normannen eben viel zu einfältig, zu verständnisvoll, zu unentschlossen. Nicht mal hundert Anwohner seien zu einer Blockade der Penly-Baustelle gekommen, klagen die Organisatoren.

Allerdings gab es in La Hague immer wieder Proteste. Auch La Hague war wie Plogoff über lange Zeit Symbol für den Widerstand in der Provinz. Wie immer spektakulär, blockierte das Greenepeace-Schiff Sirius 1983 im Hafen von Cherbourg die Anlieferung von verbrannten Brennelementen aus Japan, indem sie in der Hafeneinfahrt quergestellt vor Anker ging. Die Küstenwache ging daraufhin unter massivem Polizeiaufgebot an Bord und schweißte die Ankerkette kurzerhand durch, die Sirius wurde weggeschleppt.

An La Hague entzündete sich aber weniger ein regionaler, als vielmehr ein nationaler und eben auch internationaler Konflikt. Etwa zwei Drittel aller deutschen Atomabfälle gelangen zur Zeit hierher, seitdem in der Bundesrepublik sämtliche Entsorgungs- und Wiederaufarbeitungsprojekte gescheitert sind und mit dem Müll nur noch Abschiebepolitik betrieben wird. Womit man selbst nichts anzufangen weiß, schickt man per LKW in die Lagerbecken der Normandie, als könnten sie darin für immer verschwinden. Sie sind dort in den Bassins nur zwischengelagert, und wenn ein Becken voll ist, baut man daneben ein neues für weitere Lieferungen. Die Franzosen nehmen es gern in Empfang; sie kassieren dafür kräftig.

»Breiz libre«
Die bretonische Autonomie-Bewegung

Die Bretagne genießt den Ruf, eine besonders eigenwillige und aufbegehrende Region zu sein. Diese Aura umgibt sie vor allem seit Ende der 70er Jahre. Mit Sprengstoffanschlägen gegen den verhaßten Pariser Zentralismus, mit dem langen und schließlich erfolgreichen Anti-AKW-Kampf der Frauen von Plogoff, mit den lautstarken Forderungen nach Bewahrung regionaler Kultur- und Lebensformen hatte der isolierte Westzipfel europaweit für Schlagzeilen gesorgt. Wann und aus welchen Gründen auch immer sich Bretoninnen und Bretonen gegen die Interessen der übermächtigen Staatsgewalt zur Wehr zu setzen versuchten – sofort sprach man vereinheitlichend von der bretonischen Autonomie-Bewegung. Vorschnell wurden die unterschiedlichen Konflikte innerhalb der Region, wie auch die historischen Hintergründe der Bewegung übersehen. Egal ob erzkonservativ oder ultralinks, autonomistisch oder nationalistisch, die Bretagne diente als Symbol für eine allgemeine Trendwende: Die Linke begann, sich von den großen Programmen zu entfernen und entdeckte die Lokalpolitik; man setzte darauf, der zunehmenden gesellschaftlichen Entfremdung mit mehr Traditionsbewußtsein entgegenzusteuern. Tenor: Mehr soziale Lebensqualität in den gewachsenen Lebensräumen. Auf der Suche nach einer Möglichkeit, gesellschaftskritisches Engagement mit der Bewahrung kultureller und ökologischer Werte vereinen zu können, einem bis dato eher konservativ besetzten Terrain, erschien die Bretagne als ein geeignetes Exempel. Die Bretagne – das Land der konservativen und zugleich kritischen Basis? Was ist das besondere am »Fall Bretagne«?

Zunächst natürlich die starke kulturelle und ethnische Eigenheit ihrer keltischen Herkunft. Immer wieder gab es da Anlaß zu Reibungen mit den gallischen »Nachbarn«. Die Stärke dieser Eigenheit ist aber auch hausgemacht: nationalistische Bretonen legen größten Wert auf jenes Bild vom ruhmreichen und unbeugsamen Volk, das sich geeint und energisch seit Jahrhunderten jedem Unrecht und jeder Unterdrückung widersetzt.

Gern berufen sie sich da auf ihre eigene Geschichte. Zunächst auf die Zeit des Herzogtums, die Zeit der einzigen wirklich praktizierten Unabhängigkeit bis zur Annexion durch die französische Krone 1532. Heiß verehren sie die letzte große bretonische Staatsfrau, Herzogin Anne.

Dann wird verwiesen auf den gewaltigen Bauernaufstand von 1675, die legendäre Stempelpapierrevolte: Damals hatte Colbert, um den Hof des

Bretonen, Basken, Okzitanier und Korsen
Frankreichs Separatisten im Vergleich

Frankreich ist ein Vielvölkerstaat. Sein heutiges Territorium war seit Urzeiten Lebens- und Siedlungsraum unterschiedlichster Volksgruppen: Gallier, Kelten, Bretonen, Franken und andere trafen hier aufeinander und kämpften um Macht und Gebiet. Seit der Antike in erster Linie von römisch beeinflußten Galliern beherrscht, war »Frankreich« stets ein Land mit ethnischen Minderheiten. Die Franken beispielsweise, »les francais«, denen die »Grande Nation« ihren Namen und ihren politischen Ursprüngen verdankt, stellten damals mit schätzungsweise 150.000 nur eine kleine, aber machtvolle Minderheit, gegenüber den fünf Millionen im Land lebenden Gallo-Römern. Die Geschichte Frankreichs liest sich so als immerwährender Kampf um Vormachtstellung und um Vereinheitlichung, um Integration bzw. Unterdrückung heterogener Gruppen.

Unter dem Banner der »égalité« betrieb die Nation nach 1789 eine rigide Französisierungspolitik mit dem Ziel, die Eigenständigkeit regionaler Minderheiten zu brechen. Politisch wurden die Regionen entmachet durch das System der kleinen Departements und der von Paris entsandten Präfekten, kulturell untergrub man ihre Identität mit der zwangsweisen Durchsetzung der französischen Sprache. Immerhin sieben Regionalsprachen waren vorher üblich: das Flämische, das Elsässische, das Bretonische, das Okzitanisch-Provenzalische, das Katalanische, das Baskische und das Korsische. Unter der Devise »Eine Nation – eine Zentralgewalt – eine Sprache« wurden rigoros in Ämtern und Schulen, in allen öffentlichen Bereichen die Regionalsprachen strengstens verboten. Französisch war per Gesetz die »richtige« Sprache, somit die Sprache der Mächtigen, der politischen und sozialen Elite. Und noch 1972 wetterte Staatspräsident Pompidou: »Es gibt keinen Platz für die regionalen Sprachen in einem Frankreich, das dazu ausersehen ist, Europa seinen Stempel aufzudrücken.«

Außenpolitisch eine weltweit expandierende Kolonialmacht, hatte und hat Frankreich stets auch die schwelenden Konflikte seiner »inneren Kolonialisierung«. Hier führt jede der Regionen mit Paris einen eigenen Kampf, sei's nur mit Forderungen nach eigener Sprachkultur, sei's kompromisslos und militant mit dem Ziel politischer Autonomie. Seit dem 2.Weltkrieg sind es neben den Bretonen vor allem baskische, okzitanische und korsische Gruppen, die sich gegen ihre Unterdrückung zur Wehr setzen.

Die französischen Basken, weniger zahlreich als ihre auf spanischem Gebiet lebenden Landsleute, haben die Aktionen der ETA häufig unterstützt; ihre 1963 gegründete Separatisten-Partei »Enbata« wurde daraufhin 1974 verboten. Nach 1982 machten die Aktivisten der linken »Iparretarak« (der »ETA des Nordens«) durch Polizistenmorde und Attentate aufmerksam auf den baskischen Bürgerkrieg. Sie wehren sich gegen Paris genauso wie gegen die kulturelle Überfremdung ihrer Region durch den Tourismus. Die französische Regierung zieht es vor, das baskische Problem lieber für ein generell spanisches zu halten.

Die okzitanische Regionalbewegung ist ungeheuer breit, umfaßt nahezu den ganzen Süden, von den Pyrenäen über das Languedoc bis in die Provence. Gekämpft wird für kulturelle Eigenständigkeit, für ihre okzitanische Sprache, die

»Langue d'Oc«, wie auch gegen die wirtschaftliche Benachteiligung des Südens. Der 1973 gegründeten Bewegung »Volem viure al pais« (Wir wollen in unserem Land leben), die 1974 erstmals zur Präsidentenwahl kandidierte, geht es in erster Linie nicht um Separatismus, sondern um föderativen Pluralismus gegen die Zentralgewalt. Immer dann, wenn zwischen Paris und dem Süden Interessenskonflikte aufbrechen, flammt die okzitanische Solidarität wieder auf.

Auf Korsika ist der Befreiungskampf am heftigsten: Attentate mit Dutzenden von Opfern, Bomben gegen »Kollaborateure« oder gegen Statthalter aus Paris. Hier ist die vollständigen Separation von Frankreich das erklärte Ziel einer Vielzahl politischer Organisationen; die extremste Befreiungsbewegung ist die 1976 gegründete linke FLNC (»Front de libération nationale corse«), die heute im Untergrund operiert. Der korsische Bürgerkrieg ist etwas zur Ruhe gekommen, seitdem Paris 1982 per Gesetz Korsika einen Sonderstatus inklusive Regionalparlament zugestand. Erster »korsischer Präsident« wurde Prosper Alfonsi, ein Radikalsozialist. Während der politische Konflikt so zunehmend parlamentarische Formen findet, bleibt der Kampf um kulturelle Identität weiterhin militant. Immer wieder fliegen auf Korsika leerstehende Sommervillen oder Ferien-»Kolonien« in die Luft, wehren sich die Befreiungskämpfer gegen den touristischen Ausverkauf ihrer Küsten und ihrer Kultur.

Mit dem Wiedererstarken der Regionen in Osteuropa, mit dem neuen Bewußtsein für die politische Autonomie ethnischer Gruppen im Baltikum wie im ehemaligen Jugoslawien, steht auch der französische Regionalismus zu Beginn der 90er Jahre vor neuen Fragen. Warum sollte, was den Letten und Slowenen mittlerweile Recht ist, nicht eines Tages auch den Korsen, Basken und Bretonen billig sein? Welchen Status erhalten die französischen Minderheiten in einem Europa der Regionen? Was wird aus der »Nation« Frankreich, wenn sie ihre Doktrin der Zentralgewalt und der Einheitssprache mehr und mehr aufgibt? Die Titelseite der Zeitschrift »Evenement du jeudi« fragte im Herbst 1991: »In Frankreich wie in der UdSSR?«

Sonnenkönigs Louis XIV. finanzieren zu können, in der bretonischen Provinz die Steuern kräftig erhöht und zusätzlich noch eine Abgabe auf jede amtliche Beglaubigung (Stempelpapier) und jede öffentliche Handlung (Hochzeit, Taufe, Beerdigung etc.) festgesetzt. Es kam zum anti-feudalistischen Aufstand. Die 20.000 Mann starke Bauernarmee der »bonnets rouges« (Rotmützen) kämpfte zunächst erfolgreich gegen die Pariser Söldner, brandschatzte und plünderte auch die einheimischen Klöster und Schlösser. 14 Gemeinden zwischen Douarnenez und Concarneau stellten sich auf die Seite der Bauern und unterschrieben den »Code-Paysan«, von den Bretonen gern als »das erste Gesetzbuch der Neuzeit« gerühmt. In 14 Artikeln wurden u.a. die Rücknahme der Steuern, freie Gerichtsbarkeit, Gleichheit vor dem Gesetz und die Abschaffung der Fron gefordert. Nach kurzer Zeit brach der Aufstand zusammen: Die bretonischen Stände (Klerus, Adel und Bourgeoisie) distanzierten sich und opferten ihre Bauern, weil deren Forderungen auch an den eigenen Privilegien kratzten. Als »bessere« Bretonen schlugen sie sich auf die Seite der Krone, und die Revolte wurde mit Massenhinrichtungen blutig beendet.

Nächste Etappe der bretonischen »Widerstandstradition«: die Chouannerie. Im Zuge der Revolution formierte sich nach 1793 im Westen Frankreichs eine Allianz von Bauern, Klerus und Adel, die als getreue Royalisten die republikanischen Revolutionstruppen bekämpften. Zentrum des Aufstands der »Chouans« (benannt nach dem Kauzruf, ihrem Geheimsignal) war das Morbihan, von wo aus der Bretone Georges Cadoudal seine Partisanenarmee koordinierte. Als Cadoudal Napoleon 1804 stürzen wollte, wurde er gefaßt und hingerichtet.

Was war an den beiden Ereignissen, der Stempelpapierrevolte und der Chouannerie, die politisch und sozial vollkommen gegensätzlich motiviert waren, nun das gemeinsame, typisch Bretonische? Bauernaufstände gab es vielerorts, ebenso Erhebungen der Konterrevolution. Die unbeugsame Bretagne, die schon immer wildeste Provinz – doch nur ein Mythos?

In der Tat! so die Soziologin Catherine Bertho in ihrer Untersuchung »Die Erfindung der Bretagne. Die soziale Genese eines Stereotyps« (Actes de la recherche en science sociale 35/1980): »Vor dem Ende des 18. Jahrhunderts gibt es nichts, was das gegenwärtige kollektive Bretagne-Bild stützen könnte.« Nur wenige Mitglieder der Elite hätten etwas von einer unabhängigen Bretagne vor 1532 gewußt, für die breite Bevölkerung war ihre Provinz nichts besonderes: »Die Bretagne als solche war kein Thema an sich. Natürlich wurde viel über diese Provinz gesprochen. Historiker, Reisende, Verwaltungsbeamte haben sich gründlich mit ihr auseinandergesetzt. Aber zu keiner Zeit ergab sich aus ihren Einschätzungen das stereotypische Charakterbild (...)«.

Der Mythos vom unbeugsamen bretonischen Rebellen sei erst im 19. Jahrhundert entstanden, im Klima der Romantik. Seitdem habe die Bretagne im französischen Hexagon die nostalgische Rolle der guten alten Welt besetzt und sei zugleich die provinziellste aller Provinzen geworden.

Soziale und kulturelle Konflikte wurden nun hochgehandelt als Überlebensfragen einer unterdrückten Nation. Jetzt erst kam die Forderung nach Autonomie auf den Tisch, vorgetragen aber am lautesten von den verbliebenen Großgrundbesitzern, von Monarchisten und von der Kirche, die ihre Vormachtstellung und ihren Einfluß verteidigen und die Bretagne vom Rest der Welt abschotten wollten.

1898 wurde die »Union Régionaliste Bretonne« gegründet, ein offensives, rechtslastiges Sammelbecken für Royalisten, Nationalisten und Keltomanen, darunter viele »Exil-Bretonen«, die frustriert aus Paris zurückkehrten, keltische Zirkel veranstalteten und die Lehre der auferstehenden Bretagne verkündeten. Der Mythos wurde populär.

Nach dem Ersten Weltkrieg wurde die Bewegung »Breiz Atao« gegründet (»Unsterbliche Bretagne«), sowie eine Reihe weiterer rechter Vereinigungen: die PAB (Parti Autonomiste Breton), die PNB (Parti Nationaliste Breton) und die Untergrundarmee »Gwenn ha du« (»Schwarz und Weiß«), benannt nach der bretonischen Fahne, dem neuen National-Symbol. Die »Gwenn ha du« verbreitete mit mehreren Bombenanschlägen Angst und Schrecken. Sie machte Jagd auf Demokraten, Sozialisten, Kommunisten, Juden und Mitglieder der Résistance und paktierte später offen mit den deutschen Faschisten.

Trotz der lauten Parolen der Ultrarechten, trotz ihrer Beschwörungen des Mythos und dem Versprechen eines eigenen Staates blieb die Bevölkerung weitgehend auf Distanz. Zwar traditionell mehrheitlich sehr konservativ, setzte sie dennoch nicht auf die Rechtsextremen. Deren keltisch-nordische Ideologie bewirkte keine Massenbewegung. Zudem begann sich die Sozialstruktur in der Bretagne seit Anfang des Jahrhunderts zu verändern. In Städten wie Nantes, Brest oder St. Brieuc hatten sich Industrien angesiedelt, die Arbeiterbewegung und das städtisch-republikanische Bürgertum hatten an Einfluß gewonnen (schon 1904-1907 gab es im »roten Brest« ein sozialistisches Regierungs-Kollektiv). Das konservative Spektrum verzeichnete Verluste.

Nach dem Zweiten Weltkrieg tauchten die als Kollaborateure verhaßten rechten Autonomisten zunächst unter und verloren weiter an Boden. Außerdem verschärfte sich der soziale Umbruch im Land: Aus Kleinbauern wurden Landarbeiter, aus ehemals selbständigen Fischern wurden Fischereiarbeiter, die Arbeitslosigkeit stieg, und wer dank Bildung und Börse die Möglichkeit hatte, kehrte dem Hinterland oder besser gleich der ganzen westlichen Halbinsel den Rücken zu.

Ursprünglich war die Autonomie-Bewegung fast durchweg rechtskonservativ gewesen. Jetzt, zu Beginn der 60er Jahre, trat die Bewegung in eine neue Phase ein: Diesmal formierte sie sich von links. Ihr ging es weniger

22 MARS 1930 TOUS LES DIMANCHES LE N°: 0 fr. 30
N° 93 /12 ANNEE.

bReiz Atao

Organe Hebdomadaire du Parti Autonomiste Breton

ABONNEMENTS PUBLICITÉ DIRECTION ET ADMINISTRATION REGNES

LE RÉVEIL DE LA BRETAGNE

»Breiz Atao« (Bretagne für immer), das Wochenblatt der PAB (Parti Autonomiste Breton), in seiner Ausgabe vom 22. März 1930:

»Das Erwachen der Bretagne.
Braucht Frankreich unser Gold für seinen Haushalt oder unser Blut für seine Kriege, dann überschüttet man uns mit Blumen. Dann sind wir ›Helden‹, sind wir die ›mutige bretonische Bevölkerung‹, immer bereit, dem Ruf des Vaterlands zu folgen.
Aber wenn die Geldschränke voll sind und die Kriege vorüber, dann sind wir nur noch die ›widerlichen Bretonen‹, zurückgeblieben und versoffen, denen man hinterhersingt:
Die Kartoffeln den Schweinen, die Abfallreste den Bretonen...
Bretonen! Werden wir uns ewig mit den Abfallresten zufrieden geben? Werden wir uns weiterhin von Leuten beschimpfen lassen, die von unserer Arbeit profitieren und von unserem Mut, die nichts wären ohne uns?«

um das hehre keltische Erbe, als vielmehr um die Belange der Basis vor Ort: Regionalismus gegen Zentralismus. Die Bretagne war verarmt, die sozialen Spannungen wuchsen und damit die Wut auf die egoistische Ignoranz der Pariser Hegemonie. 1964 wurde die UDB (Union Démocratique Bretonne) gegründet, eine linke Autonomistenpartei, später die bretonische PSU (Parti Socialiste Unifié), und bald darauf wandten sich auch die traditionellen Linksparteien wie die der Sozialisten (damals in der Opposition) den Mißständen in der Region zu. Im Januar 1968 kam es in Redon zu einem ersten erbitterten Streik, im legendären Monat Mai '68 besetzten und beschlagnahmten Arbeiter die Werften in Nantes. Die »Commune de Nantes« wurde ausgerufen. Die revolutionären Studenten in Paris schrieben das Bretagne-Problem auf ihre Fahnen. Linksextreme Gruppen besetzten das Autonomie-Konzept nun mit ihren Positionen und forderten eine unabhängige sozialistische Bretagne. Wieder formierten sich militante Untergrundtrupps, die »Bretonische Befreiungsarmee« (FLB) und die »Revolutionäre Bretonische Armee« (ARB). Blockaden und Bombenanschläge hielten das Land noch bis Mitte der 70er in Atem. Für Paris besonders schockierend war ein Attentat auf das Schloß von Versailles, das Symbol des französischen Zentralismus.

Politisch haben die linken Autonomisten kaum etwas erreicht. Es gab zwar staatliche Subventionen für die Bretagne und eine Verbesserung ihrer Infrastruktur, nicht aber den geforderten Sonderstatus mit gewähltem Regionalparlament. Bewirkt hat die Autonomie-Welle hingegen ein breites Aufleben der Kultur im Lande. Vor allem den jungen Bretonen lag daran mehr als an politischer Autonomie. Legendär wurden die politischen Barden des Celtic-Rock, Gilles Servat, Glenmor oder Alan Stivell. Auch die Tradition der bretonischen »Festou noz«, der feuchtfröhlichen Tanznächte, lebte wieder auf.

Die Bretonen – ein Volk von unbeugsamen, eigenwilligen »Granitköpfen«? Der Mythos selbst hat ihre Geschichte geprägt, hat dafür gesorgt, daß sie – wenn nötig – aggressiv und deutlich ihre Interessen vertreten. Andere Regionen Frankreichs beneiden sie darum.

Politisch ist aus der ehemals stark konservativen Bretagne nach einer brisanten Linkskurve eine Region geworden, die 1981 mehrheitlich den Sozialisten Mitterand wählte. Für seine zweite Amtszeit erhielt er 1988 hier deutliche 55%. Bei Kommunalwahlen liegen Rechts und Links heute etwa im Gleichgewicht.

Mit einer Ausnahme: dem westlichen Morbihan bei Carnac und Quiberon. Dort erzielte die rechtsextreme Front National (FN) bis zu 32% der Stimmen. Der Grund: FN-Führer Jean-Marie Le Pen kommt aus der Gegend, ist ein gebürtiger Bretone aus Trinité-sur-Mer.

Die Milch macht's
Landwirtschaft in der Normandie

Milch, Butter, Käse und Crême fraiche: Neben den Äpfeln sind dies die vier goldwerten Trümpfe der Normandie. Das ganze Leben dieser Region ist geprägt von Milch. Auf jeden Normannen kommen zwei Kühe, insgesamt an die sechs Millionen. Das Land steht bis über den Horizont voller Kühe, überall – und besonders in der westlichen, der Basse-Normandie, zwischen St. Lô und Valognes. Man trifft auf endlose Weiden mit schier endlosen Herden von Fleckvieh. Zwei Drittel von ihnen sind Milchkühe, die hier zusammen Tag für Tag über 50 Millionen Liter Milch geben. Wohin damit? Wer soll das alles trinken? Ein Bauer aus Isigny, der heimlichen Milchhauptstadt an der Mündung des Vire, lacht und witzelt, daß die Leute in der Normandie selbst nicht wußten, wohin damit, und daß sie sich deshalb einiges hätten einfallen lassen: Um die Milchflut zu bewältigen, erfanden sie einfach Butter, Käse und Crême fraiche – und die entsprechende Küche dazu. Denn soviel ist wahr an dieser Legende: Nirgendwo auf der Welt fließen soviel fette Butter und dicke Crême fraiche in die Kochtöpfe wie in der Normandie. Während wir bei uns Crême fraiche respektvoll wie Yoghurtdessert portionieren, bedient man sich ihrer hier kiloweise. Und dann gibt es kein Gericht in der normannischen Küche, das nicht durch 5 bis 15 kräftige Eßlöffel Rahm erbarmungslos »verfeinert« werden könnte. Das macht diese Küche zwar nicht raffiniert, aber dafür ehrlich, kräftig und deftig. Wem solche Kost das Herz zu sehr verfettet, dem empfiehlt der normannische Brauch gleich einen Calvados hinterher – für neuen Schwung in den Gefäßen.

Wo sich die Küche stolz mit Milchprodukten ziert, da spielt die Milchwirtschaft nach wie vor eine zentrale Rolle. Frankreich ist in Europa das Agrarland schlechthin. Frankreich produziert mehr Milch als alle anderen Europäer. Die Hälfte der französischen Milch stammt allein aus den Regionen Loire, Bretagne und vor allem aus der Normandie. Und hier in erster Linie mehr aus der Basse-, denn aus der Haute-Normandie. Die Industrialisierung des 19. Jahrhundert hat das Land in ungleiche Hälften zerteilt: Der Osten zog, entlang der Seinemündung und um Rouen, die Industrien an sich, und der Westen blieb agrarisches Entwicklungsland. Im Osten arbeiten heute über 35% der Frauen und Männer in der Industrie, allein 17.000 an den Montagestraßen von Renault in Sandouville und Cléon. In Le Havre gibt es die Raffinerien, die Chemie; um Rouen ist es überfüllt mit Industriegebieten, den »parcs d'activités industrielles«. Im Westen dagegen finden immer noch über 17% Arbeit in der Landwirtschaft (gegenüber 6,5% in der Haute-Normandie und 7% im französischen Durchschnitt). Das Kapital der westlichen Basse-Normandie sind deshalb die Weiden, die Kühe und die Agrarsubventionen aus Paris und Brüssel – wenn sie denn kommen. Die Betriebe sind meist mittelständisch und zum Teil in Genossenschaften organisiert. Die Bauernverbände sagen, daß sie die Zeiten der Agrarindustrialisierung, in der es nur um eine schnelle Maximierung der Ertragsmengen ging, überwunden hätten. Im Bericht eines Großbetriebes aus Marigny heißt es fortschrittlich, man betreibe jetzt neuerdings im Einklang mit Mutter Natur die »agriculture à deux vitesse« (Landwirtschaft mit zwei Vorgehensweisen), in der sich extensive und intensive Bewirtschaftung (Quantifizierung und Qualifizierung der Bodennutzung durch Düngung oder Drei-Felder-Wirtschaft mit Brachland) einander ergänzen und ausgleichen. Dieser ökologisch-ökonomische Kompromiß ist aber längst nicht umgesetzt. Im Gegenteil: Daß viele Flächen heute wieder brach liegen – auch in der Normandie und der Bretagne –, ist nicht ökologischer Einsicht zu verdanken, sondern der Tatsache, daß immer mehr Bauern ihre Höfe verlassen. Das Höfesterben – ein Schreckgespenst für die Agrarnation Frankreich. Eine Umfrage unter den Landwirten ergab, daß mehr als die Hälfte von ihnen weit und breit keinen Nachfolger für die Übernahme ihres Hofes sahen. Niemand weiß, wie in dieser Branche der Generationswechsel geleistet werden soll. Und für den ist es jetzt höchste Zeit: 40% der betriebsleitenden Landwirte wurden und werden zwischen 1983 und '93 reif für die Rente. Und diese gut 500.000 Ex-Bauern hinterlassen mit 12 Millionen ha immerhin ein Drittel der französischen Agrarfläche, deren weitere Nutzung ungewiß ist.

Wenn sich Landwirtschaft nicht mehr lohnt, drohen nicht nur die regionalen Infrastrukturen zu kippen; auch fürchtet man in Frankreich die unbekannten langfristigen ökologischen Folgen einer sich ausweitenden Brache. Unter Bauern und Ökologen kursieren beängstigende Szenarien. Niemand weiß, was passiert, wenn unbearbeitetes Land in großem Maßstab wieder verwildert. Die proklamierte »agriculture à deux vitesse« klingt da für die meisten nur wie beschwichtigende Schönfärberei. Derweilen sind die Preise für Ackerland im freien Fall. Es wird spekuliert und geschachert. Manche Bauern schielen auf die Ausweisung von einträglichem Bauerwartungsland, andere wiederum verweigern sich möglichen Bodenreformen, weil sie den traditionellen Familienbesitz, den Boden ihrer Väter, nicht verkaufen wollen. Um Ruhe in die immer aggressiver werdende französische Bauernfront zu bringen, wurde die Brüsseler EG aufgefordert, die Bodenpreise für wenigstens 5 Millionen ha Land bis zum Jahr 2000 einzufrieren. In Frankreich hat es trotz des Sterbens der Höfe, trotz der wachsenden, mächtigen Agrarindustrien (anschaulich die riesigen Bonduelle-Felder im

Norden von Paris) stets auch eine bleibende, relativ große Anzahl traditionell wirtschaftender Kleinbetriebe gegeben. Es sind meist die sogenannten Teilzeit-Bauern, die ihren Lebensunterhalt anderweitig sichern. Sie bauen in kleinen, überschaubaren Maßen an, halten ein paar Kühe und Schafe und verkaufen ihre häufig biologisch hochwertigeren Produkte auf regionalen Märkten. Traditionell sind die Kleinen in Frankreich ein ernstzunehmender Wirtschaftsfaktor: Bauern mit weniger als 20 ha Land erwirtschafteten Mitte der 80er auf schmalen 18% des Agrarbodens über 60% der Gesamt-Erträge, während Großbetriebe mit mehr als 100 ha auf demselben Gesamtflächenanteil gerade mal 3% schafften. Die Stärke kleiner und mittlerer Höfe schätzt man in Paris durchaus. Die Bauernlobby ist lautstark und mächtig. Obwohl sich Präsident Mitterand zum Beispiel gern stark macht für forcierten Handel mit dem neuen Osteuropa, mit Polen, der ČSFR und Ungarn, mußte er auf Druck der Bauern die Einfuhr von Fleisch aus diesen Ländern blockieren.

Die Normandie blieb im Vergleich zu Restfrankreich von den Härten der Agrarkrise, dieser ja europaweiten Krise, eher verschont. Zwar haben die Milch-Quoten-Politik der EG und Billig-Importe (z.B. von schottischen Rindern) auch die Bauern der Normandie schwer bedrängt und viele in den

Eine von sechs Millionen normannischen Kühen

Milchindustrie in Isigny, der heimlichen Butter-Hauptstadt

Ruin getrieben – aber zu einem radikalen »Bauernsterben« wie in den kargen, östlichen Juraregionen, kam es hier in dem Maße nie. Die Fruchtbarkeit der Böden, die Stabilität der regionalen Märkte (nah an Paris), wie auch der forcierte Export von Camembert, Butter und Cidre haben die Lage stabilisiert.

Wenn ein Großbetrieb das »naturgerechte« Nebeneinander der zwei Vorgehensweisen als »neu« verkauft, erinnert das fatal an den auch in der Bundesrepublik grassierenden »Bio«-Schwindel. Auch in Frankreich also Vorsicht in den Supermärkten vor den »éco-« (Öko-) und »bio«-Produkten! Man bekommt die besten Waren sowieso nicht bei den Super-, Hyper- oder Mammouth-Giganten, sondern auf den Fisch-, Gemüse- oder Wurstmärkten. Egal ob in Provinz oder Großstadt – die Märkte bieten eine hierzulande ungekannte Vielfalt und Frische. Ein prüfender Blick auf die Ware und ein besonders tiefer in die Augen des Händlers sagen dazu sowieso mehr als Etiketten. In der Normandie wie in der Bretagne sind Märkte in Küstennähe paradiesisch: Krabben, Langusten, Krebse, Muscheln, Rochen... Aber auch die Milch hat hier ihren Auftritt: manche Gegenden sind berühmt für den Geschmack ihrer Rohmilch, die man lose auf Märkten bekommt. Der Kenner weiß die entsprechende »Lage« der Kuhweide zu schätzen. Auch Butter ist nicht gleich Butter: Die aus Isigny besitzt Weltruhm, seitdem einer der ältesten französischen Küchencouturiers, Antonin Carême (1784-1893), für manche der Urahne aller Kochpäpste, in den Paragraphen seiner gestrengen Kochbücher verkündete, er verwende nur Butter aus Isigny und sonst keine. Überall werden auch selbstgemachter Quark (fromage blanc), selbstge-

Die Wikinger kommen

Es waren Norweger und Dänen. Daheim wurde es ihnen wahrscheinlich zu kalt, zu arm, zu dunkel. Das viele Wasser ringsum zwang sie dazu, hochseetaugliche Schiffe zu erfinden. Und schon waren sie überall. Mit ihren Drakkar-Schiffen überquerten sie das Eismeer bis Island, Grönland, bis in die Karibik. In Richtung Süden passierten sie die Kanaren und schlugen sich mit den Afrikanern von Neuguinea. Hinein ins Mittelmeer besuchten sie Sizilien und ließen sich im Libanon nieder. In jedes ihrer kiellosen, zwanzig Meter langen Drachenboote paßten gut siebzig Frauen und Männer, alle verstanden sie was vom Fischen und von Lebensmittelkonservierung, und so konnten sie über Jahre hin unterwegs sein. Um 800 tauchten ihre Schreckensboote im Ärmelkanal auf. Sie wollten Land, Siedlungsland. Auf den Britischen Inseln waren sie erfolglos gewesen: King Alfred hatte ihnen nach Gefechten nur östliche Gebiete überlassen, die ohnehin schon dänisch waren. Ihr expansives Herumrudern endete in blutigen Gemetzeln. Ein letzter Trupp näherte sich mit nur noch fünf Booten 820 der Seine. Ihr Anführer Högli (oder Hugleikr) paukte seine Mannen mit letzter Kraft direkt in die Mündung hinein. Wenige Kilometer weiter im Hinterland gelang es ihnen, sich am Ufer festzusetzen. Högli ließ ein Dorf besetzen und schickte diese Neuigkeit per Boten, mit einem der gefangenen Bauern als Beweis, zu seinem Neffen Rollo mit der Bitte um Verstärkung. Rollo kam und baute die Lage aus. Die ruhelosen, wilden Skandinavier machten sich im christlichen Klosterland breit. Bauern flohen mit ihren Familien, Mönche versteckten sich im Wald. Die Wikinger schienen am Ziel: endlich fruchtbarer Boden. Aber so richtige Seßhaftigkeit waren sie nicht mehr gewohnt. Lange Zeit nur Piraten, brauchten sie Jahrzehnte, um bodenständig zu werden.

Zunächst drangen sie in kleinen Trupps immer weiter vor, nach Rouen, Vernon, bis Paris. Die Franzosen waren schockiert und trieben sie zurück. Am 20. Juli 911 kamen in einer Schlacht bei Chartes 6.500 Normannen ums Leben. Das war die Wende. Der französische König Charles-le-Simple (Karl der Einfältige – wieder so ein pikantes Beispiel aus der Kinderzeit der Nachnamen, ähnlich Johann-ohne-Furcht, Johann-ohne-Land, Richard Löwenherz, Wilhelm Langschwert etc.), dieser König wollte die jetzige Schwäche der Normannen nutzen, ihnen offiziell das besetzte Land zusprechen und sie so dort festsetzen. Damals schon: Friede gegen Land. Im Kloster von Jumièges trafen sich Unterhändler und vereinbarten: (1.) Die Normannen ziehen sich hinter den Fluß Epte zurück, (2.) Rollo wird als »Rollon« ihr Landesfürst und (3.) muß sich mit den Seinen taufen lassen. In St. Clair-sur-Epte fand in Anwesenheit des Königs die Zeremonie statt. Tatsächlich wurde aus den Piraten flugs ein strebsames, christliches Volk. Und die Franzosen erzählten sich zufrieden, daß die Bekehrten sogar die von ihnen demolierten Dörfer und Kirchen wieder reparierten. Als das normannische Piratenfieber dann doch wieder ausbrach, expandierte man lieber Richtung England. Guillaume-le-Conquérant (Wilhelm der Eroberer) ruderte über den Kanal und holte sich 1066 in Westminster die englische Krone.

Mehr Wikinger-Geschichte zeigen das Musée des Viking im Château de Robert le Diable im Seine-Tal westlich von Rouen (Tel.: 35238110) oder das Musée de Normandie im Schloßpark von Caen (Tel.: 31860624).

schöpfter Rahm (crème) und selbstgegorener Käse von Kuh, Schaf oder Ziege angeboten.

Die Franzosen lieben ihre marchés, können stundenlang spazieren auf der Suche nach dem kräftigsten Lauch, den frischesten Austern, den seltensten Käsesorten. Weil ihnen das für ihre alltägliche Lebensart so wichtig ist, ist auf manchen Plätzen jeden Tag Markttag. Und es heißt, daß selbst berühmteste Köche nach wie vor höchstpersönlich losziehen, um jeden Camembert, jeden Salatkopf, jede Zwiebel auch höchstpersönlich auszuwählen.

Immer mehr Bauern haben ihre Keller wieder voll mit Käseregalen. Weil er ihnen dann am besten schmeckt, stellen sie Käsesorten in den erforderlichen, langwierigen Prozeduren selbst her und präsentieren ihn auf ihrem Stand original in sogenannten »clayons« (Käsehürden), den häufig selbstgeflochtenen Korb- oder Schilfmatten, in denen die Käselaibe gut belüftet schon in den Kühl- und Reifekellern lagerten. Einblick in die traditionelle Käserei-nach-Bauernart bieten einige der »Éco-musées« oder auch Bauernhöfe im Umkreis von Camembert, dem legendärsten aller Käsedörfer. Weil diese handwerkliche Herstellung im Familienkreis aber nur die halbe Wahrheit des modernen Käses ist, empfiehlt sich unbedingt der Besuch einer richtigen, industriellen Käsefabrik. Dort erst begegnet man der wahren Heimat des in unser Supermarktregal exportierten »fromage fabriqué en Normandie«. Viele Käse- und speziell Camembert-Fabriken liegen entlang des Flusses Vire in der Gegend von St. Lô (z.B. in Condé-sur-Vire und Torigny-sur-Vire). Wann wo wer seine Maschinenhallen und Kühlsäle für Besucher öffnet, wissen die örtlichen »syndicats d'initiative«.

Reiseziel »Kriegsschauplatz«

»D-Day«

Die Landung der Alliierten im Juni 1944

»Das lange Schluchzen der Geigen im Herbst –
mit eintöniger Wehmut verletzt es mein Herz.«

Diese Verse Paul Verlaines waren das Codewort, mit dem die BBC Anfang
Juni 1944 dem französischen Widerstand, der Résistance, per Radio die
Invasion ankündigte. In den darauf folgenden Wochen und Monaten wurde
die Normandie zum mörderischen Schlachtfeld der Aktion »Overlord«, der
Befreiung Europas von Nazideutschland durch die alliierten Truppen der
USA, Canadas und Großbritanniens. Geplant wurde seit 1941. Stalin hatte
die Eröffnung einer zweiten Front im Westen gefordert und Churchill
versprach: »Meine Regierung wird Rußland in den größtmöglichen Ausma-
ßen helfen.« Dieser »größten amphibischen Militäraktion der Kriegsge-
schichte« (Heinz-Otto Sieburg) war 1942 die heute eher übersehene Katastrophe von Dieppe vorausgegangen, bei der ein Landungsversuch der Briten
und Kanadier vernichtend abgewehrt worden war. Zwei Jahre lang hatten
die Briten daraufhin ein Szenario mit allen taktischen Rafinessen vorbereitet:
Die Landung der Truppen mußte diesmal so gigantisch und massiv sein,
daß sie trotz kalkulierter Verluste nicht fehlschlagen konnte. Weil seit der
Casablanca-Konferenz 1943 feststand, daß die USA sich daran beteiligten,
war die Invasion auch für die deutschen Militärs nur noch eine Frage von
Zeit und Ort. Der für die Verteidigung der nordfranzösischen Küste verant-
wortliche deutsche Feldmarschall Rommel erwartete sie in Calais oder Le
Havre.

Aber die Alliierten fürchteten, daß die möglicherweise dann sofort zer-
bombten Häfen zur Landung nichts mehr taugten. Deshalb bereiteten sie
ein »débarquement« entlang der weiten Sandstrände der Côte du Calvados
vor. »Dann bringen wir die Häfen eben selber mit«, entschieden die Militärs
September 1943 in London. Die Codenamen der vorher in einer Breite von
80 km für die Landung ausgekundschafteten Strände gelten bis heute:
Sword-, Juno-, Gold-, Omaha- und Utah-Beach. Am Morgen des 6. Juni
begannen die Briten bei Arromanches, die Amerikaner bei St. Laurent den
Angriff. Aus 5.000 flachen, speziell konstruierten Lastschiffen stürmten am
6. Juni 1.500 Panzer, 5.000 Raupenfahrzeuge, 10.000 Jeeps und 100.000
Mann blitzartig an Land. Unter ihnen Robert Cappa, der mit den dabei
gemachten Fotos weltberühmt gewordene Kriegsphotograph. An den nack-

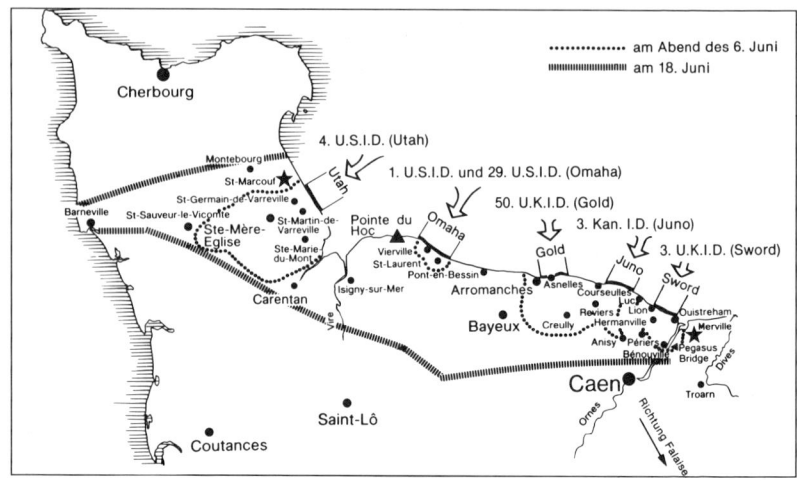

Invasionsplan der alliierten Truppen

ten Stränden gab es außer ein paar Dünen keinerlei Schutzmöglichkeiten; es war kalkuliert, daß die ersten Einheiten offen in das Abwehrfeuer der Verteidigung rannten. Von Anbeginn waren die Verluste hoch: Auf die strategisch wichtige Landspitze Pointe du Hoc war z.b. eine Elitetruppe amerikanischer »Rangers« aus Texas angesetzt. Von 225 Mann wurden beim Sturmlauf 135 erschossen.

Im sogenannten Atlantikwall hatten die deutschen Militärs von Dänemark bis zur Biscaya eine dichte Kette von verbunkerten Stellungen gegen die zu erwartende Invasion von der See errichtet. Nachdem die Landungstruppen diese Geschützkette schon am ersten Tag an mehreren Stellen durchbrochen hatten, rückten sie mit den anlandenden Massen an Menschen und Material Dorf für Dorf weiter ins Hinterland. Am Strand wurden für den Nachschub sofort die geplanten künstlichen Riesenhäfen errichtet, aus über den Kanal geschleppten, 70 m langen und 20 m tiefen Betonpontons, deren Kavernen man vor der Küste öffnete, um sie als kilometerlange Wellenbrecher auf Grund zu setzen. Entlang des stark gezeitenabhängigen Sandstrandes installierten sie außerdem weit ins Meer ragende Pontonkais, über die in zehn Wochen insgesamt 2,5 Millionen Soldaten anlandeten. Am 5. Juni gegen 22 Uhr waren parallel 5.000 Flugzeuge von britischen Flughäfen gestartet, die Bombenteppiche, Ausrüstung und Fallschirmspringer ins Hinterland trugen. Wenn sie nicht bereits in der Luft abgeschossen wurden, ertranken viele der Fallschirmspringer in den Wiesen, die die deutschen Militärs zur Verteidigung überflutet hatten. Es war eine in ihren Dimensionen und ihrer Brutalität schwer nachvollziehbare Massenschlacht.

Die ganze Küste zwischen Cherbourg und Rouen ist bis heute von den fürchterlichen Kämpfen der Invasion geprägt. Überall im Land verstreut

Soldatenfriedhöfe, Denkmäler, Geschützruinen, Bunkerreste. Die flache, sandige Landschaft verbirgt nichts. Über die Hügel ziehen sich nur baumlose Weiden. Das Mündungsdelta vor Carentan, wo US-Truppen in Omaha-Beach landeten, gleicht damals wie heute einer unwirklichen Mondlandschaft. Bis zum Horizont nur gerade, verlassene Straßen durch Dünen und abermals Dünen. Weltende. Kilometerweit Sandbänke. Am Strand ein Kriegerdenkmal, ein kleines Museum, alte Panzer und Raupenschlepper, eine Frittenbude. Vor Arromanches und anderswo ragen noch die Betonklötze der künstlichen Häfen aus der Flut. Arromanches ist heute Hauptanziehungsort für Touristen mit »Reiseziel Kriegsschauplatz«. An Sonntagen, zu Ostern und Pfingsten drängeln sich Busse und bringen Veteranen, Schulklassen und Familien aller Nationen. Im »Musée du Débarquement« am Strandhafen (Tel.: 31223431) herrscht eine Atmosphäre, die unter dem Mantel der Aufklärung unverblümt mit Glorifizierung und Faszination kokettiert: Zahlen, Orden, Waffen, Militärmaschinerie im Modellbauformat und immer wieder »Helden« wie »Monty«, Feldmarschall Montgommery, Oberbefehlshaber der Briten und damit Kopf der Invasion. Die Dokumentationen strotzen vor gegenseitigem Schulterklopfen, ihre Einhelligkeit erinnert an den Golfkrieg. Früher vermittelte das Museum noch Kontakt zu Einheimischen der Gegend, die aus eigener Anschauung von den Ereignissen erzählten. Heute läuft immer derselbe Schwarzweiß-Film der britischen Marine. Als eigentlicher Invasions-Film wurde »The longest Day« (1962)

Beton-Reste der künstlichen Landungshäfen vor Arromanches

von Derryl Zanuck berühmt: mit Starbesetzung, Breitwandformat und dem Filmblut des »gerechten Krieges«. Jedes Jahr feiern die Militärs am 6. Juni ihren »D-Day« mit immensem Aufgebot an Prominenz. Als der deutsche Kanzler Kohl kurioserweise auch mal daran teilnehmen wollte, wurde ihm aus Paris dezent ablehnend beschieden.

Bislang stand Frankreich bei Reisen der Deutschen an deutsche Kriegsschauplätze im Vordergrund. Man kennt Verdun und die Normandie. Die Öffnung und Annäherung an Osteuropa wird diese einseitige Ausrichtung wahrscheinlich bald korrigieren.

Draußen, vor dem Museum von Arromanches, führt über die Klippen ein Fußweg westlich in Richtung Longues-sur-Mer. Dort trifft man auf zwei von vier riesigen Bunkergeschützen, »Ajax« und »Georges Leygues«, mit denen deutsche Truppen die Seinemündung kontrollierten. Unmittelbar in der Nähe thront der »le chaos« genannte Beobachtungsstand, von dem aus die Batterien befehligt wurden. Stets mehr als bloß funktionale Form, repräsentieren diese »Kriegstempel« anschaulich das typische Abschreckungsgesicht des Atlantikwalls.

Ein anderes bleibendes Bild dieses Krieges bieten die Soldatenfriedhöfe. Jede Nation verwendet eigene Grabsteinformen: Kanadier und Briten flache, aufrechte Steine; Amerikaner glattpolierte, hellweiße Steinkreuze. Amerikanische Friedhöfe sind weitaus mehr auf Erhabenheit und glanzvollen Ruhm hin inszeniert als andere. Der in dieser Region auffälligste liegt an der D514 bei St. Laurent-sur-Mer. 50 Meter hinter dem Strand erstreckt sich über die Düne eine perfekt gepflegte Parkanlage, nur noch durch die fast 10.000 Kreuze von einem Golfplatz zu unterscheiden. Auf einen großen deutschen Soldatenfriedhof trifft man an der N13 bei La Cambe: Über eine weite Wiese verteilte Kreuze in Fünfergruppen, dick und grob geformte Steine, drumherum um einen künstlichen Kegelberg mit einem sechs Meter hohen, schwarzen Mahnmal. Anblick und Wirkung dieser Friedhöfe erzählen etwas über die jeweils unterschiedlichen Bemühungen, dem Krieg und seinem namenlosen Massentod nachträglich ein Gesicht zu geben.

Die verlustreichsten Gefechte fanden nicht an der Küste, entlang der D514 zwischen Courseulles und Isigny, der »Route de la Liberté«, statt, sondern tief im Hinterland, wo sich der Widerstand der deutschen Truppen formierte. Dort entstanden, wie am Fluß Odon bei Caen, verheerende Schlachtfelder, dort wurde zwischen den Fronten auch die Zivilbevölkerung mitsamt ihren Höfen und Dörfern niedergemacht. Die Ortschaften sind heute durch die nüchternen Formen des Wiederaufbaus um so deutlicher gezeichnet. Jeder Ort, in dem sich die zurückweichenden Deutschen verbarrikadierten, wurde zerbombt. Weil die Alliierten Bayeux schnell und widerstandslos eroberten, blieb diese Stadt weitgehend von ihren Bomben verschont. Nicht so Caen und Rouen. Hier hatten die Deutschen ihre Truppen zusammengezogen und jede Evakuierung der Zivilbevölkerung untersagt, um mit ihr als Geisel, als lebendes Schutzschild, den Beschuß der Alliierten abzuhalten. Beide Städte wurden dennoch von den Alliierten bombardiert, die Zivilbevölkerung der »Logik« des Krieges »geopfert«.

Städte in Deutschland sind fast ausnahmslos von Zerstörung und Wiederaufbau geprägt. Was uns als Stadtbild gewohnt erscheint, ist den Franzosen eher fremd. Die vom Luftkrieg verschonten südlichen Städte Frankreichs, wie Lyon, besitzen bis heute ihre über Jahrhunderte gewachsenen Straßenzüge. Nur im Norden zeigen Städte wie Rouen, Caen oder Brest dieses Narbengesicht des Krieges.

Die Normandie hat schwer gelitten. Aber das Ausmaß des Leids wird gerne beschönigt; der Guide Michelin verweist bei der Beschreibung des zerstörten Caen z.b. lieber auf die Vorteile der seitdem »breiten, stabilen und autogerechten Straßen« und auf den Hygienekomfort der in die Trümmer gebauten, neuen Betonsiedlungen. Sozusagen rundherum freigebombt, sei auch das Schloß von Caen erst jetzt richtig zu würdigen.

Das Verhältnis der Franzosen zur Invasion ist symptomatisch für ihre Probleme mit der eigenen Politik in dieser Zeit. Denn einerseits arrangierte sich die französische Regierung seit ihrer Kapitulation 1940 mit den deutschen Besatzern: In Vichy amtierte das den Faschisten in Berlin und Rom gewogene, erzkonservative Regime des Marschall Petain. Andererseits gab es aber eine antifaschistische Résistance, die aus dem Untergrund oder aus dem Exil zum Widerstand aufrief. Wichtigste Figur: Charles de Gaulle, der seit 1943 in London eine offizielle Exilregierung anführte, die Regierung

Amerikanischer Panzer als Mahnmal an der Omaha-Beach

der Libération. Frankreich war gespalten in Kollaboration und Résistance. Zum Zeitpunkt der Invasion waren deshalb zur gleichen Zeit Vichy-Truppen an der Seite der Deutschen zur Verteidigung gezwungen, während Partisanentrupps der von de Gaulle befehligten »Forces françaises de l'íntérieur« die »Libération« durch die Alliierten unterstützten.

Bis heute ist die Zeit der Kollaboration eine zwielichtige und der »Verdrängung« durch die Beteiligten anheimgefallene Phase französischer Geschichte. Wenn die Frage gestellt wird, wer wann und wo mit den Nazitruppen paktiert hat, so geht es konkret um Formen des Faschismus im eigenen Land. Wer war Opfer, wer Täter. Noch fünfzig Jahre danach bleiben Akten verschlossen, tauchen dann von irgendwoher Dokumente wieder auf und werden hochrangige Personen der Kollaboration verdächtigt (wie im Sommer 91 zuletzt Kommunistenchef Georges Marchais). Auch ist immer wieder strittig, wer aufgrund welchen Verhaltens der Résistance zuzuzählen ist.

Maßgeblich waren deren Informationsdienste an der Vorbereitung der Landung am 6. Juni beteiligt; durch sie kannte man Lage, Stärke und Strategie der deutschen Truppen. Parallel zur Landung griff die Résistance auch überall im Land Versorgungs- und Kommunikationsstrukturen der Besatzer an. Den deutschen Militärs war die Macht der Interaktion zwischen Alliierten und Partisanen der Résistance bewußt. Vier Tage nach der Invasion, am 10. Juni, befahlen sie, aus Rache an den ungreifbaren Partisanen irgend ein Dorf mitsamt seinen Einwohnern niederzubrennen. Die Willkür traf Oradour-sur-Glane.

Kriegsgräberfriedhof bei St. Laurent-s-Mer

Das Landungsmanöver der Alliierten im August 1942

Red beach, white beach, blue, yellow und orange beach... So lauteten die Code-Namen der Landungspunkte, die der Generalstab der Alliierten am Vorabend des 19. August 1942 bekanntgab. Es kam zum ersten Versuch alliierter Truppen, auf dem Wege einer Seeinvasion im von Deutschland okkupierten Frankreich Fuß zu fassen. 5.000 Männer der 2. Division der kanadischen Armee, 1.000 Männer englischer Einheiten, außerdem einige Amerikaner und interalliierte Einheiten erhielten den Befehl zur Landung, und zwar an den Stränden von Dieppe, Puys, Berneval, Pourville, Varengeville, Vasterville und Quiberville. Kurz vor sechs Uhr morgens wurde das Angriffssignal erteilt.

Zehn Stunden später, am frühen Nachmittag, ist der Kampf vorbei. Über 1.000 Tote liegen auf den Stränden, mehr als 2.000 Soldaten – zumeist Kanadier – sind in deutscher Kriegsgefangenschaft. Von den 5.000 Kanadiern, die am Vorabend aus Portsmouth und Southhampton eingeschifft worden waren, kehren nur noch 2.000 zurück, darunter 580 Verletzte.

Dieser Landungsversuch 1942 hat eine große Narbe in der Geschichte des Zweiten Weltkriegs in der Normandie hinterlassen. Viel gerühmt wird stets die große Landung an den Stränden der westlichen Normandie im Juni 1944; vergessen, übersehen und gerne verschwiegen wird dagegen der erste Landungsversuch zwei Jahre zuvor. Er ist auf ganzer Linie gescheitert. Nicht nur, daß kein einziges der Landungsziele erreicht wurde und kein Stück Hinterland gehalten werden konnte – es war auch ein grauenhaftes Blutbad.

Die gesamte Küste der Gegend ist Steilküste. Zugang zum Hinterland boten allein die schmalen, schwer verbunkerten Taleinschnitte. Aber schon die Strände waren wegen ihrer großen Kieselsteine nicht einnehmbar. Die Ketten fast aller Fahrzeuge rissen sofort. Den deutschen Soldaten, die sich mit Stacheldraht, spanischen Reitern und Minenfeldern verbarrikadiert und auf dem oberen Saum der Steilküste in Bunkern vorbereitet hatten, liefen die ankommenden Alliierten direkt und schutzlos ins Mündungsfeuer.

Bis heute gibt es keine offizielle Erklärung über die Motive der alliierten Generäle für diesen absurden Angriff, weder für die Wahl der Orte, noch den Zeitpunkt, noch die Strategie. Hinter diesem Blutbad steht nach wie vor ein großes, tabuisiertes Fragezeichen. Jahr für Jahr kommen kanadische Veteranen, die die »Operation jubilee« überlebt haben, nach Dieppe. 1992 begehen sie den 50. Jahrestag dieser Katastrophe und errichten ein großes Mahnmal – es soll die letzte Gedenkveranstaltung sein. Die Fragen bleiben: War es ein »Testversuch« für die spätere Landung in der Normandie? War es eine eiskalt kalkulierte politische Geste zur Beruhigung der verbündeten Russen, die die Öffnung einer zweiten Front im Westen forderten? Oder war alles ein Irrtum?

Eric Senecal-Audigou

Die Widerspenstige heiratet Paris
Vor 500 Jahren wurde die Bretagne französisch

»Am vergangenen Dienstag wurde in Langeais die Vermählung des Königs und der Königin, unserer herrschaftlichen Fürstin, vollzogen. Und in dieser Nacht, in besagtem Langeais, schliefen sie miteinander, und die Königin ließ ihre Jungfräulichkeit. Gestern, erst zum Abenddiner, erschien der König im Saal, zur Nachtzeit kam auch die Königin, und sie nahmen ein gutes und stärkendes Mahl ein. Wir teilen das euch allen mit, damit ihr große Prozessionen abhaltet, Freudenfeuer und andere vergnügte Sachen, dankend dem Herrn. Mehr Neuigkeiten können wir zur Zeit nicht berichten, denn die Herrschaft ist weiterhin sehr beschäftigt. (...) Geschrieben in Tours, Donnerstag abend, den achten Dezember.«

Mit diesen lakonischen Worten übermittelte der bretonische Gesandte aus Rennes seinen Landsleuten die Nachricht von der Hochzeit zwischen Anne, Herzogin der Bretagne, 14 Jahre alt, und Charles VIII., dem König von Frankreich, 17 Jahre alt. An jenem 6. Dezember 1491 (bzw. in der langen Nacht darauf) wurde die Bretagne französisch, und die Bretonen wußten nicht, ob sie darüber lachen oder weinen sollten. Es war vorerst das Ende eines über 100 Jahre andauernden Konflikts zwischen der zentralistischen Monarchie in Paris und einem souveränen Fürstentum auf der Halbinsel im Atlantik. Und es war das Ende einer brutalen Brautwerbung: Charles VIII. hatte um Annes Hand angehalten, war von ihr abgewiesen worden und erzürnte darüber so sehr, daß er ein Heer nach Rennes schicken und die Stadt belagern ließ. Bald wurden die Lebensmittel knapp, und die hungernde Bevölkerung drängte Anne, in die Heirat einzuwilligen.

Jene Bretagne, die da am Ende des 15. Jahrhunderts in die Hände des französischen Königs fiel, war keine Provinz wie die anderen; sie war ein eigenständiger Staat, mit politischer, finanzieller und militärischer Macht, über drei Jahrzehnte hin eigenwillig und franzosenfeindlich geführt von Annes Vater François II., dem letzten autonomen Herzog der Bretagne.

Aber Annes Vater hatte Paris zu tollkühn herausgefordert. Es kam im Juli 1488 zur Schlacht von Aubin, und François II. mußte vor den französisch-königlichen Truppen kapitulieren. Daraufhin rieten die Berater seiner kleinen Tochter zu einer Vernunftehe mit dem König. Anne, bis dato dem Habsburger Junior-Kaiser Maximilian versprochen, willigte nach langem Zaudern ein, und tatsächlich – so die Hofpostille – hätten sich Anne und Charles sogar ineinander verliebt.

Die bretonische Herzogin Anne mit ihren Schutzheiligen

Bei aller Liebe gab Anne ihr Land und sich selbst nicht bedingungslos hin. Sie forderte erfolgreich die Beibehaltung fiskalischer, juristischer und politischer Autonomie. Sie blieb die Herzogin im Lande, galt als widerspenstig und fromm zugleich. Anne war bald berühmt für ihre Umsicht und Großzügigkeit im Kirchen- und Schlösserbau. Anders als die meisten Frauen ihrer Zeit, bekam sie die Chance, sich zu bilden, die sie wann immer möglich nutzte. Die meisten Gemälde zeigen sie als nachdenkliche Frau mit hoher, mächtiger Stirn. Am Ende hieß es gar, sie sei schlauer als ihr Mann, der König. Nicht gerade rühmlich für ihren Gatten, der nach siebenjähriger, kinderloser Ehe Thron und Bett dadurch frei gemacht haben soll, daß er im eigenen Schloß – andächtig mit Anne ins Gespräch vertieft – mit dem Kopf gegen einen niedrigen Türbalken knallte. Heftig und definitiv.

Herzogin Anne gefiel den Bretonen. Bis heute ist sie ihre beliebteste historische Figur, eine Nationalheldin und das gepriesene Vorbild für bretonischen Charakter. Gerade ihre Ehe mit der Pariser Krone gilt als prototypische Konstellation, als Wunschbild der Bretonen für die Beziehungen zwischen ihrem Land und Restfrankreich: Man ist nicht blutsverwandt, gehört aber vertraglich zur Familie; man ist zwar liiert, jedoch wird das Bewußtsein für die Unterschiedlichkeit der Interessen gewahrt; und als einziger Grund für die Liaison darf nur gelten, daß beide Seiten gleichermaßen davon profitieren. Koalition ja (durchaus erotisch und spannungsreich) – Assimilation nein. Das ganze erinnert an eine im besten Sinne klassische Beziehungskiste.

Als 1498 ihr erster Mann Charles VIII. am Türbalken endet, ist laut Ehevertrag automatisch dessen Bruder Ludwig XII. der nächste Gatte. Mit ihm bekommt Anne eine Tochter namens Claude. Als Anne 1515 im Alter von 38 Jahren stirbt, vererbt sie dieser Tochter das Herzogtum Bretagne. Aber Töchterchen Claude tritt die Bretagne in einem Staatsakt 1532 endgültig an die französische Krone ab. Damit hört das unabhängige Herzogtum Bretagne auf zu existieren; allein, die Beziehungskiste mit Paris schwelt unverändert weiter. Fortan gilt die Bretagne als »autonome Provinz«.

»Die dynamischste Region Frankreichs?«
Die sozialen und wirtschaftlichen Probleme der Bretagne

Die Bretagne umfaßt offiziell vier Departements: Finistère, Côtes-du-Nord, Morbihan und Ille-et-Vilaine. Diese vier repräsentieren politisch und administrativ die Region. Fragt man aber nach den kulturellen und historischen Grenzen der Bretagne, dann muß noch das südliche Departement Loire-Atlantique, mit dem Seebad La Baule, dem Brière-Moor und den Loire-Städten St. Nazaire und Nantes hinzugerechnet werden. Nantes war über Jahrhunderte bretonisch gewesen, sogar Sitz der bretonischen Herzöge. Bis irgendwann die Pariser Verwaltung auf die Idee kam, Nantes zur Hauptstadt der Region Pays-de-Loire zu machen und das entsprechende Departement abzutrennen. Aber bis heute verstehen sich die Bewohner des Departements Loire-Atlantique als Bretonen.

Die Bretagne hat mit dem Departement Loire-Atlantique vor allem die wirtschaftlich starken Regionen von St. Nazaire und Nantes verloren. Bei jeder statistischen Einschätzung der Bretagne muß deshalb berücksichtigt werden, daß sie eigentlich noch ein ganzes Stück größer und mächtiger ist.

Wie und wovon lebt die Bretagne? Stets haben die Menschen hier versucht, aus den geographischen Gegebenheiten Profit zu schlagen. Die Lage als Halbinsel im Atlantik wußten sie mit ihren Häfen zu nutzen, um kräftig in der Handelsseefahrt mitzumischen. Auch die Fischfangflotte galt als hochqualifiziert.

Geologisch lieferte der Boden vor allem eins: Granit, ideal zu verwenden als Baumaterial. Dafür fehlte es der Region an primären Rohstoffen (Eisen, Kohle etc.), weshalb es nie zu einer Industrialisierung kam.

Klimatisch machte das stürmisch-feuchte Wetter den Boden für Landwirtschaft fruchtbar und versorgte die Bretagne – ansonsten arm an Grundwasser – mit ausreichend Süßwasser. Negativ am Klima: der Regen lockt die Touristen nicht gerade an.

Politisch wie wirtschaftlich sah sich die Bretagne immer wieder mit den Bedingungen und Problemen ihrer Eigenständigkeit konfrontiert. Fast sieht es so aus, als habe sie mit ihrer Orientierung gen Westen zu lange am »atlantischen Traum« festgehalten, und damit am alten Primat der Handelswege zu See. Verständlicherweise – denn 600 km westlich von Paris lag die Region weit ab von den großen Achsen, die immer stärker zu Lande die europäischen Zentren miteinander vernetzten. Vom europäischen Filetstück, der Achse der Metropolen zwischen London und Genua, bekam man draußen in Brest nichts mit. Aber trotz ihrer isolierten Lage hat die Bretagne seit Ende der 50er Jahre bemerkenswerte Fortschritte erzielt. Damals erschien in Frankreich eine aufsehenerregende Untersuchung: In seinem Buch »Paris et le Désert français« beschrieb Jean-François Gravier erstmals, wie sehr die Erfolge der Region Paris zu Lasten der Provinzen gingen. Die Diskrepanz zwischen Paris und der Bretagne war besonders eklatant: Abwanderung der Handwerker, der Jugend, der Unternehmen und des Kapitals hier, und profitgieriger Egoismus dort, der alles, was weiter als 100 km von der Hauptstadt entfernt lag, radikal vernachlässigte. Die Bretagne war das traurige Schlußlicht der Nation, eine Enklave der Armut am Rande Westeuropas.

Im November 1985 verkündete das französische Wirtschaftsmagazin »L'Expansion« dann die sensationelle Trendwende: »Die Bretagne, die dynamischste Region Frankreichs? Das ist die Überraschung schlechthin. Aber die Ergebnisse unserer langfristigen, vielschichtigen Untersuchung belegen dies«, schrieb François de Witt.

Über den Zeitraum von 1954 bis 1982 waren Wachstums-Daten aus folgenden Bereichen erfaßt und ausgewertet worden: Bevölkerung, Arbeitsplätze in Industrie und Dienstleistung, Exporte, Kfz-Zulassungen, Umsatzsteuer- und Lohnsteueraufkommen sowie Anzahl der Kandidaten für die nationalen Eliteschulen. Ergebnis: Die Bretagne rangierte insgesamt auf Platz 1, direkt gefolgt vom Pays-de-Loire. Wohlgemerkt nicht in absoluten, sondern relativen Wachstumzahlen. Wenn beispielsweise die traditionellen Industriestandorte Lorraine und Nord-Pas-de-Calais in den Jahren 1976 bis '81 bis zu 17% ihrer Industriearbeitsplätze verloren, die Bretagne hingegen in derselben Zeit um 2,4% zulegte, dann sagt dies nichts über absolute Zahlen oder über tiefgreifende Umschichtungen aus, sondern nur etwas über Trends. Und der Trend hieß: Die Schlußlichter ziehen nach. Besonders deutlich waren die bretonischen Fortschritte im Export (mit plus 21,3% Platz 1 der Regionen) und in dem für die Bretagne traditionell relevanten Sektor der Agrarproduktion (Platz 2 der Regionen).

Innerhalb von 30 Jahren hat sich das Gesicht der Bretagne komplett verändert: Die Spitzenhauben sind verschwunden, ebenso die Schrankbetten, Filzhüte und Pferdewagen. Gekommen sind die Seefischzucht, die Biotechnologie, die touristische Erschließung der Küste und die Telekommunikation mit Satellitenstationen, Verkabelung und Computer.

Die Veränderung verlief nicht ohne Reibungen, nicht ohne eine Verschärfung sozialer und politischer Konflikte. Eine erste große Welle des Protests formierte sich in den Jahren 1960 bis '62. Die Pariser Presse schürte das Feuer mit Schlagzeilen wie: »Der größte Bauernaufstand der Neuzeit« oder »Die Schlacht der Bretagne«. Am 9. Juni 1961 besetzten einige Hundert Bauern die Unterpräfektur in Morlaix, im Herbst desselben Jahres begann

Steckbrief Bretagne (1990)

Gesamtfläche: 27.208 qkm
(Schleswig-Holstein: 15.720 qkm)

Hauptstadt: Rennes

Einwohner: 2.795.800
(Schleswig-Holstein: 2.619.000)

Bevölkerungsdichte: 103 Einwohner/qkm
Ausländische Mitbürger: 25.200 (0,9%)

Berufstätige: 1.018.000   *Arbeitslosigkeit:* 9,5%
davon in der   davon
  Landwirtschaft: 15,8%   Frauen: 53%
  Industrie: 24,7%   unter 25: 35%
  Dienstleistung: 57,4%

Départements:

Département	Hauptstadt	Einwohner
Finistère	Quimper	838.000
Ille-et-Vilaine	Rennes	798.000
Morbihan	Vannes	619.000
Côtes-d'Armor	Saint-Brieuc	538.000

Städte:
Rennes: 234.418
Brest: 201.145
Lorient: 104.025
Saint-Brieuc: 83.895
Quimper: 56.881

Wichtigste Industrien:
Citroen Chartres-en-Bretagne: 10.000 ArbeiterInnen
Marine-Werften: 7.500
Thomson CSF: 2.000
Citroen-Rennes: 2.000
Ouest-France: 1.500

Wichtigste Landwirtschaft:
Milch: 29,7%
Schweine: 22,8%
Geflügel: 16,5%

die »bataille du rail«, zahlreiche, spontane Blockaden von Bahngleisen in der ganzen Region. Paris erschrak über den ungewohnten Aktivismus und die breite Solidarität unter den sonst eher als schüchtern und traditionsgläubig diffamierten Bretonen.

Der Druck von der Basis stieg, bis schließlich auch der sich bis dahin eher unpolitisch verstehende Interessenverband CELIB (Comité d'étude et de liaison des intértêts bretons, gegründet 1955) aktiv wurde. Unter seiner Federführung wurde am 19. August 1961 die »Proklamation von Pontivy« verfaßt, unterzeichnet von über 1.500 Frauen und Männern aus Parlament, Staatsrat und den Rathäusern, aus Landwirtschaft, Handwerk, Industrie und Kultur: »Die Bretagne ist entschlossen, neue Wege einzuschlagen; wenn es sein muß, werden schon morgen breite Massen sich versammeln, um eine Lösung der bretonischen Mißstände zu fordern. (...) Wenn die Bretagne nicht ihren ›plan de Constantine‹ (eine Art Marshallplan, O.H.) erhält, werden die Bauern schon morgen zur Fellaga der Bretagne.« (Die Fellaga war die damals berüchtigt algerische Partisanenarmee.)

Trotz dieser Drohungen kam es zu keiner konzertierten Aktion, es entstand nicht das zunächst versprochene Gesetzespaket. Aber es wurden ein paar langfristig wirksame Maßnahmen ergriffen: Subventionen und Steuervorteile für Unternehmen, die sich in der Bretagne neu ansiedelten; der Staat selbst wählte das Städtchen Lannion an der Küste als Standort für das Nationale Forschungszentrum für Telekommunikation (CNET) und errichtete dort Frankreichs erste Satelliten-Bodenstation. Junge Bauern erhielten besonders günstige Kredite zur Modernisierung ihrer Höfe. Das Straßenbauprogramm »plan routier breton« wurde in die Wege geleitet, die Strecke nach Brest vierspurig ausgebaut; und es wurde schließlich zwischen Brest und Paris die Strecke des Superschnellzugs TGV-Atlantique eröffnet (Geschwindigkeitsrekord am 5. Dezember 1989: 482 km/h).

Tatsächlich haben sich viele neue Unternehmen in der Bretagne niedergelassen. Aber die meisten von ihnen sind sogenannte »usines pirates«, Subventionspiraten, die ihren Firmensitz sofort wieder verlegen, wenn die Föderungsprogramme auslaufen. Andere schafften mit staatlicher Hilfe einen guten Neustart, konnten sich dann aber nicht halten. Beispielhaft dafür ist die Tatsache, daß der Staat selbst sein Tele-Forschungszentrum in Lannion wieder schloß. Die Lage in der Landwirtschaft hat sich ebenso wenig stabilisieren können.

Der Fischerei geht es auch nicht rosig, schon gar nicht in puncto Arbeitsplätze, selbst wenn von 100 französischen Fischen 46 aus der Bretagne kommen. 1985 gab es noch 10.000 Arbeitsplätze in der Hochsee-Fischerei, 1991 waren es knapp 8.000.

Der Tourismus wächst zwar beständig, man ist stolz auf die steigende Zahl der Gäste und auf Rekordjahre wie 1989; aber Tourismus bleibt ein unzuverlässiges Saisongeschäft, er kommt nur wenigen Küstenstädten zugute; und außerdem hat er der Bretagne ein gefährliches Wohlstandsgefälle beschert.

Bleiben schließlich noch die Landwirtschaft und die damit verknüpften Branchen. Die zitierte Studie errechnete, daß sich von 1954 bis 1982 in der Bretagne die Erträge des Gemüseanbaus verdoppelten (Blumenkohl, Artischocken etc.) und die der tierischen Produkte (vor allem Milch, Eier und Brathähnchen) mehr als versiebenfachten. Aber im gleichen Zeitraum gingen hier mehr als zwei Drittel der Arbeitsplätze verloren, von 545.000 runter auf 184.000. Um die Erträge zu steigern, wurde massiv gedüngt, und aus den Fluren wurden die typischen »bocages«, die vielen schützenden Hecken zwischen den Feldern, entfernt, um größere Flächen rationeller bewirtschaften zu können. Das Ausmaß der ökologischen Schäden wird erst jetzt und nur allmählich bekannt. Und die »menschlichen« Schäden?

Die Bretagne gilt unter Franzosen schon seit längerer Zeit als ein einziges Alkoholikerland. Nirgendwo in der Welt (!) wird soviel harter Alkohol pro Kopf gekippt wie im Nordwesten, und dort besonders in Morbihan. Dem wird offiziell entgegengehalten, dies sei kein rein bretonisches Problem, sondern typisch für alle keltischen Kulturen.

Bäuerliche Idylle in der »dynamischsten Region Frankreichs«

Landwirtschaft als Großindustrie

Ferner ist die Selbstmordrate in der Bretagne extrem hoch und steigt weiter. Unter den 15-24jährigen hat sie sich seit den 60er Jahren bei Männern verdreifacht, bei Frauen sogar vervierfacht. Im Departement Finistère, dem »Ende der Welt«, steigt die Zahl der Selbstmorde heute doppelt so schnell wie im französischen Durchschnitt! Verantwortlich dafür macht man den in dieser Region besonders rasanten Zerfall der Sozialstruktur, die ökonomische Umwälzung, das häufig damit einhergehende Zerbrechen der Familien, wie auch den Verlust der bretonischen Identität.

Wie lautete die »L'Éxpansion«-Schlagzeile? »Die Bretagne, die dynamischste Region Frankreichs«. Statistisch möglicherweise. Aber der Preis, den dieses ehemalige Schlußlicht der Nation dafür zu zahlen hat, ist extrem hoch.

Oliver Herler

Die Macht der bretonischen Presse

Wenn der Regionalismus boomt, dann boomen auch die regionalen Medien. In den letzten zehn Jahren haben in Frankreich die ehemals belächelten Provinzblätter merklich an Einfluß gewonnen. Anders als bei ihren Pariser Rivalen (Le Monde, Le Figaro, Libération etc.) steigen hier die Auflagen und Einnahmen. Deshalb wurden sie auch für die Pariser Medienmultis (Hersant, Hachette, Filipacchi etc.) interessant, die von den »kleinen Lokalfürsten« aufkauften, was immer zu haben war. Die meisten Lokalblätter wurden so geschluckt, ihr Name blieb, aber Layout und Schreibstil wurden modernisiert. Der Staat versuchte, die Pressekonzentration per Gesetz (»la loi Hersant«) zu verhindern. Vergeblich; denn Medienkonzerne und Pressemagnaten denken nicht erst seit gestern über die Umgehung von Kartellgesetzen nach.

In der Bretagne haben eine ganze Reihe kleiner Blätter diese Umstrukturierungsphase selbstbewußt überlebt. Den Bretonen ist die Unabhängigkeit ihrer regionalen Presse außerordentlich wichtig, weil man die Macht einer eigenen bretonischen Presselobby zu schätzen weiß. Medienpolitik ist Machtpolitik. Paradepferd und hauseigener Zeitungsmulti der Bretagne ist die konservative Tageszeitung Ouest-France. 1949 gegründet, gedruckt in Rennes, ist sie heute mit 740.000 Exemplaren Auflage immerhin Frankreichs größte Tageszeitung. Finanziell autark, gehört sie nur sich selbst. Mit 38 Regionalausgaben werden insgesamt 12 Départements abgedeckt. Macht und Meinung von Ouest-France bestimmen die bretonische Politik nach innen wie nach außen: »Die Bretagne ist Ouest-France, und Ouest-France ist die Bretagne.«

Für die Nordküste erscheint in Morlaix Le Télégramme, 1944 gegründet, mit heute 12 Regionalausgaben und einer Gesamtauflage von über 200.000 Stück. Im Süden erscheinen in Nantes täglich die Zeitungen Presse-Océan und L'Éclair, sowie in Lorient La Liberté du Morbihan, alle drei mit 50 bis 100.000 Exemplaren Auflage. Im Westen gibt es noch das Télégramme de Brest.

Außerdem sehr wichtig und vielgelesen sind die bretonischen Wochenzeitungen wie Le Trégor, L'Écho de l'Armor et de l'Argoat etc., für die insgesamt 1,2 Mio Leser gezählt wurden. Dazu kommen ferner zahlreiche bretonische Zeitschriften, z.B. Breizh, eine Zeitschrift des Cercle celtique Kendalc'h; Ar Men, ein Kulturblatt; Ar Falz, eine Zeitschrift der bretonischen Laizisten; Le pays breton, ein Monatsblatt für die 1 Million im Raum Paris lebenden Bretonen etc.

In bretonischer Sprache erscheinen über ein Dutzend kleinere Wochenzeitungen und Zeitschriften, z.B. Le Breman, Al Liamm oder Al Lanw. Und auch die großen französischen Blätter üben sich in Zweisprachigkeit: die Wochenzeitung Le Trégor und sogar Ouest-France bringen regelmäßig Artikel auf Bretonisch. Motto: »Breiz on Bro« (»Die Bretagne ist unser Land«).

Strom aus Wasser und Mond

Das Gezeitenkraftwerk der Rance bei St. Malo

Nirgendwo auf der Welt steigt das Meer so hoch wie in der Bucht von St. Malo: 13,5 m Unterschied zwischen Ebbe und Flut. Vom Atlantik aus drückt alle zwölf Stunden die Gezeitenwelle Richtung Osten in den Ärmelkanal hinein. Dabei wird sie von der in den Kanal hineinragenden Halbinsel Cotentin wie durch einen Damm aufgehalten und nach Süden umgelenkt. Die Flutwelle läuft dort in der Bucht von St. Malo in eine Sackgasse und steigt deshalb an. Die riesige Bucht zwischen dem Cap La Hague im Norden und der Ile de Bréhat im Westen wirkt wie ein Trichter, in den die Wassermassen mit riesiger Wucht hineindrängen: alles rollt auf St. Malo zu und in Richtung des Mont St. Michel. Der Rückstau in dieser Bucht ist weltweit einzigartig.

Der Gedanke, die enorme Wasserbewegung der Gezeiten als eine verläßliche, sich immer wieder natürlich erneuernde Energiequelle zu nutzen, existiert in dieser Region nicht erst seit gestern. Schon im Mittelalter nutzten die Bauern das tägliche Hin-und-Her des Wassers zur Energiegewinnung. Bei Flut wurde das Meerwasser in künstlich angelegten Staubecken gesammelt und zurückgehalten, um schließlich beim kontrollierten Abfluß die Schaufelräder von Mühlen anzutreiben, den sogenannten Flutmühlen. Dasselbe Prinzip nutzten die Ingenieure, als sie 1941 Pläne für ein Turbinenkraftwerk entwickelten. Und auf der Suche nach einem geeigneten Staubecken fiel ihre Aufmerksamkeit auf das Tal der Rance bei St. Malo, eine Flußmündung, die sich wie ein gewaltiger, breiter Fjord über dreißig Kilometer weit ins Hinterland erstreckt. Ein für ihre Pläne ideales, von der Natur gebautes Bassin mit einer 22 qkm großen Fläche und Millionen von Kubikmetern Stauwasser. Zunächst jedoch blieben die Pläne für das Gezeitenkraftwerk noch in der Schublade. Über zwanzig Jahre lang.

Zu Beginn der 60er Jahren galt Wasserkraft in Frankreich noch als Zukunftsenergie. Über die Hälfte der nationalen Stromenergie wurde von Staudammkraftwerken überall im Land produziert. Als die dafür geeigneten Täler weitgehend erschlossen waren, gleichzeitig der rasante Anstieg des Strombedarfs absehbar schien, wurde das Projekt des Gezeitenkraftwerks wieder aktuell. Ein Prototyp sollte errichtet werden. Man schloß also wie geplant das Tal zwischen Dinard und St. Malo mit einem 750 m langen Damm ab. In den hinein baute man 24 Rohre mit entsprechenden Turbinen, die aus den bis zu 18.000 durchrauschenden Kubikmetern Wasser pro Sekunde Strom erzeugen. Und zwar egal ob es bei Flut hinein, oder bei Ebbe aus dem Bassin hinausfließt, denn die Turbinen verfügen über drehbare Flügel, die je nach Fließrichtung eingestellt werden. Das Kraftwerk produziert seit seiner Inbetriebnahme 1966 bis zu 545.000 Kilowattstunden, mehr als reichlich für die ganze Region. Der Prototyp hat sich bewährt.

Nach dem Vorbild der »Usine marémotrice« von St. Malo sollten ursprünglich noch weitere Fjorde in der Bretagne gestaut und zu Kraftwerken umfunktioniert werden. Aber die Energiemengen, die diese Werke hätten liefern können, galten schließlich doch als nicht ausreichend: Der Strombedarf schoß weiter in die Höhe, und Öl-, Kohle- und Atomkraftwerke lieferten mehr Energie. Die ökologischen Vorteile der Wasserkraft hatten damals noch keinerlei Gewicht. So geriet Wasserkraft schließlich aus dem Blickfeld.

Heute lebt diese Idee in den Köpfen wieder auf: seit ein paar Jahren diskutiert und spekuliert man über das schon in den 60er Jahren konzipierte Projekt eines Megastaudamms, 30 Kilometer lang, quer durch die ganze Bucht von Mont St. Michel, von Granville bis zur Pointe du Grouin. Das Meer dort draußen ist immer noch sehr flach, ein Staudamm müßte nur wenige Meter hoch sein; schwierig allerdings würde es, einen solchen Damm stabil im Sandgrund zu verankern. Ein Gezeitenkraftwerk dieser Dimension könnte dank neuester Turbinentechnik mit 12.000 Megawatt gleich 10 Atommeiler ersetzen. Solange aber Atomenergie in Frankreich weiterhin als »sauber« gilt, wird dieser Plan wohl Projekt bleiben.

Wassermühle in Bayeux

Gegen den Damm wehren sich sowohl Ökologen, die um die einzigartigen Wattbiotope in der Bucht fürchten, als auch die einflußreiche Gemeinde der Pilger von Mont St. Michel: denn was wäre dieser sagenumwobene, heilige Berg ohne die ihn umgebenden, bei Ebbe freigelegten, endlosen Sandbänke? Erzengel Michael inmitten eines Kraftwerkbeckens?

Dabei wußten schon die Mönche von Mont St. Michel sich die Flut auf eigene Weise zu Nutze zu machen: als sie im 10. Jahrhundert mit dem Bau einer Abtei begannen, fehlten ihnen Steine als Baumaterial. Der Fels des kleinen Pyramidenberges war der einzige Granit weit und breit, und man konnte ja nicht den eigenen Untergrund abtragen. Immerhin lagen weit draußen im Meer die Granitfelsen der Inseln von Chausey. Um aber den dortigen Stein verwenden zu können, mußte er dreißig Kilometer weit übers flache Meer herangeschafft werden. Da kam einer der Mönche auf die Idee, riesige Holzflöße zu bauen, diese bei Ebbe auf der Insel mit den Steinen zu beladen, und diese Flöße dann allein von der Kraft der Flut tragen und treiben zu lassen. Und mit der Richtung der Flut, die in den Trichter hinein und auf St. Michel zu drängt, sollten die Flöße bis direkt an die Baustelle herangeschwemmt werden. Ein genialer Plan. Und der Trick funktionierte tatsächlich. So entstand mitten in einer Landschaft aus Sand der legendäre Klosterberg aus Granit. Das Wunder von Mont St. Michel war auch ein technisches.

Der Damm des Gezeitenkraftwerks an der Rance

Segeln oder Milchkannen-Schleppen
Sport in der Bretagne

Anfang August ist es wieder so weit: dann grassiert in Lorient das keltische Fieber. Einmal im Jahr reisen Kelten und Keltomanen aus Irland, Schottland und Wales in die Bretagne, um in Lorient mit den Einheimischen das große »festival interceltique« zu veranstalten. In der Bretagne werden zwar überall von Januar bis Dezember kleine Feste gefeiert. Aber nur einmal im Jahr heißt es: Kelten aller Länder, versammelt euch!

Im Mittelpunkt dieses einzigartigen Kultur-Spektakels stehen traditionelle Tänze, Folk-Musik, Sprachkultur – und auch der Sport. Keltinnen und Kelten treffen sich zu ihrer großen, internationalen »Meisterschaft«. Gefragt sind dabei nicht die »modernen« olympischen Disziplinen, gefragt sind nicht Leistungsstreß, Stoppuhr oder Medaillenehrgeiz. Es geht um Sport in seiner ursprünglichen Motivation: Spiel, Spaß, Kraft und Geschick.

Jahr für Jahr mit dabei ist Alain Le Berre, selbst begeisterter Sportler und mittlerweile Präsident der »Association jeux sport bretons«, eines Sportförderverbandes für typisch bretonische Disziplinen. »Wir kümmern uns um Sport, wie ihn die Menschen seit dem Mittelalter in der Bretagne praktiziert haben. Keine abstrakten Bewegungsabläufe, sondern so, wie er aus den alltäglichen Bedingungen und der Phantasie der Leute entwickelt wurde. Wichtig sind der Spaß an Kraft und Geschicklichkeit.«

Le Berre und seine Sportsfreunde zogen zu Beginn der 80er Jahre durch die Bretagne und sammelten Berichte und Beschreibungen über alte Sportarten, die meist bloß noch vom Hörensagen bekannt waren.

Nur eine einzige Disziplin war über die Jahrhunderte stets auch praktiziert worden und galt deshalb in ganz Frankreich als typisch bretonisch: die »lutte bretonne«. Eine Art Ringkampf, bei der korpulente Männer in feinen, weißen Leinenhemden gegeneinander antreten, um im Kampf den Gegner mit beiden Schultern rücklings auf den Boden zu zwingen. Im Grunde also eine kultivierte Form der kraftmeiernden Schlägerei, die nur zu gut in das unter Franzosen beliebte Bild vom raufwütigen Volk der Bretonen paßt. Aber daneben gibt es noch unzählige andere »bretonische Spiele«. Zum Beispiel »Lance«: eine Art Weitwurf mit 20 kg schweren Steinen. Oder »Lever-de-la-perche«: An einem 6 Meter langen, hohlen Eisenrohr wird ein 3 kg-Stein angebracht; der Sportler faßt die Stange an einem Ende und muß das andere senkrecht hochstemmen. Je weiter vom Sportler weg der Stein an der Stange befestigt wird, desto schwerer das Stemmgewicht (ein Spiel mit dem Hebelgesetz). Oder »Pot-de-lait«: Große 30-Liter-Milchkannen werden mit 30 kg Sand gefüllt und um die Wette über eine Distanz getragen. Oder »Tire-bâton«: Auf einer Holzplanke stehen sich zwei Personen gegenüber und fassen jeweils das Ende eines langen Knüppels. Verloren hat der, der den Knüppel aus der Hand verliert oder mit den Füßen neben die Planke tritt. Die Bretonen haben auch mehrere Boule-Varianten, ähnlich einmal dem »Pétanque« der Südfranzosen, dann auch dem »Cricket« der Engländer. Außerdem gibt es das Kartoffelsackschleppen, den Strohballen-Hürdenlauf, das Holzwagen-Stemmen (als Mannschaftssport) oder »Lancer-de-l'oeuf«, das weltbekannte Eierlaufen, wobei kleine Löffel den Schwierigkeitsgrad erhöhen, etc. etc.

»Wenn wir irgendwo Spiele veranstalten, dann reisen wir mit einer Gruppe von Frauen und Männern an, bringen die erforderlichen Sachen mit. Wir fangen einfach an und fordern die Leute auf mitzumachen. Die Umstehenden schauen zu, sehen, daß es nur um den Spaß an der Sache geht, und irgend-

Eine alte bretonische Sportart: »Tire-báton« (Knüppelziehen)

wann machen alle mit. Das ist unser Ziel, daß wirklich alle mitmachen.«
Alain Le Berre ist eine Art Überzeugungsportler und Animator.
Wenn auch nicht bei allen Bretonen, für manche hat Sport in der Region
nur einen einzigen Namen: Bernard Hinault. Der bretonische Radrennprofi
gewann mehrfach die Tour-de-France, das längste und gefürchtetste Profi-
Etappenrennen der Welt. Nach einer langen erfolglosen Phase war Hinault
wieder der erste Franzose im Radler-Himmel der Tour-de-France, stärkte
damit den Stolz der Nation (und besonders natürlich der Bretonen). Fortan
sah man überall Mini-Hinaults über die Hügel flitzen. »Natürlich ist Bernard
Hinault der berühmteste Bretone«, sagt Paul Mallard, Renn-Amateur aus
Douarnenez, »noch viel berühmter als Jules Verne.«
Radfahren ist in der Bretagne nicht nur Spitzen- sondern auch Breiten-
sport. Zunächst wird auf den Inseln viel geradelt, denn das Rad ist dort das
optimale Nahverkehrsmittel. Entlang der Küsten nutzen viele französische
Sommerresidenzler ausschließlich und auch bei Nieselwetter ihre Drahtesel.
Dann hat der Tourismus das Radeln auch als entspannenden Freizeitsport
ins Land gebracht. Die Landschaft mit ihren radlerfreundlichen Hügeln und
dem dichten Netz kleiner Straßen und Wege eignet sich gut für Radwande-
rungen. Bei den Fahrradfreunden von ABRI (9, Rue des Portes Mordelaises,
F-35000 Rennes) kann man Broschüren mit ausführlichem Routenmaterial
anfordern (»A bicyclette en Haute Bretagne« oder »A bicyclette an Bretagne
Sud«, je DM 15,-).
Dank ihrer Lage im Meer ist die Bretagne vor allem ein Paradies für
Wassersportler. Segeln, Surfen, Tauchen in allen möglichen Variationen.
Den Seglern bieten sich extrem gegensätzliche Wind- und Wasserbedingun-
gen: von der schwierigen, stürmisch umtosten Felsküste im Westen bis zum
ruhigen, geschützten Binnenmeer der Reede von Brest oder des Golfes von
Morbihan. Ob Mega-Yacht oder Optimist, für alle finden sich geeignete
Winde. Der Segelsport boomt: Allein im Departement Finistère existieren
mittlerweile 35 Centres Nautique mit Segelhäfen. Zusätzlich werden überall
neue Yachthäfen, die Ports-de-Plaisance, in den Buchten errichtet und wer-
ben mit gezeitenunabhängigen Tiefwasser-Liegeplätzen. Über 130 Segel-
schulen in der Bretagne veranstalten einwöchige Anfänger- und Fortge-
schrittenenkurse, auch verleihen sie Boote und Ausrüstung an Touristen.

Immer mehr Beton

Gigantische Freizeithäfen verbauen
die bretonische Küste

Wie sehr sich das Bild der Bretagne in den letzten zehn Jahren verändert hat, überrascht selbst uns Bretonen. Fischerorte und Dörfer im Hinterland, die wir früher bei Camping-Touren mit den Rädern besucht haben, sind kaum noch wieder zu erkennen. Es ging alles unglaublich schnell. Es ist viel Geld in diese Gegend gekommen. Die neue ökonomische Prosperität, die Frankreich besonders in der zweiten Hälfte der 80er Jahre erlebt hat, äußerte sich mehr denn je in einem Boom von Zweitresidenzen – und dies vor allem in unserer Provinz. Niemand hätte erwartet, daß sich im eher herben Norden eine zweite Côte d'Azur entwickeln würde. Tourismus gab es zwar immer; aber jetzt kam das große Geld des Massentourismus.

Das brachte Vorteile für das Wiederbeleben der Regionen, stärkte soziale und kulturelle Aktivitäten. Der vor fünfzehn Jahren noch weit abgeschlagene Nordwesten Frankreichs hat Anschluß bekommen an die Standards anderer Regionen. Viele Bauern, die Ackerland in Küstenregionen besaßen, haben Teile davon an Bauherren von Ferienhäusern verkaufen können und die Erträge in die Modernisierung ihrer Betriebe investiert. Auch meine Familie aus Douarnenez hat davon profitiert.

Andererseits gerät das große Geld des großen Aufschwungs zunehmend außer Kontrolle: nach den Familien, die in der Bretagne ihre Ferienhäuser bauten oder auch leerstehende Katen kauften und behutsam renovierten (viele kehrten quasi nach einer Generation in die Dörfer ihrer Familie zurück), nach diesen Familien kamen schließlich immer mehr Großinvestoren, denen es ausschließlich um Rendite geht: Immobilienhaie. Auch sind viele Gemeinden innerhalb weniger Jahre durch die neue Touristenwelle unerwartet reich geworden und glauben, mit überdimensionierten Großprojekten den Aufschwung weiter anheizen zu müssen: Freizeitparks, Feriendörfer und immer mehr Sporthäfen. Gerade diese neuen Häfen mit ihren immensen Betonanlagen wuchern überall und zerstören die ursprüngliche Küstenlandschaft. Dutzende weiterer solcher Vergnügungshäfen sind in Planung; sie versprechen Freizeitwert, sind aber meist nur der Vorwand für Immobilienspekulationen. Weit schlimmer als jede Sturmflut oder jede Amoco Cadiz bedroht jetzt diese Betonflut die Küste.

Die alten Häfen in der Bretagne waren Naturhäfen, die entweder hinter Felsvorsprüngen oder in Flußmündungen Schutz suchten. Sie hatten zwei große Probleme: die wilde Brandung der Ausläufer der stürmischen Biscaya und das bei Ebbe besonders weit zurückfließende Meer, wo alle Kielboote wegkippten, wenn sie nicht dicht am Quai vertäut waren. Die neuen Hafenarchitekten bauen ihre klotzigen Betonwälle jetzt deshalb entweder dreihundert Meter weit hinaus ins Meer, oder sie buddeln in Ufernähe 20 Meter tief und betonieren sie als Tiefwasserhäfen aus. Die Kette solcher Häfen entlang der 1.800 km langen bretonischen Küste ist schon dicht – jetzt wird sie immer dichter und zerstört mit dem Bild der Küstenlandschaft auch immer mehr Biotope in diesem Lebensraum.

Der Strand von Trozoul zum Beispiel, 9 km vor Lannion an der nördlichen Côte-d'Armor, ist unter einem gewaltigen Deich aus Granitblöcken verschwunden. 13 Meter hoch, 300 Meter lang und auf der Landseite 40 Meter breit nimmt er einem ganzen Landstrich seinen ursprünglichen Charme: der Horizont ist weg. Weiter östlich in St. Quay-Portrieux vor St. Brieuc ragt ein künstlicher Hafen mit einem 170.000 qm großen Becken über zwei Kilometer weit ins Meer. In Roscoff wurden die Bauarbeiten für ein ähnli-

Beton bis zum Horizont – der Mega-Yachthafen von St.Quay-Portrieux

ches Projekt nur deshalb eingestellt, weil jemand in der Ortsverwaltung mit den Investoren zu offensichtlich gekungelt hatte. Im weiter südlichen Douarnenez haben sie unter dem Vorwand, einen Museumshafen zu bauen, den alten, gezeitenabhängigen Flußhafen dadurch modernisiert, daß sie kurzerhand an der Mündung den ganzen Fluß mit einem immensen Sperrwerk stauten. Vielen dieser fjordartigen Flußmündungen (auf bretonisch »aber«) droht ein ähnliches Schicksal. Als nächstes möchte man für Douarnenez noch einen entsprechend großen betonierten Yachthafen außerhalb – wie den in St. Quay-Portrieux.

»Nicht weniger als 17 solcher künstlichen Häfen sind für die Küste zwischen Fréhel und Pornic bereits entschieden, obwohl alle verantwortlichen Organisationen sie ablehnen«, sagt Jean-Paul Aucher, einer der Initiatoren der mittlerweile 3.300 Mitglieder starken bretonischen Naturschutzorganisation SEPNB (Société pour l'étude et la protection de la nature en Bretagne). Viele Organisationen haben vor Ort mittlerweile Alarm geschlagen und werden von fast allen Anwohnern unterstützt. Im kleinen Küstendorf Piriac zum Beispiel, nördlich von La Baule, plant der mittlerweile sicher größenwahnsinnige Bürgermeister Jean-Louis Delhumeau ein 600 mal 600 Meter großes Hafenbecken. Um das dazugehörige Immobilienprojekt für die Investoren nicht zu gefährden – keiner der bisherigen Besitzer würde ihm etwas verkaufen, wenn das wahre Ausmaß der Planung bekannt und der Widerstand der Naturschützer breiter würde – hält sich Delhumeau bedeckt. Der Presse sagte er: »Ich muß ihnen meine Pläne in der Vorphase nicht mitteilen. Alle diese Schutzorganisationen haben übrigens überhaupt keinen Anlaß, weil es im Moment noch überhaupt kein richtiges Projekt gibt.« Er macht es sich einfach. »Hinter all dem Gerede verbirgt sich eine Hafenanlage, ein komplexes Immobilienprogramm auf dem Gebiet der Nachbargemeinde Quimiac, Hotels, Hallenschwimmbad... Das Ziel ist es, hier Luxustourismus anzusiedeln«, bestätigt José Dayot, Präsident der Kultur- und Naturschutzorganisation »Association de sauvegarde«. Im Fall Piriac wird das Problem stellvertretend für alle anderen Standorte durchgefochten. Im Dorf selbst gibt es erbitterten Widerstand. Mittlerweile haben auch alle nationalen Schutzverbände, bis zum Wanderverein und der Camping-Liga, ein deutliche Nein gesagt. Mit dabei auch Jean-Paul Belmondo, sonst hier eher nur ein seltener Sommergast.

Der Kern des Problems aber ist ein politischer: Im Zuge der Dezentralisierung haben die Gemeinden mit der Autonomie auch immer mehr Hoheitsrechte über ihre Territorien. Im Rathaus kann ohne Gegenkontrolle über Nacht fast alles zum Bauerwartungsland werden. Von den 1.800 km Küstenstreifen sind in der Bretagne nicht mal 5% Naturschutzgebiet (gegenüber 10% in der Region Var und 17% in Korsika). Deshalb war gerade in den letzten zehn Jahren fast die ganze Küstenregion dem Konkurrenzdruck der Tourismusstandorte und der Profilierungssucht überforderter Lokalpoliti-

Bei Ebbe laufen die Naturhäfen in den Flußmündungen, den Abers, leer

ker besonders schutzlos ausgeliefert. Daß die Bürgermeister selbst Bauerwartungsland ausschreiben können und übergeordnete Strukturpläne fehlen, ist allein schon problematisch. Daß sie auch noch selbstherrlich Baugenehmigungen für alles mögliche erteilen können, läßt bei allem Respekt vor der neuen, wichtigen Autonomie Forderungen nach einer Korrektur laut werden. Manche Gemeinden haben ihre Bodennutzungspläne in den vergangenen zehn Jahren viermal korrigiert. »In der Bretagne haben ein Dutzend Bürgermeister beklagenswerte Entscheidungen getroffen«, sagt Jean-Paul Aucher von der SEPNB in Lorient. »Meiner Ansicht nach sollten solche Entscheidungen nicht mehr von lokalen, sondern regionalen Behörden getroffen werden.« Das Umweltministerium in Paris erarbeitet mittlerweile eine entsprechende Gesetzesreform. Aber wenn die Mühlen dort so langsam mahlen wie gewohnt, kann es zu spät sein.

Yosseline Beaumont-Krelen

Reisen durch die Normandie

»Erstens sind wir Bauern, zweitens Seefahrer und drittens Genießer. Wir haben auch nicht nur eine Küste, sondern drei: die Steilküste der Kreidefelsen im Osten, die bizarren Granitfelsen im Westen und in der Mitte den unendlich weiten Strand.« Und außer Küste bietet die Region noch eine weite, ruhige Landschaft mit Feldern, Wiesen und verschlafenen Dörfern, mit Kirchen, Schlössern und stolzen Manoirs. Eine Studentin aus Rennes: »Eigentlich haben wir hier alles außer Gebirge und Metro.« Als Reiseland wirkt die Normandie nicht gerade spektakulär. Eine typisch mitteleuropäische Vegetation, die Landschaft und ihre Menschen scheinen unauffällig und vertraut. Wer zu schnell durch das Land reist – zum Beispiel auf der Durchreise nach England oder in die Bretagne – der sieht und merkt nichts. Die Normandie ist eine Region für den zweiten, ruhigeren Blick, der die feinen und reizvollen Unterschiede wahrnimmt.

Wer sich die Zeit nimmt, entdeckt im Alltag der Menschen die Spuren der normannischen Geschichte, lernt den Unterschied zwischen der maritimen und der agrarischen Kultur kennen. Die kreidige Steilküste der Côte d'Albâtre im Nordosten mit den Häfen Dieppe und Fecamp ist sehenswert. Dann das lange Tal der Seine, in dem sich alles sammelt, vom Kloster über die Ritterburg bis zur High-Tech-Industrie. Die Fachwerkstadt Rouen, ehemals Hauptstadt des normannischen Kontinentalreichs. Das Delta des Vire, der »Milchader«. Die flache Halbinsel Cotentin hat im Osten nur Strand wie die Côte du Calvados und eignet sich bestens als Radlerparadies. Frischer und herber ist der Westen, mit einem abwechslungsreichen Gemisch aus Fels und Sandstrand. Reizvoller und nahezu unerschlossen ist die Küste zwischen dem Nez de Jobourg und dem Hafen von Camaret. Mont St. Michel, das Wunder des Abendlandes, ist nur frühmorgens zu genießen, vor dem Ansturm der Zehntausend. Abseits der Küsten lohnen sich im Westen die Täler der Sée und der Sélune ebenso wie der Flußlauf der Orne, quer durch die normannische Schweiz.

Ein blumengeschmückter Calvados-Kessel fährt über die Dörfer

Jedem die Seine
Von Mantes nach Le Havre

Bei den Schiffern ist sie nicht beliebt. Ständig Kurven, eine nach der anderen, man kommt kaum voran. Früher brauchten Frachtsegler, die dazu noch ständig im Wind kreuzen mußten, vom Meer bis nach Rouen mindestens vier Tage. Für die in Luftlinie nur knapp 50 km lange Distanz liegt der Rekord heute – inklusive optimaler Landeinwärtsströmung bei Flut – knapp sechs Stunden. Ab Rouen wird es dann noch schlimmer: immer wieder Schleusen. Verständlich, daß die Seine nie ein praktisches Gewässer für Wirtschaftsverkehr wurde wie etwa der Rhein.

Die Seine ist ein gemächlicher, ein würdiger Fluß. Trotz aller Eindeichungen hat man ihr die verspielten Mäanderbögen lassen müssen: von Paris aus zwölfmal scharf rechts und elf mal links. In einem weiten Delta, das irgendwann mit dem Sinken des Meeres entstand, wechselten die Wasserströme über Jahrtausende ihre Bahnen, bis sie sich schließlich im Kalkplateau ein bleibendes Bett ausgeschliffen und in der Form einer Schlange in die Landschaft eingegraben hatten. 776 km mißt sie von Kopf bis Schwanz und entspringt in der Nähe von Dijon. Paris wurde ihr Schicksal.

Wie der Nil in Ägypten, der Rhein in Deutschland oder die Loire im Süden, fädelt die Seine Orte der Geschichte, der Kulturgeschichte aneinander. Perlenketten. Zeitreisen: Noch in der Antike war das Gebiet der heutigen Normandie mit dichten Urwäldern überzogen. Die Seine bot Caesars Truppen den einzig freien Weg zur Küste, von wo aus sie zum Gemetzel mit den Briten übersetzten. Als im 9. Jahrhundert die Normannen (»Northmen«) in der Gegenrichtung aus Skandinavien kamen und – weil auf den Britischen Inseln erfolglos – nun auf dem Kontinent Fuß faßten, da nutzten sie als Seekrieger natürlich den Fluß, um ins Landesinnere vorzustoßen. Der Korse Bonaparte wünschte den Seine-Lauf als strategische Achse für seine Weltmetropole: »Le Havre, Rouen und Paris sind eine einzige Stadt, mit der Seine als Straße.« Jedem die Seine.

Die alte Schlange ist zugleich Querschnitt, Lebensader und beliebtes Symbol. Mal dreckige Hure, mal verschlingende Geliebte – ständig interpretieren die Franzosen »seinesüchtig« an ihr herum. Der Normanne Maupassant: »Es ist etwas seltsames um diesen Fluß, er ist geheimnisvoll, tief, unbekannt. Man sieht Dinge, die nicht sind, man hört Laute, die man nicht kennt; man zittert und weiß nicht warum, ganz so, als gehe man über einen Friedhof: Und tatsächlich ist die Seine der düsterste aller Friedhöfe, jener in dem es kein Grab gibt.« Für den Franzosen hat es in der Tat etwas unsterblich Nobles, gerade hier ins Wasser zu gehen (bzw. unsanft dazu gebracht zu werden). Es trieben vorbei: Bauernführer, Thronrivalen, untreue Königinnen, Herz und Asche der Jeanne d'Arc, Victor Hugos Lieblingstochter Léopoldine mit Schwiegersohn etc. Der Seine macht das nichts, sie bleibt gelassen und schleift stoisch ihre Kurven.

Krank, kaputt und braungrün verläßt sie Paris, schlängelt sich noch lange zwischen Industrien und charmelosen Vororten hindurch und wird in Mantes-la-Jolie überhaupt erst wieder ansehnlich. *Mantes-la-Jolie* empfiehlt sich als Beginn für eine Seine-Tour flußabwärts. Vorzugsweise entlang der Norduferseite, wie immer am besten auf den kleineren D-Straßen.

In Mantes lohnt es sich, zuerst einmal auf die Steinreste der verlassenen Seinebrücke zu klettern, die bis zu ihrer Bombardierung im 2. Weltkrieg nach Limay hinüberführte. Von dieser Verkehrsruine aus blickt man ostwärts auf die letzten Industrien der Ile-de-France, weit hinten sieht man ein mittlerweile von der Atomlobby gekipptes Kohlekraftwerk, dessen Schlote bald verschwinden. Westwärts werden die Ufer jetzt freier und grüner. Dort liegen die wohlhabenden Landsitze, die Schlösser und Klöster.

Mantes selbst ist nicht so »jolie« (hübsch), wie der Name verspricht. Auch die Kirche aus dem 12. Jahr-

Das Seine-Tal als Kulturlandschaft

hundert, auf den ersten Blick typisch »Kathedrale«, wurde nie zu einer solchen geweiht, sondern unterstand der Krone. Hier, im Grenzgebiet zwischen vordringenden Normannen und abwehrenden Franzosen, wünschte Paris eine vorgelagerte Festung als Schutzraum und zugleich ein erhabenes Gotteshaus. Sie bauten beides in einem. Daher die imposante Plazierung in Ufernähe auf der Anhöhe Mont Eclair, daher die zur Verteidigung begehbaren Dächer der Seitenkapellen, daher auch die geräumige Innenempore. Beachtenswert sind drinnen vier kleine, gotische Madonnen, draußen die katastrophal zerfressene Fassade. Anschließend hinüber in den Saal des Hôtel Dieu und zum Wehrturm Saint-Maclou. Obwohl die Normandie offiziell erst bei Vernon beginnt, ist Mantes-la-Jolie der eigentliche Grenzort. Hier endete der direkte Einfluß von Paris. Vive la Province!

Von Mantes aus weiter auf der D147 in Richtung Chantemesle. Man läßt den Fluß links liegen und überquert zum ersten mal einen der typisch gewölbten Hügel der Seine-Innenkurven. Glatt und gleichmäßig rund, sanft auf- und absteigend wie ein Walrücken. Der Kreideboden ist hier so weich, daß die Formung der Hügel ganz den abtragenden Strömungen des Wassers überlassen blieb. In *Vetheuil* zum ersten Mal Einfahrt in eine ausgewaschene Außen-Kurve. Wie der Fluß sich spielend in die Kalkfelsen fraß, schnitten auch die Menschen Höhlen in die Steinwand. Zwischen Vetheuil und Vernon haben viele Bauern ihre Garagen, Lagerkeller und auch Wohn-

Die in den Fels gehauene Kirche von Chantemesle

150

räume in den Fels getrieben. Darüber erheben sich die weiß leuchtenden Zacken der »falaises« (Felswände) in ihrer verblüffenden Regelmäßigkeit. Oben auf der Hochebene gibt es bei Chérence einen Flugplatz mit Segel- und vor allem Ballonflug. Eine »promenade en Montgolfière« ist möglich; aber bitte langfristig vorher bei der Société ULTRAMAGIC in Chérence (Tel.: 34781872) anfragen. *Chantemesle* ist ein enges Flußfischerdorf mit Reetdachhäusern. An der Landstraße alte Gaslaternen. Irgendwie verbringt der Bürgermeister hier den Tag am Straßenrand und beschwert sich, daß im Dorf nichts mehr stimmt, nichts mehr so ist wie früher. Die Frage, die in den Häusern für Zwist sorgt: Gehören die zugezogenen Städter nun zur Gemeinde oder nicht? In Chantemesle sind zwei der selbstgemachten Grotten auch noch bewohnt, von Familien aus Paris. Dann am Ortsausgang Richtung Vernon ein verstecktes, sensationelles Kleinod: die alte Kirche von Chantemesle, ganz und gar in den weißen Fels gebaut. 1670 als romanisches Tonnengewölbe in die Kreide gegraben, mit Gipsfacetten ausgekleidet, mit Kanzel und großem Holzaltar – ein mächtiger Raum für über hundert Personen. Die Gipsdecke ist 1930 runtergekracht. Weil nur an jedem fünften Sonntag Messe und meist geschlossen ist, muß man beim netten Küster nebenan den Schlüssel holen.

Am östlichen Rand des kleinen Friedhofs führt ein schmaler, steiler Weg die Felswand hoch. Nach hundert Metern links, gelangt man zu ehemals bewohnten Grotten mit Kamin und Kachelboden. Felshöhlen als Behausung in Mitteleuropa – selten und kurios. Sie hängen wie tiefe Balkons im Berg und bieten grandiose Aussicht.

Zwei Kilometer weiter westlich ist das Château von *La Roche-Guyon* ähnlich an den Fels gebaut, teilweise trickreich in ihn hineingebettet. Im selben Ort lebt seit 1986 ein skurriler Instrumentenbauer und Musiker. In seiner privaten Hausgrotte spielt er gegen ein paar Francs Eintritt so ei- ner von ihm erfundenen »Feuerorgel«. Knapp hundert archaisch bemalte Stahlrohre in Größen von einem halben bis zu fünf Metern Länge türmen sich auf zu einer raumgreifenden Höhlenskulptur. Bespielt werden sie mit flammenspeienden Gasbrennern, was in der dunklen Grotte nicht nur faszinierend aussieht, sondern auch phantastisch klingt. Durch das Erhitzen wird die Luft zum Vibrieren gebracht und klingt nach Orgel. Dazu die Akkustik der Höhle: Der ganze Berg brummt. Man findet die Orgelgrotte durch ein kleines Hinweisschild »L'orgue à feu« an der Hauptstraße (oder Tel.: 34797445).

Weiter auf der D100 Richtung Bennecourt zum Mündungsdelta des Flusses Epte. Die Epte war der normannisch-französische Grenzfluß. Bis hierhin hatten die Normannen die Gegend fest in der Hand. Zwar gab es Vorstöße bis Paris und Chartes. Aber als die Krone ihnen 911 die besetzten Gebiete als Fürstentum zusprach, mußten sie sich als Gegenleistung hinter die Epte zurückziehen und ihr Anführer Rollo sich in St. Clair-sur-Epte (20 km flußaufwärts) taufen lassen.

Unweit der Epte-Mündung in *Giverny* liegt der idyllische Wasser-Garten von Claude Monet. Die ganze Gegend hier ist voll mit typischen Monet-Brückchen, Monet-Teichen, Monet-Gärtchen. Die Leute sind ziemlich monet-manisch! Drei Kilometer weiter, in der Stadt *Vernon* und dem gegenüberliegenden *Vernonnet* zeigt sich erstmals das typische normannisches Fachwerk (»maisons à pans de bois«). Auf den Resten einer Brücke aus dem 12. Jahrhundert hängt abenteuerlich ein altes Mühlenhaus, direkt neben der Turmruine Tourelle. Vernon selbst erinnert an das 19. Jahrhundert und ist ansonsten eher spröde.

Stolz zeigt man auf das Château de Bizy, das sich Feldmarschall Fouquet 1741 als Versailles-Kopie hier hinsetzen ließ. Dieser Oberreiter des Militärs war Pferdenarr und ließ die Stallungen prunkvoll direkt in das Schloß integrieren. Die Flußauen bei Vernonnet haben mächtig hohen Baumbestand; hier spazierte Bürgerkönig Louis-Philippe (Bizy war sein Landsitz) und ließ sich von seinem Hofdichter Casimir Delavigne solange patriotische Hymnen aufsagen, bis ihn die Revolution von 1848 ins britische Exil jagte.

Weiter auf der D313, entlang des Nordufers in Richtung les Andelys zum Château Gaillard. Am Südufer liegt die Kleinstadt *Gaillon*, deren Schloß man in einem Abstecher über die Brücke bei Courcelles schnell erreicht. Vom Schloßgarten aus, ursprünglich im 18. Jahrhundert von Frankreichs berühmtesten Gartenarchitekt LeNôtre gestaltet, sieht man hinüber bis zum Burgberg von Gaillard. Links liegen die Wälder von Garenne, rechts die von Andelys. In diesem Abschnitt ist die Seine mit ihren Flußinseln und Seitenarmen vielleicht noch am deutlichsten ein breiter, sein Delta ausspülender Strom.

Andelys schlängelt sich entlang des schmalen Baches Gambon; es ist ein einfaches Städtchen, das seine Besucher allein der Burg verdankt. Um dort hinauf zu gelangen, fährt man durch den Ort, dann rechts den Berg hoch. Kurz bevor die Straße den Ort verläßt, an der Brücke über den Gambon, biegt rechts die Rue de la St. Clotilde ab und führt zu einem Wunder-Brunnen. Hier gründete eine Clotilde im 6. Jahrhundert ein Kloster und ließ eine Kapelle bauen. Die Frauen und Männer von Andelys schufteten auf der Baustelle Tag und Nacht, und um sie dafür irgendwie zu entlöhnen, verwandelte Clotilde das Brunnenwasser in kräftigen Wein.

Richard Löwenherz, Fürst der Normandie und König von England, ließ 1196 die Burg von Gaillard erbauen, um von dort aus die Seine und dem französischen König den Weg nach Rouen zu versperren. Löwenherz hatte es eilig. Wieder mußten die Bewohner von Andelys ran – und nach nur einem Jahr stand die komplette Burg. Wenn man sich das Gestein anschaut, ist das Bau-Tempo weniger überraschend: alles ist aus weichem Kalkstein, die 15 Meter tie-

Claude Monets Malergarten in Giverny

fen Burggräben wurden einfach aus-
gekerbt, die Verliese in den weichen
Felsboden eingeschnitten. Neben
den Mauern, einem Turm und vielen
Versorgungsräumen (unten im Berg)
ist der mittlere Festungskern noch
relativ gut erhalten. Man muß zur
richtigen Zeit hoch auf die Burg: entweder in der Morgendämmerung,
wenn von unten die Flußnebel steigen, oder im Sonnenuntergang,
wenn das Rot sich in den zersplitter-
ten Seine-Armen spiegelt.

Andelys hat zwei berühmte Söh-
ne: Der eine, Jean-Pierre Blanchard
(1753-1809), hat 1785 als erster im
Ballon den Ärmelkanal überquert
und anschließend für alle Fälle den
Fallschirm erfunden. Der andere,
Nicolas Poussin (1594-1665), ging
1624 als Maler nach Rom, studierte
dort Raffael, Tizian und einmal quer
die ganze Antike und malte schließlich fast nur noch mythische Figuren
und Szenen auf Bühnen oder in arka-
dischen Landschaften. Sein Klassi-
zismus wurde epochemachend und
prägte das ganze 17. Jahrhundert.
Das ihm gewidmete Museum in Andelys ist leider übersehenswert.

Von Andelys bis Amfreville reist
man entlang des Nordufers durch
den ursprünglichsten und roman-
tischsten Abschnitt der Seine. Ideal
zum Wandern. Über zwanzig Kilometer nur ein paar Bauernhöfe, ansonsten Felder, Kühe, Apfelbäume
und Flußschiffer. Deshalb gibt es
hier auch kaum Restaurants oder
Unterkünfte. In *Amfreville* ist dann
die Ruhe hin: hier beginnt der Ein-
zugsbereich Rouens. Hier liegt die
mächtige Staustufe, die die Binnen-
von der See-Seine trennt. Bis hierhin
reichen Ebbe und Flut. Leider wird
aus der enormen Wasserkraft, die to-

send über die Sperre bricht, leider wird aus dem Strom nicht eine einzige Kilowattstunde Strom gewonnen.

Direkt über der Schleusenanlage erhebt sich auf der Nordseite die Côte des deux Amants, ein spitzer Bergrücken zwischen den Tälern der Seine und der Andelle. Seinen Namen verdankt dieser Felsvorsprung einer sterbens-romantischen Legende: die Baronesse Caliste de Saint-Pierre hatte sich in einen jungen Leibeigenen ihres Vaters verliebt, und das durfte natürlich nicht sein. Der Baron gab ihrer Liebe dennoch eine Chance: Wenn der Knecht es schaffe, seine Süße auf den Armen den steilen Hügel hinaufzutragen, solle er sie zur Frau haben. Sicher war Töchterchen Caliste recht korpulent; denn als der Knecht sie oben hatte, brach er tot zusammen. Caliste heulte laut auf, wollte nun auch nicht mehr alleine und stürzte sich kurzerhand wieder hinunter in die Tiefe.

Von der Andelle-Mündung an flußabwärts beginnen die Vororte von Rouen. Viel stinkende Industrie, Zuckerproduktion und Zementwerke. Bei Pont-de-l'Arche wurde eine der ältesten Seine-Brücken gebaut, um für die Straße in die Hauptstadt Rouen den hier besonders extravaganten Seinebogen abzukürzen. Es lohnt sich, den Seine-Bogen trotzdem auszufahren: über Igoville in Richtung St. Aubin. Dort liegen die Renaultwerke von *Cléon,* der zweitgrößte Industriekomplex der Normandie. 5.700 Frauen und Männer montieren hier täglich 3.600 Motoren und 4.600 Getriebe für Renault (und für Volvo), die dann in den Werken von Sandouville bei Le Hav-

Amfreville – letzte Staustufe der Seine vor dem Meer

154

Gartenpavillon Gustave Flauberts in Croisset bei Rouen – mit Blick auf die Seine

re in die Karosserien montiert werden. Renault betreibt ein Drittel seiner Produktion in der Normandie, mit insgesamt noch 19.000 Arbeitsplätzen – Tendenz: fallend. In Cléon gibt es immer wieder harte Streiks; allein zwischen 1989 und 1991 wurden hier 1.400 Arbeitsplätze abgebaut. Die Arbeitslosigkeit in der Haute-Normandie liegt mit 10,8% (1990) gut 2% über dem nationalen Durchschnitt.

Von Cléon aus zurück zur N15, auf der man am Seine-Ufer nach Rouen hineinfährt. Weil die flachen Seine-Brücken der Stadt die hohen Überseefrachter und Luxuskreuzer zurückhalten, liegen die großen Hafenanlagen weiter westlich flußabwärts. Beim Verlassen Rouens muß man sich für eine Uferseite entscheiden. Flußabwärts gibt es zur Seineüberquerung außer einzelnen unzuverlässigen Fähren nur noch zwei Hochbrücken. Reizvoller ist bis zur Mündung weiterhin das Nordufer.

Wenn man sich unmittelbar auf der Uferstraße hält, gelangt man in den unteren Teil des Vorortes *Croisset*. Der darüber auf den Hügeln liegende obere Ortsteil ist eine graue, bittere Trabantenvorstadt der 50er Jahre. Unten, entlang der Uferstraße, reihten sich früher die Vorstadtresidenzen des gehobenen Bürgertums von Rouen. Eines dieser Anwesen kaufte 1844 der Vater von Gustave Flaubert (1821-1880). Flaubert selbst verbrachte hier einen Großteil seines Lebens, schrieb dort u.a. seine »Madame Bovary«. Erhalten und zu besichtigen ist nur noch der Gartenpavillon mit dem Schreibtisch, dem Schreibpult und Erinnerungsstükken der Familie. Gemeinsam mit seiner für ihre Reize berühmten Nichte

155

empfing Flaubert hier gestandene Kollegen wie Chateaubriand, Zola, Hugo oder Iwan Turgeniev. Man plauderte über Manuskripte, Mädchen und Gicht. Heute fällt der Blick durchs Pavillonfenster hinüber auf die nüchternen Getreidespeicher des Hafens. Verwirrend: Bei Flut fließt die Seine nun flußaufwärts.

Der Weg führt weiter in einer Südschleife rundherum um den Forêt de Roumare, vorbei an gegenüberliegenden Industriegebieten. In deren Mitte thront bei *la Bouille* die Ruine des Château de Robert-le-Diable. Dieser Robert-der-Teufel wurde nach dem mysteriösen Tod seines Bruders 1028 Herzog der Normandie. Nach der Legende verkörperte er sämtliche normannischen Grausamkeiten. Er hat gemordet, geplündert, vergewaltigt, und später seine sündhaft diabolische Seele doch noch retten wollen – mit einer Pilgerfahrt nach Jerusalem. Angeblich überlebte er schon die Hinreise nicht und starb 1035 in Kleinasien. Sein Sohn war der Wilhelm, der 30 Jahre später England eroberte.

Die Burg des teuflischen Robert liegt im Zentrum des einstigen Normannenlandes; hier endlich fanden die rastlosen Skandinavier Siedlungsland, das ihren Wünschen entprach: viel Wasser, viel Holz und eine dicke, fruchtbare Krume. Mitten in dieser römisch-christlichen Klosterlandschaft bauten sie ihre heidnischen Wehrburgen und wurden schließlich selbst Christen. Die Burg beherbergt ein kleines, aufschlußreiches Wikinger-Museum mit Drakkar-Schiff etc.

20 km weiter flußabwärts erreicht man Duclair und die Mündung des Flüßchens Austreberthe. Die Austreberthe floß ursprünglich erst bei Yanville in die Seine. Als dann die Nordschleife der Seine sich immer weiter nördlich in den Kalkfelsen fraß, schnitt sie irgendwann den Flußlauf der Autreberthe an, eben dort wo heute Duclair liegt, und trocknete das alte Bett aus. Auf der D982 folgt man noch dem alten Flußbett in Richtung *Jumièges*. Das Kloster von Jumièges gilt als eine der schönsten Ruinen Frankreichs. Beeindruckend liegen die mächtigen, hellen Gemäuerreste inmitten einer sattgrünen Parklandschaft mit alten Buchen und Platanen. Franzosen lieben Ruinen-Romantik. Und das Kloster repräsentiert mit seinen noch bestehenden Türmen und Seitenschiffen, mit seiner Mischung aus Triumph des gebauten Willens und Verfall genau jene sentimentale Aura von Vergeblichkeit. Darüberhinaus erzählt Jumièges exemplarisch die Geschichte der Christianisierung der Normannen: 654 gegründet, wurde der Ort 841 von den einfallenden Normannen erstmals geplündert, gebrandschatzt und schließlich wieder aufgebaut, größer und schöner als zuvor. Wilhelm der Eroberer kam als König von England hierher zurück und lies 1067 die mächtige Kirche Notre Dame weihen. Jumièges wurde jetzt zum geistlichen Rückgrat seiner England-Geschäfte.

Wie Jumièges dienten fast alle alten Klöster dieser Gegend nach ihrer Entweihung im 18. und 19. Jahrhundert als Steinbrüche. Vor allem in

Die »Kulisse« des Klosters von Wandrille

den Jahrzehnten nach der Revolution von 1789 holte man sich dort begehrtes, hochwertiges Baumaterial: Steine und Balkenholz. Angeblich sind komplette Kloster-Teile von Jumièges abgebaut und verschifft worden, um irgendwo originalgetreu wieder montiert worden zu sein. Aber niemand weiß wo.

Dem Kloster von *St. Wandrille,* 10 km weiter flußabwärts in einem Seitental, erging es ähnlich: 649 in einem fruchtbaren Tal in Meeresnähe gegründet, wurde St. Wandrille schnell ein großer Wirtschaftshof, 852 von Normannen niedergemacht und 960 wiederaufgebaut. Im Mittelalter war hier ein großes Handelszentrum; eine große Abtei-Kirche wurde erbaut. Man wurde reich. Vielleicht zu reich: denn wie von unsichtbarer Hand verursacht, stürzte der Haupt-

157

Kirchenruine im Park von Jumièges, die »Schönste von ganz Frankreich«

turm der Kirche ausgerechnet in den Weihnachtstagen 1631 krachend zusammen und begrub alles Fromme unter sich. In St. Wandrille sind nur noch die Grundmauern und ein Teil des Seitenschiffs erhalten, dessen gotische Bögen nackt in den Himmel ragen. In den ausgeplünderten Ruinen lebte von 1906 bis 1914 der Dichter Maurice Maeterlinck und führte in der Ruinenkulisse Dramen auf wie den »Macbeth«. 1931 zogen wieder Benediktiner-Mönche ein, die das Kloster bis heute bewirtschaften. Die mittelalterliche Zehntscheune wurde zur neuen, sehr düsteren, weil fensterarmen Abteikirche ausgebaut und geweiht. Dort finden den täglich um 9.15 Uhr Messen statt, manchmal mit gregorianischen Choralgesängen. Der spätgotische Klosterhof mit Kreuzgang und das romanische Refektorium sind nur im Rahmen einer Führung zu besichtigen.

Weit ragt in der Nähe der gigantische Pont de Brotonne über das Seinetal. Die 1977 eröffnete Hochbrücke spannt sich in 50 m Höhe über den Fluß, wird von 125 m hohen Spannpfeilern getragen, ist mautpflichtig und führt hinüber in das Waldgebiet Forêt de Brotonne. Eine weitere Hochbrücke überquert die Seine bei Tancarville. Eine dritte, in der Höhe von Honfleur, ist in Bau. Auf ihrer Großbaustelle sind 1992 die ersten Pfeiler gegossen; der Industriestandort Le Havre soll durch sie besser an Caen und an die Küstenstädte der Côte du Calvados angebunden werden.

Vom Pont de Brotonne aus gelangt man nach *Villequier*. Im dortigen ehemaligen Landhaus der Reederfamilie Vacquerie, direkt an der Uferstraße gelegen, ist heute das Musée Victor Hugo (1802-1885) eingerichtet. Hugos geliebte Tochter Léopoldine hatte den Reedersohn Charles Vacquerie im Februar 1843 als 19-jährige geheiratet und war mit ihm und zwei Verwandten im September des gleichen Jahres bei einer Bootspartie auf der Seine gekentert. Alle vier ertranken. Hugo war vom Tod seiner Tochter zeitlebens gezeichnet; besonders in seiner Gedichtsammlung »Pauca meae« wurde das Unglück des 4. September 1843 für ihn zu schmerzhafter Ohnmacht, zu einem Verlust von Lebenssinn, den der gottgläubige Moralist Hugo nie mehr überwunden hat. Für die Franzosen repräsentiert das Paar Victor und Léopoldine die hehre Tragik einer idealen, verklärten Vater-Tochter-Liebe.

Nach Villequier dehnt sich das Seine-Tal aus zu einem wahren Schwemmland-Delta, das im Moorgebiet des alten Marais Vernier seinen Abschluß findet. Jetzt kommen die Raffinerien von Lillebonne. Ab der Brücke von Tancarville ist das offene Meer in Sicht. In der Weite verliert der Fluß seine ursprüngliche, tal-gestaltende Kraft. Hier wird jetzt nur noch sein Wasserstrom irgendwie in Richtung Meer gelenkt. Zurück bleiben in der Ferne die weißen Kreidefelsen. Auf einer Stecke von 20 Kilometern verändert sich die Seine jetzt in eine immer breiter werdende Mündungsbucht. Schwer zu sagen, wo sie eigentlich aufhört.

Der Südosten der Normandie
Das Tal der Andelle und Rouen

Felder, Wiesen, Wassermühlen und Manufakturen. Die Haute-Normandie verdankt einen Großteil ihres traditionellen Reichtums den wasserreichen, fruchtbaren Tälern im Hinterland mit Ackerbau und Industrialisierung. Ein besonders typisches ist das Tal der Andelle, östlich von Rouen: eine Jahrhunderte alte Kulturlandschaft mit riesigen Höfen, Klöstern, Landarbeitersiedlungen, alten Fabriken, Schlössern, berühmten Quellen und zahlreichen Wassermühlen (allein auf den 20 Kilometern zwischen Vascoeuil und der Mündung finden sich mehr als ein Dutzend).

Die Andelle mündet an der Côte des deux Amants in die Seine. Die Route führt von dort aus flußaufwärts entlang den Uferstraßen bis Vascoeuil und dann weiter nördlich zurück nach Rouen. Zunächst folgt man der Andelle östlich in Richtung Pont St. Pierre. Der Ort *St. Pierre* verfügt über eine der besten Süßwasserquellen, die Source Pierval; die Firma Vittel (gehört Nestlé) füllt hier mit 120 Mitarbeitern ihr begehrtes Mineralwasser ab. Dort, wo das Städtchen sich ostwärts dem Tal öffnet, trifft man auf das prätentiös angelegte Château de St. Pierre, auf das eine große, weiträumige Baumallee zuläuft. Links vor dem Schloß vorbei

führt ein schmaler Weg hinüber auf die andere Uferseite. Man folgt dem Norduferweg durch den Wald, bis zwischen den Baumkronen eine romantische Ruine auftaucht: ein hoher Backsteinbau mit Wehrtürmen und gotischen Fensterstürzen, überwuchert mit Efeu, zugewachsen mit Büschen und Bäumen: ein kitschiges Schmuckstück. Man mag das Gebäude für ein altes Schloß halten. In Wahrheit handelt es sich um eine Tuchfabrik. Erst Ende des 19. Jahrhunderts erbaut, ließ der wohl recht romantisch veranlagte Unternehmer die Fassade einer englischen, mittelalterlichen Burg mit Türmen, Zinnen und allen möglichen gotischen Elementen kopieren. Und tatsächlich ähnelt die Fabrik einem verwunschenen Märchenschloß, vor dem die Troubadoure singen: »Oh, schenk mir dein Herz«. Eine einzigartige Mixtur aus Manufaktur und Disneyland.

Die Normandie und speziell das Tal der Andelle waren jahrhundertelang berühmt für ihre hochwertigen Webereien. Die Fabrik ist heute verlassen und steht zum Verkauf; noch bis 1974 lieferte ihre Mühle Strom für die Gemeinde und für die noch bestehende Arbeitersiedlung der Weberei. Diese Siedlung aus gut zwei Dutzend alten Steinhütten, er-

Das Heilsarmee-Schloß in Fleury-s-Andelle

baut, um den von überall her angeworbenen Arbeitern Unterkunft zu ermöglichen, liegt 100 Meter neben der Fabrik einsam zwischen Kornfeldern. Die meisten der kleinen Behausungen sind verfallen oder gerade mal provisorisch geflickt, die letzten Bewohner sind mißtrauisch und lassen ihre Hunde bellen.

Einen Steinwurf davon entfernt liegt flußaufwärts die *Abbaye de Fontaine-Guérard*, eine alte Klosterruine mitten im Park. Wahrscheinlich 1185 vom Engländer Robert von Leicester gegründet, verdankte dieses Kloster seinen Reichtum einem Wegzoll, wodurch man von der gesamten Wirtschaft des Tales profitierte. Wie die meisten Klöster in dieser Region wurde auch dieses nach seiner Entweihung im Zuge der Französischen Revolution geplündert, die hochwertigen Bausteine

verschwanden in den Pfeilern der Seinebrücke Pont-de-l'Arche. Vollständig erhalten sind Arbeitsräume der Mönche und ihr großer Schlafsaal. Genau im Mittelpunkt des ehemaligen Klosterhofes, zwischen den Ruinen der Abtei, sprudelt aus der Wiese nach wie vor die alte, namengebende Quelle. Leider ist das Wasser nicht mehr trinkbar. Einen der tiefen Vorratskeller des Klosters, die als Stollen in den weichen Berg hineingetrieben wurden, kann man besichtigen. Dort drinnen hatten so manche Äbte ihre Bauernschinken und anderes mehr gehortet; man ließ sich den Wegzoll, von dem das Kloster lebte, gern auch in Naturalien auszahlen. Heute wird die Klosteranlage von der französischen Heilsarmee betreut; und diese »armée du salut« hat auch das mächtige Chateau de Fleury-sur-Andelle unter ih-

Arbeitersiedlung im Fachwerkstil bei Perrières-s-Andelle

re Fittiche genommen. Dieses Schloß ist nun wahrlich tugendhaft geworden, liegt hinter hohen Zäunen in einem kontrolliert blumigen, typischen Geometrie-Garten, dessen Wege erbarmungslos von allem Laub befreit werden.

Fleury ist, getreu seinem Namen, ein Blumendorf. Fleury und sein dazugehörender Nachbarort *Charleval* waren aber auch im 19. Jahrhundert die Zentren der Textilindustrie in dieser Region. Heute geht es dieser in der Normandie traditionell wichtigen Branche extrem schlecht. 1989 mußten insgesamt 20% der Arbeitsplätze abgebaut werden, blieben noch 14.000. Nur im Bereich der Leinen-Produktion steht die Normandie nach wie vor weltweit an erster Stelle (46% der gesamten EG-Produktion); aber auch hier bereiten Überproduktion und neue Konkur-

renz aus Osteuropa große Probleme. Die Weberei Peynaud in Charleval ist die größte Weberei der Normandie. 250 Mitarbeiter fädeln hier hauptsächlich hochwertige Baumwolle und fertigten daraus Stoffe für Tisch und Bett.

Charleval verdankt seinen Namen dem Projekt des Königs Charles IX. (1550-1574): Gerade hatte dieser Thronherr erfolgreich seine Pubertät überstanden, da beschloß er, sich in diesem reichen Tal das größte Schloß der Welt zu bauen. Unter dem Gewicht der Krone starb er bald darauf, zu früh, um auch nur Teile seines Traumschlosses fertigstellen zu können.

Bei *Perrières-sur-Andelle* liegt direkt an der D1 eine Zeile kleiner, aneinandergereihter Fachwerkhäuser: ein spannungsreicher Kontrast zwischen Arbeiterhäusern im seriellen Reihenprinzip und ländlichem Fachwerk. Die Gebäude sind nach hinten jeweils mit Garten-Parzellen für etwas Gemüseanbau und Tierhaltung kombiniert. Manche der Häuser wurden von den Arbeitern auf Raten gekauft, weshalb viele individuell um- und ausgebaut wurden. Zuletzt gehörte die Siedlung zum alten Sägewerk von Perrières.

Vascoeuil ist die kulturelle Hauptstadt des Andelle-Tals. Rundherum um das Schloß des Ortes werden das ganze Jahr über Kunstausstellungen und Konzerte veranstaltet, im Park stehen Plastiken von Braque, Dali, Vasarely etc. Das Schloß selbst beherbergt heute ein Michelet-Museum. Jules Michelet (1798-1874) war Historiker und hatte von 1834 an in Paris am ehrwürdigen Collège de France den Lehrstuhl für Geschichte und Moralphilosophie inne, bis er wegen seiner liberalen, antiklerikalen Ansichten 1852 von dort verjagt wurde. Grund: Er hatte sich geweigert, einen Beamteneid auf Napeoleon III. abzulegen. Für die Franzosen gilt Michelet als der große, wilde Romantiker des 19. Jahrhunderts, der in seine monumentalen Geschichtswerke neben Politik auch Kultur- und Lebensgeschichte integrierte, für den Geschichte genauso Gefühls- und Mentalitätsgeschichte des Volkes sein mußte. Man schätzt Michelet als poetischen Materialisten, als Chronisten der Alltagskultur: »Die Geschichte sagt uns immer, wie man stirbt, niemals wie man lebt« (aus Michelets »Geschichte der Schlacht von Waterloo«).

Das Schloß in Vascoeuil gehörte seit Beginn des 19. Jahrhunderts der Familie Dumesnil. Deren Sohn Alfred war Michelet-Schüler in Paris und lud den Professor aufs Land ein: Prompt beginnt der Professor mit Mutter Madame Dumesnil eine leidenschaftliche, geistige Freundschaft, bis die unheilbar erkrankte Madame 1842 stirbt. Michelet verzweifelt. Immerhin heiratet seine Tochter Adele nun den Schüler Alfred Dumesnil. Michelet, seit seiner Entlassung arbeitslos und bis zu seinem Tod in ärmlichen Verhältnissen lebend, war im Hause der Dumesnil Dauer-Gast (gemeinsam mit seiner zweiten Ehefrau Athénais), bekam dort ein Arbeitszimmer und schrieb hier einen Großteil seiner Werke.

Im Garten des Schlosses steht ein großer, runder Backsteinbau. Das ist ein »Colombier«, ein riesiger Taubenschlag. Solche Colombiers sind typisch für die Normandie, besonders für das Pays de Caux. Die ersten dieser Taubenburgen stammen aus der Romanik, diese hier aus dem 17. Jahrhundert. Die Ausführungen sind sehr unterschiedlich, je nach Musterung des Gemäuers und je nach verwendetem Material, schwarze oder weiße Kiesel oder Backstein (erst ab dem 17. Jahrhundert). Allen gemeinsam sind, neben der dicken Rundform (die eckige Ausnahme steht in Crèvecoeur-en-Auge), ein einziges kleines Eingangsportal für den Taubenwächter und die bloß zwei oder drei Gauben zum Aus- oder Einflug der Tauben. Häufig ist auf mittlerer Höhe des Turms ein Kranz aus hervorstehenden Steinen zu sehen, ein Schutzwall gegen eiersthlende, klet-

Das Michelet-Schloß in Vascoeuil mit seinem normannischen Tauben-Turm

ternde Nagetiere. Im inneren der Colombiers ist alles voll mit hunderten von Steinnischen, in denen die Taubenpaare gurren, turteln und Eier legen. Im Colombiers von Vascoeuil existiert noch die typische, an der Wand entlang fahrbare Leiter, die den Zugang zu den Nestern ermöglichte.

Einen Colombier im Hof zu haben, war für die Großgrundbesitzer genauso Statussymbol wie der Zwölfender überm Kamin. Taubeneier waren begehrt, Taubenzucht galt als Privileg, herrschaftliche Tauben zu jagen war für den gemeinen Mann bis zur Revolution gesetzlich strengstens verboten.

Hinter Vascoeuil lohnt es sich, das Andelle-Tal westlich zu verlassen, über die D12 in Richtung der Ortschaft Ry. Auf den ersten Blick ist *Ry* ein einfaches Straßendorf wie viele in dieser Gegend: Zwei alte Handelswege kreuzten sich hier, und entlang der Straßen entstanden flache Fachwerk- oder Backsteinhäuser mit den typisch normannischen, spitzen Dachgauben. Dann hat Ry aber noch ein zweites Gesicht, sozusagen ein Künstler-Gesicht: Ry ist die Heimat von Madame Bovary. Yonville-l'Abbaye: so nannte Gustave Flaubert das kleine, spießbürgerliche Provinznest, in dem seine Romanfigur Emma Bovary lebte, und Ry diente ihm dafür als Vorbild (versteckt im Namen Bova-Ry). Flaubert schrieb den Roman im Landhaus seiner Familie, in Croisset, einem westlichen Vorort von Rouen. Von dort aus unternahm er Recherche-Reisen in das Dorf Ry. Und seitdem ist Ry Pilgerstätte der Flaubert-Fans aus aller Welt. Für die Figur der Emma Bovary soll sich Flaubert

Ohne Kaffee keine Revolution

Lange bevor die neue Verfassung kommt, wird Paris zu einem großen Café. Dreihundert Cafés stehen der Unterhaltung offen. Nicht anders ist es in den großen Städten Bordeaux, Nantes, Lyon, Marseille, usw. Man bedenke, daß jeder Apotheker ebenfalls Kaffee verkauft und ihn am Ladentisch serviert. Man bedenke, daß selbst die Klöster es sich nicht entgehen lassen, an diesem einträglichen Geschäft teilzuhaben. Im Besuchszimmer bietet die Klosterpförtnerin mit ihren jungen Laienschwestern den Passanten Kaffee an, auch auf die Gefahr hin, zum Gegenstand frivoler Bemerkungen zu werden. Nie zuvor sprach man in Frankreich mehr und besser. Es gab früher weniger Beredsamkeit und Rhetorik als 1789. Außer vielleicht Rousseau; man braucht nichts zu zitieren. Jetzt bricht der Geist hervor, so unbefangen, wie er es vermag.

Die Ehre dieses glänzenden Ausbruchs gebührt zum Teil zweifellos der glücklichen Umwälzung der Zeit, der großen Tatsache, die neue Gewohnheiten schuf und sogar die Gemüter veränderte: der Verbreitung des Kaffees.

Seine Wirkung war unberechenbar, da sie nicht wie heute durch den betäubenden Tabak vermindert und neutralisiert wurde. Man schnupfte viel, man rauchte wenig.

Das Wirtshaus ist entthront, das abscheuliche Wirtshaus, wo zur Zeit Ludwig XIV. die Jugend zwischen Fässern und Dirnen umherwankte. Nachts hört man weniger weinselige Gesänge, und im Rinnstein liegen seltener vornehme Herren. Der elegante Ort der Unterhaltung, der mehr Salon als Laden ist, wandelt und veredelt die Sitten. Die Herrschaft des Kaffees ist die der Mäßigung.

Der Kaffee, die ernüchternde und überaus zerebrale Flüssigkeit, die ganz im Gegensatz zu den Spirituosen die Klarheit und die Scharfsicht erhöht, – der Kaffee, der die verschwommene und schwere Poesie der vernebelnden Phantasie verscheucht und im deutlich wahrgenommenen Realen die Wahrheit aufblitzen läßt; der anti-erotische Kaffee, der dem Geschlecht das Alibi der Erregung des Geistes verschafft.

In England gibt es Cafés von Karl II. (1669) an bis zur Regierungszeit der Cabale, sie gelangen jedoch nie zu einer besonderen Bedeutung. Die Schnäpse oder die schweren Weine und das starke Bier werden bevorzugt.

In Frankreich eröffnet man Cafés etwas später (1671), doch ohne große Wirkung. Dazu bedarf es der Revolution, zumindest der Redefreiheit.

Die drei Zeitalter des Kaffees sind diejenigen des modernen Denkens; sie kennzeichnen die feierlichen Momente des glänzenden Jahrhunderts des Geistes.

Der arabische Kaffee leitet es bereits vor 1700 ein. Die schönen Damen, die man auf den Modebildern Bonnards an ihrer kleinen Tasse nippen sieht, atmen das Aroma des überaus feinen arabischen Kaffees ein. Und worüber plaudern sie? Über Chardins Sérail, über die Coiffure à la Sultane und über Tausendundeine Nacht (1704). Sie vergleichen die Langeweile von Versailles mit diesen Paradiesen des Orients.

Bald (1710-1720) beginnt die Herrschaft des indischen Kaffees, der reichlich vorhanden, beliebt und verhältnismäßig billig ist. Bourbon, unsere indische Insel, wohin der Kaffee verpflanzt wird, hat plötzlich ein unerhörtes Glück.

Dieser Kaffee aus vulkanischer Erde bewirkt den Aufbruch der Regentschaft Philipps von Orléans und des neuen Geistes, die plötzliche Heiterkeit, das Gelächter über die alte Welt, die spitzen Bemerkungen, mit denen ihr zugesetzt wird, diesen Funkenschwarm, von dem die leichten Verse Voltaires, die Persischen Briefe uns nur eine blasse Vorstellung übermitteln. Selbst die brillantesten Bücher haben diese beflügelte, sprunghafte und unfaßbare Unterhaltung nicht im Fluge zu fassen vermocht. Dieses Genie der ätherischen Natur will der Zauberer in Tausendundeine Nacht in einer Flasche einfangen. Doch welches Fläschchen könnte dies zustande bringen?

Weder die Lava Bourbons noch der arabische Sand brachten den notwendigen Ertrag der Kolonien. Der Regent fühlte dies und ließ den Kaffee in das mächtige Erdreich unserer Antillen verpflanzen. Zwei Sträucher aus dem Garten des Königs, die vom Ritter de Clieux mit der Sorgfalt, der religiösen Liebe eines Mannes getragen wurden, der spürte, daß er eine Revolution in Händen hielt, kamen in Martinique an und gediehen so gut, daß diese Insel bald pro Jahr zehn Millionen Pfund ausführt. Dieser starke Kaffee, der von Santo-Domingo, der voll, kräftig und ebenso nahrhaft wie anregend ist, hat das Erwachsenenalter des Jahrhunderts ernährt, das kräftige Zeitalter der Enzyklopädie. Er wurde von Buffon, Diderot und Rousseau getrunken, erwärmte die warmherzigen Seelen und erleuchtete den durchdringenden Blick der in »Prokops Höhle« versammelten Propheten, die auf dem Grunde des schwarzen Getränks den künftigen Strahl von 1789 sahen.

(Aus Jules Michelets »Geschichte Frankreichs«, 1863)

am Leben einer Delphine Couturier orientiert haben, der Gattin eines Doktor Delamare, die hier in Ry 1848 starb. Ihr Wohnhaus beherbergt heute die Pharmacie. In Flauberts Klassiker flieht Madame Bovary aus Yonville, weil sie die dortige Sittlichkeit – genauso ländlich wie morbid – nicht erträgt. Um nicht ständig in der moralischen Enge ohnmächtig zu werden, flieht sie mit der Postkutsche nach Rouen, für sie damals die wilde, lebendige Metropole der Begierden und Gefahren – und der Prostitution. Flauberts Roman über Sünde und Gesundheit des Bürgertums wurde zum Skandal: Am 29. Januar 1857 wurde vor einer Strafkammer des Pariser Gerichtshofes gegen ihn, den Verleger und den Drucker der Prozeß eröffnet. Die Anklage beschuldigte alle drei, gegen »die öffentliche und religiöse Moral und gegen die guten Sitten« verstoßen zu haben. Die Vorwürfe waren unhaltbar: Freispruch.

In Ry gibt es gegenüber der Post ein Flaubert-Denkmal und außerdem an der Hauptstraße ein Automaten-Museum, in dem 300 servogesteuerte Miniatur-Puppen Szenen aus dem Leben der Madame Bovary nachspielen. Das Museum hat nur von Samstag bis Montag von 11-12 und 14-19 Uhr geöffnet.

Folgt man dem Postkutschenweg

Der alte Marktplatz in Rouen – mit dem Kreuz an der Stelle des Scheiterhaufens

Das Leben in der Provinz

Gelesen habe ich auch schon alles! sagte sie sich.

So saß sie vorm Kamin, hielt die Feuerzange in die Glut, bis sie glühend rot war, oder schaute in den niederrieselnden Regen hinaus.

Wie traurig war ihr zumute, wenn sonntags zur Vesper geläutet wurde! In dumpfes Brüten versunken und doch hellwach, lauschte sie auf die scheppernden Schläge der Glocke, die einer nach dem andern zu hören waren. Über die Dächer schlich langsam eine Katze und machte im fahlen Sonnenlicht einen Buckel. Auf der Landstraße wehte der Wind langgezogene Staubwolken auf. Manchmal heulte weit weg ein Hund. Und in regelmäßigen Abständen erklang in einem fort wieder das eintönige Geläute der Glocke und verhallte in den Feldern. Dann kamen die Leute aus der Kirche, die Frauen in blankgewichsten Holzschuhen, die Bauern in neuen Blusen, und die Kinder hüpften barhaupt vor ihnen her. Alles ging nach Hause. Nur fünf oder sechs Männer, immer dieselben, blieben vor dem Eingang des Wirtshauses stehen und vertrieben sich die Zeit beim Stöpselspiel.

Der Winter wurde kalt. Jeden Morgen waren die Fensterscheiben mit Eisblumen überzogen, und das Licht, das bleich wie durch Mattglas hereinfiel, blieb manchmal den ganzen Tag über trüb. Schon um vier Uhr abends mußte man die Lampe anzünden.

An schönen Tagen ging sie in den Garten hinunter. Der Tau hatte auf die Kohlköpfe silbrige Spitzenmuster hingezeichnet mit langen hellen Fäden, die sich von einem zum andern spannen. Kein Vogel war zu hören, alles schien zu schlafen, auch das mit Stroh gedeckte Spalier und die Weinstöcke, die wie große kranke Schlangen unter der Mauerkappe hingen. Wenn man näher hinging, sah man vielbeinige Kellerasseln herumkriechen. In den Zwergfichten bei der Hecke hatte der brevierlesende Pfarrer mit dem Dreispitz den rechten Fuß verloren; auch war vom Frost da und dort der Gips abgesprungen und hatte sein Gesicht mit weißen Flecken verunstaltet, die wie Krätze aussahen.

Dann ging sie wieder hinauf, verschloß die Tür, schürte die Kohlen und fühlte in der erschlaffenden Wärme des Kamins die Langeweile nur noch drückender über sich zusammenschlagen. Sie wäre gern hinuntergegangen, um ein bißchen mit dem Dienstmädchen zu plaudern, aber eine leise Scham hielt sie zurück.

Tag für Tag um dieselbe Stunde öffnete der Schullehrer in seinem schwarzen Seidenkäppchen die Fensterläden seines Hauses, und der Flurhüter, den Säbel über der Bluse umgeschnallt, ging vorbei. Abends und morgens passierten die Postpferde, immer drei und drei zusammen, die Straße; sie wurden zur Tränke an den Dorfteich geführt. Von Zeit zu Zeit ertönte die Klingel der Kneipentür, und wenn windiges Wetter war, hörte man die kleinen Messingbecken, die der Barbier und Perückenmacher als Aushängeschild vor seinem Laden angebracht hatte, an ihren beiden Stangen klappern. Im Fenster der Barbierstube war ein alter Modestich zu sehen, der an die Scheibe geklebt war, sowie die Wachsbüste einer Frau mit gelben Haaren. Auch der Barbier jammerte, daß er es in seinem Beruf nicht weiterbringe und daß seine Zukunft verpfuscht sei. Er träumte von einem Geschäft in einer großen Stadt, in Rouen zum Beispiel, am Hafen oder in der Nähe des Theaters.

(Aus »Madame Bovary« von Gustave Flaubert)

der Emma Bovary zurück nach Rouen, so trifft man im Nachbarort Martainville (westlich über die D13) auf das Château de Martainville, ein typisches Backsteinschloß des 15. Jahrhunderts, mit einem kleinen Museum für normannische Handwerkskunst.

Rouen ist die Hauptstadt der Normandie; kulturell, wirtschaftlich und politisch. Rouen war auch das Zentrum der aus Skandinavien kommenden Normannen, die als begabte Schiffsbauer die Fachwerktechnik für den Häuserbau mitbrachten. Rouen ist deshalb bis heute eine riesige Fachwerkstadt, ganze Straßenzüge und Viertel sind komplett erhalten, sind nicht wie im Museumsdorf kitschig saniert, sondern noch normale Wohn- und Geschäftshäuser des Alltags.

Die Seine-Brücken von Rouen waren einstmals die letzten vor der Mündung. Ozeanriesen kommen bis hierher den Fluß herauf. So entwickelte sich hier für die Hochseeschiffahrt ein großer Binnenhafen, bis heute Frankreichs viertgrößter Hafen mit 3.400 Frachtern jährlich, spezialisiert für Exporte Richtung Afrika und Indischer Ozean (Frankreichs Kakao- und Whisky-Hafen).

Die wichtigste Seine-Brücke ist Pont Boieldieu, früher genannt Pont Mathilde. Von hier wurde 1431 die Asche der Jeanne d'Arc in die Seine gestreut, um zu verhindertn, daß daraus Reliquien würden. Von dieser Brücke aus sieht man auf das häßlichste Gesicht der Stadt: die mit 50er-Jahre-Beton wiederaufgebauten Straßenzüge entlang der Seine-Ufer. Rouen verdankt diese Narben

Noch nicht per Container – Stückgut-Verladung in Rouen

Ozeanriesen kommen bis Rouen den Fluß hinauf

mitten in der Stadt amerikanischen Bombern im 2. Weltkrieg, die mit einer Zerstörung der Brücken den deutschen Truppen im Westen den Nachschub abschneiden wollten, beim Bombenabwurf aber so hoch flogen, daß sie nicht genau zielen konnten, sondern die ganzen umliegenden Zivilhäuser mit zerstörten. Die Opfer unter der Zivilbevölkerung waren immens: Die deutschen Besatzer hatten die Evakuierung verboten, um die Alliierten von einem Bombardement abzuhalten. Von der Brücke aus kommt man über die Rue Grand-Pont zur Kathedrale und zur kreuzenden Touristenstraße Rue du Gros-Horloge, die westlich mündet an der Place du Vieux Marché; hier wurde ein monumentales Betonkreuz an der Stelle errichtet, wo am 30. Mai 1491 die Nationalheilige Jeanne d'Arc auf einem Scheiterhaufen verbrannt wurde (mehr dazu in einem kleinen Museum gegenüber).

Die Kathedrale von Rouen ist die höchste und sicher verwegenste in ganz Frankreich. Der Vierungs- oder Mittelturm mißt mit 151 m Rekordhöhe. Die Kirche selbst wurde von 1201 bis 1530 errichtet, versammelt daher alle möglichen gotischen Stil-Epochen: ein faszinierendes Gemisch. Von den beiden flankierenden Portaltürmen stammt der linke bis aufs Obergeschoß aus dem 12. Jahrhundert, der rechte ist der Tour de Beurre, der Butterturm, entstanden erst 1485-1507. Damals fehlte der Kirche für diesen zweiten Turm das Geld, so mußte eine neue Abgabe her: für Butter. Zunächst wurde verboten, während der Fastenzeit Butter zu essen. Ein für Normannen unerträgliches Los. Man konnte sich aber eine Sondererlaubnis kaufen – und schon floß das Geld in rauhen Mengen in den Kirchentresor, der Turm begann zu wachsen.

Von der Kirche aus Richtung Norden ziehen sich die vielen kleinen engen Gassen der Altstadt voller Fachwerk: schmal, krumm und gealtert, dabei ist die Atmosphäre hier ungeahnt weltstädtisch: die Uni bringt viele Studenten in die Stadt, dazu Buchläden, Antiquariate, Cafés. Rouen liegt zwischen Paris und dem offenen Meer – die Stadt ist eine lebendige Mischung aus beidem.

Die Kathedrale von Rouen

Die Alabasterküste
Von Dieppe nach Etretat

Der weißen Farbe des Alabasters verdankt dieser Küstenabschnitt seinen Namen. Denn genauso edel und milchig leuchtet an manchen Tagen die weiße Kreide der Steilküste in der See-Luft. Der schönste Anblick dieser Küste, so sagen die Normannen, bietet sich vom Meer aus. Die Kreide formt eine wilde, abwechslungsreiche Uferlandschaft, die auffällig den gegenüberliegenden, englischen »seven sisters« ähnelt: auf den Hochplateaus reichen grüne Wiesen, Äcker und Weiden mit Kühen bis unmittelbar ans blaue Meer heran. Abrupt fällt dann der steile Kreidefels bis zu 100 m tief ab, unten gesäumt von einem schmalen Strand mit groben Kieseln. Ein vom Meer scharf abgeschnittenes Land. Und das Meer schneidet weiter: Jahr für Jahr reißen die Wellen 3 Millionen Kubikmeter Normandie-Küste davon. Die unterspülten Klippen brechen weg; die Landzunge am Cap de la Hève bei Le Havre beispielsweise wird Jahr für Jahr um zwei Meter kürzer.

Das Hinterland ist fruchtbares Agrarland, das Pays de Caux. Hier leben Bauern von Getreide, Milch und Cidre. Fischerei gibt es nur in den großen Häfen von Dieppe und Fécamp. Die Côte d'Albâtre ist keine liebliche Badeküste für Massentourismus, dazu sind ihre Strände zu herb, ist ihre Sommersonne zu selten, gibt es auch zu wenige Zugänge zum Meer. Nur längs der sich in das Kreide- und Kalkplateau einschneidenden Flüsse und Bäche, entlang ihrer Täler kommt man hinunter in die kleinen Badebuchten. Das ganze Küstenstück eignet sich hervorragend für eine mehrtägige Wanderung, immer oben auf der Steilküste entlang, auf der einen Seite das Meer, auf der anderen das Bauernland, von Zeit zu Zeit hinunter in eine Mündungsbucht und anschließend wieder hinauf, am besten von Ost nach West, immer der Sonne entgegen.

Dieppe liegt in einem dieser typischen, eingeschnittenen Täler. Die Stadt erstreckt sich über das ganze Tal, an der Seeseite begrenzt von einem breiten Kieselstrand; links und rechts davon steigt die Felsküste wieder steil in die Höhe, die Klippen gespickt mit den Bunkerresten des deutschen Atlantikwalls. Die Alabasterküste ist bis heute eine massive Bunkerküste: hier erwarteten die Deutschen ursprünglich die Invasion der Alliierten, 1942 fand bei Dieppe tatsächlich ein erstes, aber von Anfang an vergebliches Landungsmanöver statt (vgl. S. 125).

Dieppe war im Mittelalter ein wichtiger Hafen, berühmt für seine

Seefahrer. 1364 stieß ein Normannenschiff aus Dieppe Richtung Süden vor bis ins afrikanische Guinea, dort wurde das Land besetzt und »Petit Dieppe« gegründet. 1524 brach von Dieppe aus der französische Florentiner Verrazano auf, um New York zu »entdecken«. 1608 segelte der Dieppois Samuel de Champlain vom westlich gelegenen Honfleur aus nach Nordamerika und gründete dort das franco-kanadische Quebec. Dieppe gilt seither als kanadische Mutterstadt, die Alliierten, die 1942 hier landeten, waren hauptsächlich Kanadier, für die Befreiung ihrer »Heimat« zu allem bereit. Die größte Kirche der Stadt ist St. Jacques gewidmet. Auf seiner Statue vor dem Portal ziert kurioserweise eine Muschel seinen Hut: eine Coquille-St. Jacques, eine Jakobsmuschel, in Dieppe eine Delikatesse.

Erst zu Beginn des 19. Jahrhunderts, als die Herzogin von Berry das Baden im Meer zur Mode erklärte, entdeckte das Pariser Publikum, daß Dieppe den Paris am nächsten liegenden Strand bot. Seither kommen Züge und Busse mit meereshungrigen Städtern. Heute lebt Dieppe hauptsächlich von Engländern, die auf der Suche nach der Sonne des Kontinents mit der Fähre schnell mal rüberkommen, sich steuerfrei einen genehmigen und abends feuchtfröhlich wieder heimwärts schippern. Mitten im französischen Stadtbild trifft man deshalb auf Sherlock Holmes, Maggie Thatcher und original Londoner Punks. An der Promenade erkennt man, daß Dieppe seine große

Die Kreidefelsen bei Etretat

Zeit als Seebad hinter sich hat. Die Grandhotels sind verkümmert, der Putz bröckelt, der Charme ist noch herber geworden. Dieppe ist eine der wenigen noch kommunistisch regierten Städte Frankreichs. »Moskau ist frei – warum Dieppe noch nicht?« lauteten die Parolen im Herbst 1991.

Von Dieppe aus gelangt man westlich auf die D75, eine sich stets kurz hinter den Klippen haltende Küstenstraße, Teil der »Route d'Ivoire et d'épices«, einer alten Elfenbein-und-Gewürz-Straße der Überseehändler. Die Gegend hier ähnelt einer großen Parklandschaft. Blumen, Bäume, hohe Hecken, enge Sträßchen mit wohlhabenden Familiensitzen, den typisch normannischen Manoirs: aufwendige Fachwerk- oder Klin-

kerschlößchen mit Giebeln und Gauben, umgeben von vom Wind zerzausten Pinien, Zedern und Zypressen, die alles befremdend südlich wirken lassen und nur dem warmen Golfstrom-Klima zu verdanken sind. Sehenswert: das Manoir d'Église und das Manoir d'Ango bei Varengeville. Sackgassen münden direkt an die Felskante, wo die Manoirs hoch über den Klippen thronen. Immer wieder trifft man auf alte Leuchttürme, die sémaphores.

Zwei Typen von Küstenortschaften wechseln sich ab: kleine, in engen Tälern versteckte Dörfer wie St. Marguerite-s-Mer, mit Holzhäuschen und alten Seevillen vor einer kleinen Strandbucht; und dann Orte wie Quiberville, eine breit angelegte

Der Hafen von Fécamp

Auf der Küstenstraße hoch über den Felsen

Siedlung mit Campingplatz und Ferienkolonien, großem Strand und Promenade. Promenade? Eher Betonwall. Eine Mischung aus beidem: *Sotteville-s-Mer.* Die Seeseite ist spröde und zersiedelt, der alte Ortskern aber geschlossen, eine idyllische Klinkerstadt mit engen Gäßchen und Cafés.

St. Valery-en-Caux empfiehlt seine aufragenden Felsen, die Falaises d'Aval und die Falaises d'Amont. Unweit davon haben Fischer ihre Bootsgaragen in den weichen Kreideberg gegraben. Im Ort ansehnlich: die mittelalterliche, in die Oberstadt aufsteigende Rue des Pénitents.

Frankreich, die Atomnation, hautnah: Neben dem AKW Penly ist das AKW Paluel bei Veulettes das größte der Region. Vier runde Reaktorblöcke mit jeweils 1.300 Mega-watt wurden hier nebeneinander in die weiche Kreide hineingegraben. 180 Kubikmeter Kühlwasser werden pro Sekunde aus dem Meer gepumpt und kehren um 15 Grad wärmer unterirdisch wieder zurück in die See. Paluel erinnert an unterirdische Hochsicherheitstrakte und absurde Mondstädte zugleich. Im schulklassen-freundlichen Showroom des Informationszentrum wird darauf hingewiesen, daß das Wasser von Bad Gastein wesentlich radioaktiver ist. Ach ja?

Über Veulettes gelangt man entlang einer alten, hohen Baumallee zu den zwei Buchten Les Petites Dalles und Les Grandes Dalles. Das sich bis zum Meer schlängelnde Tal von Les Grandes Dalles ist wegen seiner Urspünglichkeit sehenswert.

Fécamp ist die heimliche Hauptstadt der Alabasterküste. Den schönsten Panorama-Blick auf die Hafenstadt mit dem alten Spitznamen »Porte du Ciel«, Tor zum Himmel, hat man von der Nordostklippe aus, von der Kirche Notre-Dame-du-Salut: weit über die Alabasterküste, weit über die Hafenanlagen mit der einzigartigen Holzmohle und die bizarre Stadtsilhouette hinweg bis ins Hinterland. »Fécamp« leitet sich ab von einem Stück Feigenholz, in dem ein paar Blutstropfen Jesu hierher gekommen sein sollen. Die Reliquie wird heute noch in einem Marmortabernakel in der Église de la Trinité aufbewahrt. Diese strahlend weiße Kirche, erbaut zwischen 1175 und 1220, gilt als typisch normannische Schule mit reicher Ausstattung. Fécamp war lange vor Mont St. Michel der Pilgerort des Nordens. Vielleicht damals schon wegen des vielgerühmten Kräuterlikörs der Benediktinermönche.

Von Fécamp aus klettert eine kleine Straße die Klippen hinauf und führt durch Felder hinüber nach Yport, einem english-spoken Touristenort mit Kasino und Konsorten. Von derselben Sorte sind auch Vaucotte und Vattetot: Karge Ferien-Kolonien.

Schließlich *Etretat*: das einzige richtige Seebad der Region. Viel Fachwerk und eine dezent gehaltene Promenade auf einem Betondeich, der das unter Meereshöhe liegende Tal schützt. Etretat ist berühmt für seine legendären freistehenden Kreidefelsen, die Falaises d'Aval, mit seinen natürlichen Felsentoren Porte d'Aval und Manneporte. Bei starker Ebbe sind einige der Durchgänge zu Fuß passierbar. Frühmorgens lohnt es sich, die Klippen hinaufzusteigen, um oben an der Kante entlang über den 80 m tiefer liegenden Buchten zu spazieren. Steilküste pur. In die Buchten, in die erst ab mittags die Sonne scheint, kann man nicht hinabsteigen, man erreicht sie nur von der Strandseite durch die in den Felsen getriebenen, bei Flut gefährlichen Tunnels. Der Charme der Bucht von Etretat sind ihre großen Muschelbänke, die direkt vor der Stadt liegen.

Die nächste ruhigere Badebucht ist die Plage de Tilleul, zwei Kilometer südlich von Etretat. Ein langer Weg führt durch Wald und Pferdekoppeln zu einem Strandstück ohne Häuser.

Weiter südlich wird die Küste in Richtung Le Havre eintönig und spröde. Ende des Alabasters. Die Kreide leuchtet nicht mehr.

Le Havre
Stadt der 50er Jahre

Strategisch war die Seine-Mündung schon immer wichtig für Marine und Seehandel. Riesige Werften und Umschlagplätze für die Ozeanriesen machten Le Havre zu einer Großstadt der Matrosen und Werftarbeiter. Der 2. Weltkrieg hat von der alten Stadt dann so gut wie nichts übrig gelassen. 1945 galt Le Havre als der am schwersten zerbombte Hafen Europas; deshalb ist das ganze Stadtbild eine einzigartige Szenerie des Wiederaufbaus in den 50er Jahren, Schauplatz einer Beton-Euphorie, die ihresgleichen sucht.

Wer über die Küstenstraße von Norden in die Stadt kommt, mag zunächst staunen über den relativ gut erhaltenen Vorort Ste. Adresse, ein altes Seefahrernest in schön exponierter Lage vorn auf der Felspitze. Von hier geht der Blick rüber auf die großzügig angelegten Strandpromenaden, deren Badespaß aber zynisch gebrochen wird von riesigen Frachtern, die zu Dutzenden unmittelbar

Betonkultur in Le Havre I: »Atommeiler« als Kulturzentrum

davor ankern und aufs Frachtlöschen warten: Schiffsbahnhof.

Über Kanäle gelangten die Frachter früher direkt in die Innenstadt, in die alten Hafenbecken, Bassin du Roi und Bassin du Commerce. Das ganze Bassin du Commerce ist heute umgeben von Wohn-Silos aus Beton, einer schriller als der andere. Beispiel der Reißbrettplanung ist die Avenue Foch mit den Verwaltungs- und Regierungspalästen, eine zentral angelegte Triumphstraße der Wiederaufbaumoral. Martialisch wirkt das Rathaus, vor dem nüchterne Pavillons den Charme von Rostlauben haben. Höhepunkt der Städtebaukultur: der Platz Espace Niemeyer, in dessen Mitte unter einer Art Atommeiler ein Kulturzentrum versteckt wurde, das Centre Oscar Niemeyer. Schlimm, aber absolut sehenswert,

weil einzigartig spröde. Baumeister dieser Stadt der Nachkriegszukunft war Auguste Perret (1874-1954), ernsthaft gepriesen als der »Magier des Stahlbeton«.

Von der Innenstadt gelangt man schnell hinüber in den Ozeanhafen. Kilometerweit riesige Getreidespeicher, massenweise Trockendocks, Kohle- und Erdöllagerungen, ein wildes, lebendiges Hin und Her, dazwischen der Fährverkehr nach England, Irland und Island. Die Hafenanlagen, zwischen denen hin und wieder melancholische Reste alter Hafenarbeiterhäuser stehen geblieben sind, ziehen sich 20 Kilometer weit ins Landesinnere, entlang der Seinemündung. Le Havre zeugt von der doppelten Qual des Krieges: erst zerbombt und wegrasiert, dann übereifrig wieder aufgebaut.

Betonkultur in Le Havre II: Kindergarten neben Tiefgarage

Côte fleurie und Côte du Calvados
Von Honfleur nach Bayeux

Die Küste zwischen der Seinemündung im Osten und der Halbinsel Cotentin im Westen ist die lieblichste, sandigste und touristischste der Normandie. Den westlichen Teil, die »Blumenküste«, nennt man wegen der vielen Seebäder mit Promenaden, Kasinos und Grandhotels auch die »Côte d'Azur des Nordens«. Der Osten, die Calvados-Küste, heißt mit zweitem Namen »Küste der Befreiung«: Hier landeten im Juni 1944 auf einer Breite von 60 Kilometern die Alliierten.

Von beidem nahezu unbehelligt blieb *Honfleur*, die schönste Hafenstadt der Normandie. Der Meinung waren auch Maler, Schriftsteller und Musiker wie Eugène Boudin, Claude Monet, Alfred de Musset und Eric Satie, die zum Genießen und Arbeiten in den kleinen Fischerort kamen. Die Maler der »Schule von Honfleur« sind vor Ort im Musée Eugène Boudin zu besichtigen. Honfleur hat rundherum um das alte Hafenbekken malerische, bis zu sechsstöckige Fachwerkhäuser, die schmal aneinandergeklebt den Charme alter Großstädte haben. Die meisten Küstenstädte dieser Gegend haben als Häfen solche »Bassins« angelegt: Wegen der flachen Sandküste mit Ebbe und Flut wurden fast gezeitenunabhängige Becken im Hinterland ausgehoben und befestigt. Die Normannen, und die waren traditionell hervorragende Schiffsbauer, hatten die Fachwerktechnik hoch entwickkelt; sie kannten sich aus mit besten Holzsorten und -lagerweisen, deshalb errichteten sie auch ihre große Kirche komplett aus Holz, die sehenswerte Église Ste. Catherine aus der 2. Hälfte des 15. Jahrhunderts. Weil ihr (ebenfalls hölzerner) Glokkenturm separat steht, ähnelt das Kirchenschiff eher den mittelalterlichen Markthallen der Normandie. Es grenzt an ein Wunder, daß diese alte Holzstadt mit ihren engen Gäßchen und Winkeln bis heute von Feuer verschont blieb. Von Honfleur aus starteten im 16. und 17. Jahrhundert Seefahrer wie Samuel de Champlain nach Nordamerika und gründeten das französische Kanada.

Am Ufer von Honfleur schaut man noch hinüber auf die Öltanks der Industriehäfen von Le Havre. Erst westlich öffnet sich jetzt das weite Meer.

Auf den Hügeln der hier seicht zum Ufer abfallenden Küste liegen viele Bauernhöfe, die, im typisch skandinavisch-normannischen Stil aus mehreren kleinen Holzhäusern bestehen: ein Wohnhaus, eins für Lagerung, eins für Vieh, eins für Magd und Knecht. Hier an der Côte de

Grâce stehen die Apfelbäume des Cidre bis hinunter ans Meer, dieses Küstenstück gilt wegen seiner sanften Hügelformen und kräftigen Farben als besonders idyllisch, ist deshalb meist überlaufen von Urlaubern aus Paris.

Deauville, das St. Tropez des Nordens, ist gemeinsam mit der Zwillingsstadt Trouville der »maritimste Vorort von Paris«, das Eldorado der Badefreuden. Deauville hat knapp 5.000 Einwohner, 25.000 Betten, ein legendäres Kasino (das von Trouville ist faszinierender!), Pferderennen, endlose Sandstrände, Segelregattas, Karaoke-Discos, und ein international anerkanntes Filmfestival für amerikanische Filme (jedes Jahr in der ersten Septemberwoche). Wo geht's zur Croisette? Wer eine Grandhôtel-Promenade à la Cannes erwartet, wird schwer enttäuscht.

Ein kitschiger, pseudo-normannischer Holz- und Giebelbaustil hat sich aus unerfindlichen Gründen durchgesetzt: Normandy is fantasy.

Nach Deauville folgt ein Seebad dem anderen: Blonville-s-Mer, Villers-s-Mer, Houlgate, Cabourg – die Orte und Appartement-Burgen (ab 233.000 Francs) gehen nahtlos ineinander über. Der Strand ist ihre Hauptattraktion, und der ist schließlich auch endlos, ohne Unterbrechung. Zwischendrin nur mal Bunker des Atlantikwalls. In einem solchen Bunker vor Ouistreham ist heute die Diskothek »le surfer«.

Es empfehlen sich Abstecher ins Dünenhinterland, auf die Hügel der ruhigeren Apfellandschaft, wo man auf normannische Manoirs trifft, auf die typisch normannischen feldsäumenden Baumalleen, auf satte Weiden und noch sattere Kühe.

Das Casino von Deauville

In Ouistreham beginnt hinter der Mündung der Orne das Landungsgebiet der Alliierten, ausgeschildert als »circuit du débarquement«. Entlang der Küstenstraße D514 reihen sich die Mahnmale und Panzermonumente, die Soldatenfriedhöfe, Gedenksteine und Befreiungskreuze, jede Region hat ihr eigenes Museum. Nebeneinander, eingeteilt von Ost nach West nach Code-Namen, landeten Kanadier (Sword-Beach), Engländer (Juno-Beach, Gold-Beach) und Amerikaner (Omaha-Beach, Utah-Beach).

Aber zunächst bleibt die Küste bis St. Aubin ganz im Zeichen des Appartementtourismus. Das flache Land verbirgt nichs. Erst Langrune ist wieder so etwas wie ein Fischerdorf, Courseulles-s-Mer schließlich ist berühmt für seine Austernzucht. Im Hinterland von Courseulles, entlang der D170 liegen das sehenswerte Renaissance-Schloß Fontaine-Henry und die romanische Kirche (11. Jahrhundert) von Thaon.

Vorne lockert sich die Küste angenehm auf, fast könnte man einsame Strandplätze finden. Die Küste wird frei aber auch steiler, eine Klippe ragt über den Sandstränden empor. In *Arromanches* bauten die Alliierten einen ihrer mobilen Schwimmhäfen (Mulberry B), die sie extra für die Landung in britischen Docks entwickelt hatten. Draußen im Sand liegen noch zahlreiche der alten Beton-Pontons, die hier als Hafenbecken auf Grund gesetzt worden waren und jetzt bei Ebbe z.T. zu Fuß zu erreichen sind. Das Meer arbeitet stetig am Zerfressen des Betons, die »Toten Wale« werden aber noch eine Weile liegen. Die Austernfischer schätzen sie als ausgezeichnete Mu-

Am Hafenbecken von Honfleur

Ausschnitt aus dem 70 m langen Wandteppich von Bayeux

schelbänke. Auch nisten in den Kavernen immer wieder fette Seeaale, die dann leicht zu fangen sind. Ein paar Kilometer weiter westlich stehen die berühmten Bunker der Geschützbatterien von Longues-s-Mer. Von hier aus wehrten die deutschen Truppen ab und kontrollierten die ganze Mündung der Seine.

In Arromanches steht eines der zahlreichen Memorial-Museen. Modelle, Uniformen, Fotografien und ein alter Marinefilm »erklären« den Ablauf der Ereignisse des 6. Juni 44. Aufschlußreicher ist das große, »offizielle« Invasions-Museum in Bayeux, außen am südlichen Stadtring gelegen. *Bayeux* war von den Alliierten so blitzschnell eingenommen, daß es fast zu keinem Gefecht, zu keinem Bombardement kam; deshalb sind Stadt und Kathedrale gut erhalten. Die große Kathedrale Notre-Dame, 1077 geweiht, hat einen schönen Kapitelsaal. Hauptattraktion von Bayeux ist ein Teppich: die Tapisserie de la Reine Mathilde. Einen halben Meter breit, aber 70 Meter lang, fertiggestellt im Jahre 1077, erzählt der Stoff umfassend über Leben und Sterben der Männer im Mittelalter (nur eine einzige Frau ist abgebildet!). Der gestickte Wandteppich dokumentiert in unzähligen, direkt ineinander übergehenden Szenen die Eroberung Englands durch das Normannenheer unter Guillaume 1066. (Viele preisen die Bildergeschichte als französische Erfindung des Comic; aber schon in der Antike war es üblich, Kriegsgeschichten in Friesen, die spiralförmig um Siegessäulen gemeißelt wurden, abzubilden.) Das Museum ist informativ und eindrucksvoll der abgedunkelte Ausstellungsraum, in dem man um 9.30 Uhr, kurz nach Öffnung, auch noch alleine ist.

Die Inseln im Kanal

Alderney, Guernsey, Jersey, Herm und Sark

Die einen kommen wegen des Golf-strom-Klimas hierher, die anderen wegen der Steuervorteile. Engländer schätzen ihren französischen Charme, Franzosen den britischen Charakter. Gesprochen wird mal englisch, mal französisch. Die fünf Kanalinseln sind eigenwillig, wenn auch nicht gerade rasend aufregend: südliche Palmen und karge Granitfelsküsten, Sandstrände und ehrwürdige Castles. Alte Festungen, alte Bauern- und Fischerkaten, dazwischen viel Neubau, viele Sommerresidenzen. Empfehlenswert: Auf Guernsey der Hafen und die Südküste, auf Jersey der Nordwesten, und von den kleineren Inseln Sark.

Politisch gehören alle fünf zu Großbritannien, aber Westminster hat kaum was zu sagen: eigenes Parlament, eigenes Geld, eigene Steuerhoheit, eigene Briefmarken, eigener Haushalt. Wegen der kompletten Steuerfreiheit und anderer Kapitalfreundlichkeiten tummeln sich hier die Porsches und Rolls Royces: eine Geldwaschanlage. Und den Mini-Staatshaushalten der Inseln geht's dabei prächtig, weil sie allein 45% ihrer Ausgaben mit Erlösen aus dem Hin- und Herschieben von Kapital aus aller Welt decken. Auf der Insel Guernsey finden sich im Branchenbuch neben mageren sechs Schön-heitssalons 59 Adressen renommierter Banken.

Schon seit dem 11. Jahrhundert sind die Inseln britisch, wurden aber stets geführt von normannischen Familien. Man kokettiert gern mit der Blaublütigkeit der Insel-Geschichte. Zwischen den Inselfürsten herrscht herbe Konkurrenz. Schon während des britischen Bürgerkriegs 1642-1645 waren die Inseln kurios zerstritten: Jersey kämpfte royalistisch, Guernsey schlug sich auf die Seite Cromwells und der Parlamentarier. Die Briefkästen von Jersey sind rot, die von Guernsey blau. Heute neidet man sich gegenseitig die Touristenströme.

Im 2. Weltkrieg waren diese Inseln das einzige von deutschen Truppen besetzte Stückchen England. Bunkerreste des Atlantikwalls auch hier überall. Auf Jersey stehen unweit der Hauptstadt St. Helier noch Reste eines German Underground Hospital, dessen bunkerartige Kelleranlagen dort 1942 von russischen Kriegsgefangenen in den Fels geschlagen wurden. Das bombensichere Krankenhaus war nur wenige Wochen in Betrieb, bevor die Alliierten die Inseln befreiten.

Auguste Renoir war auf Guernsey und malte seine »Drei badenden Frauen« – drei englische Fräuleins

Ein Dreimaster-Schulschiff auf großer Fahrt zwischen den Inseln

hatten ihn damit überrascht, daß sie ihre angelsächsische Prüderie samt Kleidern über Bord geworfen hatten.

Victor Hugo floh hierher im Oktober 1855 vor dem Staatsschutz Napoleons III. Die Kanal-Inseln wurden für sechzehn Jahre sein Exil, bis er auch von hier vertrieben wurde, weil seine Anwesenheit die französisch-englischen Beziehungen »belastete«. Auf Guernsey schrieb er »Les misérables«, »Les Travailleurs de la Mer« und »L'Homme qui rit«. Hoch oberhalb der pittoresken Haupt- und Hafenstadt St. Peters Port liegt sein Haus. Hinter einem Fenster im dritten Stock soll er gesessen und geschrieben haben – mit Blick aufs Meer. Zwischen den Zeilen wird er jedoch hinübergeeilt sein zu einem anderen Fenster: Von dort aus blickt man hinüber zum Haus von Juliette Drouet, seiner entzückenden Maitresse.

Die drei kleineren Inseln sind einsamer, romantischer und an stürmischen Tagen äußerst temperamentvoll. Alderney, knapp 2.000 Bewohner, fällt auf durch seine vielen Befestigungsanlagen. Die stille Insel ist bis auf Traktoren nahezu autofrei. Auch Sark ist autofrei, es gibt nur Pferdekutschen, Traktoren oder Fahrräder. Die Insel ist zweigeteilt, die Teile sind nur über eine abenteuerlich schmale und steile Landzunge, »La Coupée«, miteinander verbunden. Dieses einzigartige Stück Bergstraße ließen die Briten 1945 von deutschen Kriegsgefangenen als Reparationsleistung bauen. Auf dem Südteil der Insel stößt man auf zahlreiche alte Silberminen aus dem 19. Jahrhundert, deren Schächte aufgegeben werden mußten, als das Wasser einbrach.

Sark ist nach wie vor in blaublütiger Hand. Bis zu ihrem Tode 1974 war Miss Sibyl Hathaway die Dame of Sark, seither regiert Enkel Michael Beaumont. Auf Sark gilt noch das Adelsprivileg der Tauben- und Hundezucht. Beaumont unterhält einen typisch normannischen Colombier, seine Hunde werden ehrenvoll bestattet. Er residiert im Palast des Inseloberhauptes, der Seigneurie, einem alten Manoir aus dem 16. Jahrhundert In der Nähe geht es zum attraktiven Port du Moulin, einer wilden Hafenbucht mit einem in den Fels geschliffenen Natur-Fenster.

Alle Inseln haben jeweils einen eigenen Charakter. Sie eignen sich gut für mehrere Tage Insel-hopping. Vom Festland-Hafen Cateret aus erreicht man Jersey in einer halben Stunde.

Die normannische Schweiz

Von Putanges nach Thury-Harcourt

Um das Hinterland der westlichen Basse-Normandie kennenzulernen, eignen sich viele Gegenden. Die Halbinsel Cotentin z.b. ist eine großzügige, flache Radfahrerlandschaft mit Moor und Heide, mit endlosen Kuhweiden und kleinen Dörfern.

Attraktiv sind weiter im Süden die Flußläufe von Sélune, Vire und Orne. Entlang des oberen Teils der Orne liegt die normannische Schweiz. Hier treffen sich die, die sich vom Meer erholen wollen. Die Orne gräbt sich in mäandernden Bögen durch die Schichten des armorikanischen Felsplateaus, dabei entstehen kleine Schluchten, abwechslungsreiche Blicke, optimal für Kanu und Kajak in mäßiger Gefahrenstufe. Von Putanges aus, gelegen an der D909, 20 km westlich von Argentan, schlängelt sich die Orne über 100 Kilometer flußabwärts Richtung Norden durch eine abwechslungsreiche Flußlandschaft mit Stauseen, Schluchten, Burgruinen und Schlössern. Über weite Strecken kann man im Tal dem Flußlauf nur auf schmalen Trampelpfaden folgen, wenn überhaupt. An einigen Stellen (z.B. Putanges, Clécy, den Stauseen) werden für alle Fälle Boote vermietet. Weil es keine Uferstraße gibt, wählen Autofahrer am besten kleine Straßen, die oberhalb der Schlucht bleiben. Besser aber: aussteigen und runter ans Wasser.

Bei Putanges muß man erst den Stausee von Rabodanges hinter sich lassen. Dann gelangt man, vorbei an der Moulin-de-la-Jalousie in die Schlucht der Gorges de St. Aubert, dann zu einer Stelle unterhalb des Roche d'Oetre, des Vorzeigefelsens im ganzen Tal. Dann geht es nach einer weiteren Staustufe und einem scharfen Bogen weiter zur schmalsten, wenige Meter breiten Passage, dem Méandre de Rouvrou. Am Pont d'Ouilly mündet von links der Noireau, die Orne wird wieder breiter. Nach der Brücke von le Bô kommen rechts die Rochers des Parcs, man unterquert die Eisenbahnbrücke Viaduc de la Lande, vor sich die Hügelspitze des Croix de la Faverie. Der jetzt links auftauchende Ort Clécy ist sehr touristisch und zeigt sein wenig außergewöhnliches Manoir de Placy.

Gegenüber von Clecy liegen die Felsen des Berges namens Pains du sucre. Von dort oben blickt man rundum über das Tal und die Rochers de la Houle. Hier wurden aus den Bergen viel Erz gefördert, angeblich das beste der Normandie. St. Rémy ist noch ein alter Bergbauort, die Mienen wurden erst 1967 geschlossen. Minerale werden zum Kauf angeboten. In Thury-Harcourt liegt direkt neben dem Flußlauf die Ruine des Schlosses, daß sich der Fürst von Harcourt im 13. Jahrhundert bauen ließ. Kurz hinter dem Ort schlägt die Orne ihren wildesten Haken. Dann schließlich öffnet sich die Schlucht endgültig, das interessanteste Stück ist vorbei.

Von alten Platanen gesäumte Landstraße – heute nur noch Spazierweg

Mont St. Michel

Den Mont St. Michel nennen die Franzosen stolz »Wunder des Abendlandes« oder »Cheopspyramide des Meeres«. Seit dem 10. Jahrhundert pilgern die Menschen in Massen hierher. Zunächst war er ein religiöses Wallfahrtsheiligtum, dann eine Schutzburg gegen Angriffe der Normannen, später gegen Angriffe der Engländer. Heute ist er die Touristenattraktion schlechthin.

Die Insel, auf der Kirche, Kloster und das 180-Seelen-Dorf errichtet wurden, ist ein kreisrunder Felskegel mit 900 m Umfang und 78 m Höhe und liegt mitten im Watt.

Noch im Mittelalter lag der Fels, ebenso wie der 15 km weiter im Hinterland gelegene Mont Dol, weit draußen im Meer. Die Bauern deichten dann (besonders im 19. Jahrhundert) immer mehr Wattgebiete der weiten Bucht ab, machten sie mit Feldern urbar und rückten so immer dichter an den Wunderberg heran, der jetzt fast seinen Inselstatus verlor. Da griff man von höchster Stelle ein, der Berg blieb eine Insel, nur über einen kilometerlagen Deich mit dem Festland verbunden. Der Fels liegt genau in der Mündung des Flusses Couesnon, des traditionellen Grenzflusses zwischen Normandie und Bretagne. Früher spülte er östlich am Berg vorbei – machte den Berg damit bretonisch. Der von der

Am besten frühmorgens: das Wunder des Abendlandes

Souvenir-Fratzen für 2.000 Touristen täglich

Flut angeschwemmte Sand verschob die Mündung westwärts – jetzt wurde der Berg normannisch. Für immer – jedenfalls so lange der Deich hält.

Im Jahre 708 erschien dem Bischof Aubert von Avranches der Erzengel Michael mit der Aufforderung, auf dem Berg eine Kapelle zu errichten. 966 wurde das Kloster gegründet, und es entstand eine Kirche, die später zur Basilika ausgebaut wurde. Weil weit und breit außer dem zu bebauenden Felsen kein Baumaterial zur Verfügung stand, mußte man die Felsen mit speziellen Flößen von den Iles de Chausey heranholen.

Im Zuge der Revolution wurde 1790 auch hier das Kloster aufgehoben. Bis 1863 diente es als Strafanstalt. Ab 1922 wurde in der Kirche wieder gepredigt, seit der Tausendjahrfeier 1966 leben im Kloster wieder Benediktinermönche.

Die Bebauung des Berges birgt neben der Kirche eine eindrucksvolle Krypta, das Labyrinth der Klosteranlage mit ihren Lager-, Wach- und Arbeitsräumen, sowie eine gotische Abtei, genannt La Merveille, das Wunderwerk: ein dreistöckiger Komplex aus Keller- und Schlafräumen, einem Rittersaal, dem Empfangssaal Salle des Hôtes (35 m lang) sowie dem Speisesaal. Der Klostergang im oberen Stock wird von 227 schlanken Säulen getragen, ist reich geschmückt und öffnet sich an der Nordseite mit einem Panoramafenster dem Meer.

Hier in lichter Höhe über dem Meer verweilt zu haben, dürfte in der Tat inspirierend gewesen sein.

Man kommt auch noch höher hinauf. Manche Führer lassen sich dazu überreden, einen Seitenturm aufzuschließen, von dem man über eine schmale, schwindelerregende Außentreppe bis auf das Kirchendach klettern kann. Jetzt hat man über sich nur noch den goldenen Erzengel Michael.

Das Kloster kann nur von 9 bis 11.30 Uhr und 13.30 bis 18 Uhr (November bis April lediglich bis 16 Uhr) und nur im Rahmen von Gruppenführungen besichtigt werden.

Reisen durch die Bretagne

Die Kelten teilten das Land in zwei Hälften: das Land des Meeres, keltisch »Armor«, und das Land des Waldes, »Argoat«. Einerseits 1.200 Kilometer verwinkelte, felsige Küste, andererseits das Landesinnere mit Heide, Flüssen, Seen, Moorgebieten und alten dunklen Wäldern.

Noch in den 70er Jahren schien in der Bretagne die Zeit stehengeblieben zu sein: die Region war arm, verlassen, galt als grau, bizarr und eigenwillig. Es entstand ein romantisches Bretagne-Bild, das Bild vom einsamen, von Stürmen umtosten Küstendorf, in dem die Menschen noch le-

ben, wie in der guten alten Zeit. Die Bretagne als romantisches Bollwerk gegen alle Übel der Moderne. Diese Zeiten sind vorbei. Die Bretonen sagen: Zum Glück.

Heute ist die Bretagne so erschlossen wie jede andere Region Frankreichs auch, nach der Cote-d'Azur ist sie das zweitwichtigste Urlaubsziel. Aber die Küste ist so lang und verwegen, daß dichter Tourismus und leere Buchten gut nebeneinander existieren.

Beim Wetter ist die Bretagne äußerst temperamentvoll, die kräftigen Atlantikwinde sorgen für schnellen

Am Westzipfel in der Region Finistère (finis terrae) – dem Ende der Welt

Wechsel: Sonne, Sturm, Sonne, Regen etc. Der vorbeifließende Golfstrom bringt mildes Klima: im Winter lau (Durchschnitt 6-7 Grad), im Sommer nicht zu heiß (Durchschnitt 17-19 Grad). Die Südküste ist insgesamt milder und regenärmer als der Norden, der Westen bei Brest stets kälter als die östlicheren Regionen.

Sehenswert sind die Côte Émeraude mit der Festungsstadt St. Malo und dem Seebad Dinard. Von dort aus lohnt sich das Rance-Tal landeinwärts bis Dinan. Die Côte du Granit rose bei Perros-Guirec. Die Bucht von St. Pol-de-Léon und Carantec. Die Aber-Küste im Westen mit den Fjorden des Wrac'h und des Benoit. Schließlich Finistère, das rauhe Ende der Welt, z.B. im kleinen Hafen von Portsall. Südlich von Brest die Halbinsel Crozon, mit der wilden Felsspitze Pointe de Penhir

und den schönen Stränden zwischen Morgat und Douarnenez. Ebenso stürmisch ragt in den Atlantik die Pointe du Raz, die Spitze der Halbinsel Sizun. Dann die südliche Bretagne, das Pays du Bigouden, mit seiner »Hauptstadt« Pont-l'Abbé. Bei Carnac das Zentrum der Megalithkultur, wo sich die Steinzeugen besonders zwischen der Halbinsel Quiberon und dem Golf von Morbihan häufen. Schließlich die Halbinsel von Guérande am Delta der Loire mit Mooren und Salzfeldern.

Im Binnenland die Monts-d'Arrée: Hochebenen mit Moor, Heide und der Granitspitze Roc-de-Trévezel; nördlich davon Dörfer mit typisch bretonischen Kalvarienbergen und umfriedeten Kirchbezirken; südöstlich Huelgoat, das Märchendorf im Wald. Sehenswert die Wälder von Quénecan und Paimpont.

Das Fahrrad als Nahverkehrsmittel zwischen den Dörfern

St. Malo

Das legendäre Seeräubernest, Hauptstadt der gefürchteten Korsaren. Genauso tollkühn wie die schwarzen Piraten über die Meere zogen und Schiffe kaperten, bauten sie ihren Heimathafen St. Malo. Die »ville close«, das alte von einer hohen, geschlossenen Ringmauer umgebene Zentrum der Stadt, ist Ausdruck ihres Stolzes, ihrer Macht und ihres Eigenwillens: »Ni Francais, ni Bretons: Malouins suis« (Weder Franzose noch Bretone, Bürger von St. Malo bin ich).

Die Korsaren waren Piraten der edlen Sorte. Anders als ihre normalen Kollegen, die unter der Totenkopfflagge einfach drauf los und auf eigene Rechnung überall auf den Weltmeeren Handelsschiffe kaperten, waren die Korsaren mit einem königlichen Freibrief ausgestattet. Der Kaperbrief erlaubte ihnen offiziell, Schiffe fremder, befeindeter Nationen aufzubringen, zu entern, Waren und Besatzung zu verschleppen und dafür Lösegeld zu fordern. Als Gegenleistung boten die schnel-

Nachfahre der Korsaren-Kapitäne

192

len und wendigen Korsarenschiffe der königlichen Handelsflotte Geleitschutz. Ihre Flagge war nicht der Totenkopf, sondern ein weißes Kreuz auf blauem Grund. Mit staatlicher Billigung wurde ihre Piraterie legal, kommerziell gepflegt, und von Hollywood veredelt: Der »Rote Korsar« (1952 von Robert Siodmak nicht am Orginalschauplatz, sondern auf Ischia gedreht) zeigt einen aristokratisch-sportlichen Burt Lancaster – mit dem Geschmack von Freiheit und Abenteuer. Genau wie im Film, wo Lancaster im Auftrag des reichen Baron Grudas Galeone seeräubert, war es in St. Malo üblich, daß geldgierige Aristokraten Aktiengesellschaften gründeten, mit dem Geld Kosarenschiffe ausrüsteten und die Gewinne anschließend als Rendite ausschütteten.

Zu den bekanntesten Korsaren zählen Porcon de la Bardinais (1639-1655), der in einer Ehrensache sich vom Piratenscheich von Algier vor eine Kanone spannen ließ und von der Kugel zerfetzt wurde, sowie René Duguay-Trouin (1673-1763) der mit 24 Jahren als Fregattenkapitän Rio eroberte. Robert Surcouf (1773-1827), der »Schrecken der Engländer«, war mit 36 so reich, daß er sich als Reeder in St. Malo niederließ und andere schickte.

Alle drei verbrachten ihre Kindheit hinter dem hohen Stadtmauerring, in der Ville close. Die alten Gebäude wurden nach der Bombardierung im August 1944, der acht von zehn Häusern zum Opfer fielen, sorgfältig wiederaufgebaut. Die zum Teil aus dem 12. Jahrhundert stammenden Wehrmauern ringsum blieben unzerstört. Mehrere Treppenaufgänge an den Toren und Eckbastionen führen hinauf. In der Ville close wurde im 11. Jahrhundert eine eigene Kathedrale errichtet, deren Restauration 1972 abgeschlossen wurde; unweit davon steht das Schloß der Herzogin Anne. Die letzte Herrscherin der eigenständigen Bretagne war sehr beliebt. Nur die eigenwilligen Korsaren von St. Malo murrten. Da schickte die Herzogin eine Garnison, um die Stadt zu schützen und zugleich zu überwachen. Den stolzen Korsaren war das gar nicht recht, sie fühlten sich gedemütigt. Anne setzte noch eins drauf. Sie zwang den Rat der Stadt, in der Ville close folgende Plakette an einem Turm anzubringen: »Qui qu'en groigne ainsi sera car tel est mon bon plaisir« (Ihr möget darüber murren, aber es soll so sein, weil es mir gefällt). Der Turm heißt heute Tour Quic-en-Groigne.

St. Malo ist eine Gezeitenstadt: Bei Ebbe läuft man zu Fuß hinüber zu der kleinen Insel Ile du Grand Bé. Auf diesem Eiland liegt unter einer schlichten Platte ohne Namen Francois-René de Chateaubriand (1768-1848) begraben. Am Ende seiner Pariser Karriere wollte er wieder zum Meer zurück.

Sehenswert sind in St. Malo die vier großen Bassins, in denen die Seeschiffe in Mitten der Stadt Schutz fanden. Außerdem empfiehlt sich ein Fußweg hinüber zu der Festung von St. Servan und den Felsen der Corniche d'Aleth. Gebadet wird im Norden in Paramé.

Die Côte du Granit rose

Eine Szenerie aus rosafarbenen, rund abgeschliffenen Felsen. Die Küste voller bis zu zehn Meter hoher Felsen, die trotzdem aussehen wie kleine, modellierte Figuren aus Ton: Fremdartig und vertraut, wie Plastiken von Henry Moore. So figürlich, daß die Bretonen ihnen Namen gaben: Hexe, Teufelsburg, Napoleon-Hut, Flasche, Totenkopf oder Schildkröte.

Zwischen Perros-Guirec und Tré-beurden verläuft das bizarrste und eigenartigste Stück Felsküste der Bretagne, die Corniche bretonne. Die Region ist touristisch dicht erschlossen. Bis weit ins Hinterland stehen Appartmentburgen und Campingplätze. In den Buchten gehen immer mehr Segel- und Motoryachten vor Anker. Wie im großen Hafen von Perros, wollte auch das gegenüberliegende Trébeurden ein riesiges, tiefes Hafenbecken, um den Touristen viele, viele gezeitenunabhängige Bootsanlegeplätze bieten zu können. Denn ein Gerücht kursiert entlang der Küste: Kommen die Segler, dann kommen die Investoren, die Hotels und Appartments und mit ihnen das Geld.

Trotz der starken Besiedelung bleibt die Rosen-Granitküste attraktiv. Sommergäste gibt es hier schon seit dem 18. Jahrhundert, die Touristenkultur hat gemäßigte Formen gefunden, die Bretonen leben davon. Die Ecke hat einen guten Ruf, die einmalige Felsensilhouette ist eben zeitlos und märchenhaft.

Von Perros-Guirec, einem lebendigen Segel- und Fischerhafen führt die Straße über einen Felsvorsprung hinüber in die kleine Bucht von *Trestraou*. Anders als in Perros, herrscht hier noch die alte Seebad-Athmosphäre. Inmitten der Bucht liegt ein sichelförmiger Strand, hinter dessen Promenade das ehrwürdige Grandhôtel und ein Casino überlebt haben. In die steilen Klippen links und rechts sind weitere kleinere Hotels und Sommersitze gebaut. Typisch für die hiesige Küste, hängen sie hoch über dem Meer, meist über Treppen mit dem Wasser verbunden.

In der Bucht von Trestraou beginnt ein sehr schöner und berühmter Küstenwanderweg, der alte Zöllnerpfad (am besten bei Flut). Hier patrouillierten einst die französischen Importwächter, um den emsigen bretonischen Schmugglern das Handwerk zu legen. Der »Sentier des Douaniers« führt direkt entlang der Küste durch den Felsenpark, heute Naturschutzgebiet. Vorbei am Felsen Teufelsschloß, über die Landzunge Pointe Squewel zum Leuchtturm von Meen Ruz zur Bucht von Ploumanach, in der auf einer vorgelagerten Insel das Vorbild aller

Disney-Märchenschlösser steht: das Chateau de Costaères. Das Top-Fotomotiv der Bretagne. Das Schloß wurde 1892 von einem Polen erbaut, später schrieb Henry Sinkiewicz hier sein Nobelpreisbuch »Quo vadis«, in den 70er Jahren kaufte es eine japanisch-französische Firma, bis es 1989 unser Lachsack Didi Hallervorden erstand. Angeblich in stürmischer Liebe zu einer romantischen Frau, die Didi im Schloß gleich feurig heiratete. Leider brach bald nach der Heirat, am 7. September 1990, ein wirkliches Feuer aus und verwüstete im Schloß zwei Stockwerke, die aber renoviert wurden. Didi hat streng verboten, daß Hinz und Kunz auf seiner Märcheninsel rumtrampeln. Aber wer kann, darf das Eiland komplett mieten: fünf Schlafzimmer, zwei Bäder, Rittersaal und Kaminzimmer. Zu Diensten steht ein Verwalter, der den Müll zum Festland und die Croissants ans Schloßtor bringt. Pro Tag, alles inklusive: DM 1.000,-. Kontakt über den Hamburger Insel-Vermieter Farhad Vladi.

Von Ploumanach führt der Küstenpfad weiter nach Trégastel, einem für seine vielen kleinen Sandstrandbuchten bekannten Badeort. Zwischen Trégastel und Trébeurden führt eine kleine Straße hinüber auf die Ile Grande, eine von Ferienhäuschen besetzte Granitinsel. Die Insel selbst hat eine Ornithologen-Station und bildet den südlichen Teil des großen Vogelreservats auf den Sept Iles, einer Inselgruppe, die der Granitküste vorgelagert ist. Von Perros und Trestraou aus fahren Boote hinüber in dieses älteste französische Vogelschutzgebiet, das von Paris

»Le Gouffre«, das Waffelhaus in Plougrescant

Bizarre Felsen als Kletterparadies

nach der Öl-Katastrophe der Amo-co-Cadiz hier aufgebaut wurde, und in dem man neben vielen Möwen- und Baßtölpelarten auch mit Glück den knallbunten und seltenen Papageientaucher trifft. Bis auf die Ile aux Moines sind alle Inseln für Menschen gesperrt.

Ebenso reizvoll und weniger besiedelt als die Corniche bretonne ist das Küstenstück östlich von Perros. Über Trevou gelangt man in das attraktive und ruhige Port-Blanc, von dort über Plougrescant zur Pointe du Chateau. Hier leben Bauern, Fischer und Sommerresidenzler. Die Atmosphäre in den Ortschaften ist äußerst angenehm. In dieser Region ist die Küste besonders flach und das Felsenmeer reicht weit hinaus. Bei Ebbe optimal für Krebs- und Algenfischer sowie für Kletterer.

Am oberen Ende der Halbinsel der Pointe du Chateau, 2 km von Plougrescant entfernt, steht noch ein märchenhaftes Haus. Zwischen zwei Granitblöcken wie eingeklemmt, hat es den Spitznamen Le Gouffre, die Waffel. Der Besitzer grüßt: Betreten strengstens verboten.

Inseln im Atlantik
Ouessant, Groix und Belle-Ile

An der äußersten Westspitze der Bretagne liegt der Hafen Le Conquet. Von dort fährt täglich eine kleine Autofähre hinaus ins weite Meer Richtung Westen mit dem Ziel *Ile de Ouessant*. Vorbei an endlosen, gefährlichen Felsenriffs aus Granit, mal schwarz, mal grünlich, dazwischen ein Halt an der Ile Molène, wo 500 Menschen von Tang und Fischfang leben. Weiter gehts durch die kräftigen Ströme, die Ouessant umspülen. Im Norden der Fromrust, im Süden der Fromveur, der mit 13km/h nach Norden drängt: Bei Seegang geht's hier ziemlich rund, bei Sturm begreift man, was eine Reeling ist. Nur zu – die bretonischen Atlantikinseln sind in erster Linie berühmt für ihr Seefahrer-Ambiente, für ihre Abenteuer und für ihre schroffen Klippen.

Die Fahrt nach draußen in die wilde, offene See weckt Erwartungen an ein Pirateneiland. Einmal den gefährlichen und äußerst zerklüfteten Granitklotz selbst betreten und von dort aus auf Europa zurückgeschaut zu haben, das ist für die meisten schon die größte und wichtigste Attraktion. Und weil das schnell getan ist, fahren sie mit der Fähre gleich wieder zurück. Zum Glück. Ouessant hat einen eigenen herben Charme, der sich erst mit einem zweiten, einsameren Blick erschließt, für den man Zeit braucht. Die klassische Herberge dazu ist das Hotel Roch Ar Mor (Tel.: 98-488019) direkt oberhalb der Klippen in Lampaul, mit Weitblick über die ganze Bucht, deren Arme der Insel ihre legendäre Form eines Krebses geben. Im Friedhof von Lampaul werden in einem Mausoleum neben der aufgefundenen auch den vermißten Seemännern symbolisch Kerzen gewidmet. Weil die Männer der Insel meist auf Fang sind und die Frauen allein für Familie und Soziales zuständig, herrscht auf Ouessant Damenwahl. Die Frauen stellten die Heiratsanträge, indem sie einen Kuchen backten und ihn dem Liebsten plus Schwiegereltern anboten. Biß der Junge wortwörtlich an, hatte die Sache geklappt.

Ouessant ist alles andere als eine Badeinsel. Die Felsen sind höllisch spitz. Neben ein paar ungefährlicheren »Einstiegsstellen« zwischen den Klippen in der Bucht von Lampaul gibt es einen einzigen Sandstrand im Norden, die Plage de Yuzin. Dort an der Nordwestküste bietet sich ein überwältigendes Klippenpanorama. Kilometerweit die steilsten und kargsten Wellenbrecher. 300 Schiffe kommen hier täglich vorbei. Mehr Informationen über Ouessant gibt ein Büro in Lampaul (Tel.: 98-488583).

Vor der Südküste der Bretagne liegt die *Ile Groix,* zu erreichen mit der Fähre von Lorient aus. Eine kleine, schon ziemlich dicht besiedelte Insel, die eher einem exklusiven Vorort von Lorient ähnelt. 2.500 Franzosen leben hier ganzjährig, manche arbeiten tagsüber auf dem Festland. Neben dem Hafen Port Tudy ist der von Locmaria der schönste Thunfischhafen der Insel. Die Thunfischer von Groix galten als die besten der Bretagne. Ihnen ist der Thunfisch gewidmet, der anstelle eines Hahns die Kirchturmsspitze ziert. Weil die Ile Groix wie jede typische Atlantik-Insel ein Granitplateau ist, sind auch ihre Küsten felsig, zerklüftet und unwegsam. Im Westen ist die Steilküste bis zu 40 m höher. Vom eher übersehenswerten Hauptort Groix aus führt ein schöner Fußweg südlich zum Trou-d'Enfer, einem markanten Felsloch mit Eingang zur Hölle, in das sich das Meer stürzt. Im Osten liegen die feinsandigen Badestrände der Plage des Grands Sables. Mehr über die Ile de Groix bietet das Fremdenverkehrbüro an (Tel.: 97/ 865308).

Jetzt geht es von Quiberon aus rüber auf die französische Perle im Atlantik, die *Belle-Ile.* Als die bretonischen Feen ihr Zauberreich am Meer verlassen mußten, warfen sie unter Tränen ihre Haarkränze ins Meer, wo sie zu Inseln wurden. Aus dem Kranz der Feenkönigin entstand die Belle-Ile. Sie gilt als Bretagne-en-miniature, denn die Insel bietet vielerlei auf engem Raum: wilde Felsen an der Südwestküste, weiches, sonniges Hinterland voller Weiden und Apfelgärten, ein Bauerndorf, ein Fischerdorf, dazu Strand und eine stattliche Hafenfestung. Im Sommer scheint auf der Belle-Ile die heißeste Sonne der Bretagne, im Herbst brechen die heftigsten Stürme gegen ihre südliche Côte sauvage. Hier stehen die Aiguilles de Port Coton, steil aufragende Felsnadeln, um die herum die Gischt manchmal wie Watte (coton) aufschäumt. Dazwischen gähnen Dutzende von Grotten. Manche wurden erweitert, unterirdisch weiläufig miteinander verbunden und dienten im Krieg als Schiffs-Kasematten.

Die Zitadelle vom Hafenort *Le Palais* stammt aus dem 16. Jahrhundert und wurde 1650 von Nicolas Fouquet erworben, dem Finanzminister von Sonnenkönig Louis XIV. Fouquet galt als der erfolgreichste Steuereintreiber von Versailles, so erfolgreich, daß er sich davon immer mehr für private Zwecke abzweigte. Mit den gemopsten Millionen verschanzte er sich schließlich in seiner prachtvollen Zitadelle, bis Louis XIV. ihn dort rausholen und ins Gefängnis von Nantes schaffen läßt.

In Bangor steht ein mächtiger Leuchtturm, 1835 errichtet und heute der größte in ganz Frankreich. Zwischen Ostern und September tagsüber zu besichtigen.

Ende des 19. Jahrhunderts wurde die Insel von der französischen Haute-Volé entdeckt. Courbet und Monet kamen und malten, Proust und Gide reisten an zum Luftschnappen, die Schauspielerinnen Arletty und Sarah Bernardt spazierten umher und erholten sich. Die legendäre Di-

Über hundert Leuchttürme regeln in der Bretagne den Schiffsverkehr

va Bernardt verbrachte bis 1933 vierzigmal ihren Sommerurlaub hier, wo sie sich an der Nordspitze eine alte Festung ausbauen ließ, das heutige Fort Sarah Bernardt.

Franzosen schätzen die Belle-Ile als besonders schön und begehrenswert, aber auch als eigenwillig und arrogant. Die Insulaner lassen nicht alles mit sich machen, verlangen horrende Preise und vermieten fast ausschließlich Zimmer mit Halbpension. Tatsächlich haben sie sich damit schlimme Auswüchse von Tourismus bis heute vom Leibe gehalten. Die Insel ist mit 4.500 Einwohnern noch geradezu spärlich besiedelt. Und obwohl die Hotelbetten immer recht knapp wird, sind kaum Hotelneubauten in Sicht. Für die Monate Juli/August gilt: entweder die Insel meiden oder Unterkünfte vorher buchen (mehr dazu unter Tel. 97-318193).

Die Halbinsel Crozon

Wer militärisch die Halbinsel von Crozon kontrollierte, der hatte damit zugleich die Macht über die Bucht von *Brest*. Und wer Brest kontrollierte, der besaß einen der größten und sichersten Kriegshäfen, von dem aus es sich gefahrlos im Atlantik operieren ließ. Das galt schon 1689, als Frankreichs Festungsbaumeister Nummer eins, Sébastien Vauban (1633-1707), im Hafen von Camaret einen massiven hohen Wehrturm errichtete. Solche Spuren Vaubans finden sich überall in Nord-Frankreich: an den Küsten, in den Häfen, wo immer es königliche Interessen mit Mauerwerk zu sichern galt, wurde der Generalinspekteur des Festungswesens planmäßig aktiv. Als 1694 Engländer und Holländer den Hafen von Brest nehmen wollten, mußten sie an Camaret vorbei. Dort aber stand der neue Vauban-Turm, und die feindliche Flotte wurde erfolgreich abgewehrt. Damit es den Feinden jetzt nicht möglich war, über das Festland anzugreifen, hatte Vauban die komplette Landzunge der Pointe des Espagnols zugemauert: In der Höhe der Ortschaft Quélern ließ er eine kilometerlange, massive Mauer vom West- bis ans Ostufer bauen. Sie steht heute noch.

Crozon als strategisches Tor – überall im Nordosten der Halbinsel stößt man auf Reste von Verteidigungsanlagen. Heute sind weite Teile der nördlichen Küste zwischen Le Loch und Fret wieder Sperrgebiet der französischen Marine. Die Anlagen in diesem Küstenstreifen sind weithin sichtbar. Die Militärpräsenz beeinträchtigt in der Tat den Charme von Nord-Crozon. Der Süden allerdings bleibt unbehelligt. Im Gegenteil: der Süden gilt unter Franzosen als Filetstück der Bretagne-Küste. Eine schon fast klassische Mischung aus wildem Fels und langen, leeren Sandstränden, mit einfachen Bauerndörfern und schonenden Campinganlagen. Außer in dem kleinen Morgat, dem Hafenortsteil der Stadt Crozon, finden sich kaum Appartementburgen und weit und breit kein Freizeithafen. Zwischen der Pointe de Penhir im Westen und Douarnenez im Süden bewegt man sich durch landschaftlich schönes, und dennoch wenig erschlossenes Küstenland. Im Hinterland erhebt sich der mächtige Hügel des dunklen Menez-Hom, des mit 330 m höchsten Bergs im Westen, und gleichzeitig Hausberg der Bretagne. Am 15. August pilgern die Bretonen dort hinauf in die Marienkapelle.

Im äußersten Nordosten wird Crozon abgetrennt vom Fluß Aulne, dessen weit einschneidenden Fjord man über die Brücke Pont de Térenez überquert, mit 272 m eine der größten Hängebrücken des Landes. Die Aulne war seinerzeit einer der besten Lachsflüsse Frankreichs. Der sich bis ins Waldgebiet Huelgoat schlängelnde Lauf bot hochwertige Laichgründe mit gutem Frischwasser. Heute sind die Lachse fort. Im Fjord liegen seit Jahren große Schiffswracks im Schlick und warten. Der Aulne-Fjord dient dem Hafen von Brest so als ruhiges Parkhaus bzw. als Friedhof. 2 km hinter der Brücke führt eine kleine Straße nordlich Richtung Landévennec, vorbei an der Bucht der Moulin-à-Met. Landévennec ist ein gemütliches Ort mit einer imposant gelegenen Kirchenruine aus dem 11. Jahrhundert samt Kloster, angeblich schon 485 n. Chr. von St. Guénolé gegründet, seit 1958 wieder von Benediktinern unterhalten.

Wegen der militärischen Sperrung der Nordküste, ist der einzig zugängliche und zugleich interessante Ort der kleine Hafen Le Fret. Von hier aus überblickt man einige Marineanlagen: Auf der gesperrten Halbinsel Ile Longue lagert die französische Atom-U-Boot-Flotte, der Stolz der Atom-Nation.

Im äußersten Nordwesten führt dann eine abwechslungsreiche Straße rund um die Landzunge der Pointe des Espangnols herum, mit bestem Blick hinüber auf den Hafen von Brest. Zweimal passiert man Vaubans Mauer.

Der Hafen von *Camaret* ist ein weltberühmter Langustenhafen, dazu noch Frankreichs größter. Um das Becken dieses Naturhafens – den 600 m langen Damm mit Vauban-Turm und Pilger-Kapelle hat die Na-

Der Langustenhafen von Camaret-s-Mer

»Coecilian«: Das Haus des Dichters Saint-Pol Roux

Direkt über den wild umbrandeten Klippen nahe der Pointe de Penhir thronen die skurrilen Ruinen eines ehemaligen Dichterschlosses. 1904 wurde dieser kleine Palast erbaut nach den Vorstellungen des französischen Lyrikers und Dramatikers Paul Roux, genannt Saint-Pol Roux (1861-1940). Im Juli 1898 bereiste der gebürtige Marseillais die Halbinsel Crozon, die ihm so gut gefiel, daß er sich gleich dort niederließ, zunächst für 6 Jahre im Dorf Roscanvel an der Pointe des Espagnols. Auf Spaziergängen längs der Felsküste fand er dann den optimalen Bauplatz für sein Traum-Haus mit poetischer »Endzeitkulisse«.

Saint-Pol Roux gilt als einer der wichtigsten Schüler Mallarmés. Mit einer leidenschaftlich okkulten Sprache und wilder Imagination beeinflußte er den Symbolismus der Jahrhundertwende und später den Surrealismus. Heute bei den Franzosen in Vergessenheit geraten, genoß Saint-Pol Roux – diesen Künstlernamen gab er sich selbst, nannte sich auch »le Magnifique« – in den 20er Jahren hohes Ansehen. 1925 veranstalteten die Surrealisten ihm zu Ehren in der Pariser »Closerie des lilas« ein Festbankett, in dessen Verlauf er zum »Vater des Surrealismus« gekrönt wurde. Mit dem Bankett sollten die Festgelage der Belle Epoque angeprangert werden. Der Abend endete in einer wüsten Schlägerei zwischen antipatriotischen Surrealisten und »Etablierten«: Die Dichterin Madame Rachilde hatte gefordert, daß eine Französin nie einen Deutschen heiraten dürfe, worauf sich André Breton erhob, um die Nationalität des anwesenden Malers Max Ernst zu verteidigen, und warf der Dame fluchend die Serviette an den Kopf. Im ganzen Gebäude wurde daraufhin »Vive l'Allemagne« gerufen, während der Literat Philippe Soupault am Kronleuchter baumelte und mit den Füßen Gläser und Teller vom Tisch fegte. Es gab zahlreiche Verletzte und Festnahmen. Saint-Pol Roux floh entsetzt mit dem ersten Zug zurück nach Camaret. Die folgenden Jahre lebte er zurückgezogen in seinem Haus über dem Meer.

Am 23.6.1940 drang ein deutscher Soldat in sein Haus ein, unter dem Vorwand »Engländer zu suchen«. Als das Hausmädchen ihn abwies, verletzte er sie tödlich, stach auch auf Saint-Pol Roux ein, und vergewaltigte dessen Tochter Divine. Anschließend wurde das Haus zur Plünderung freigegeben, ein Großteil der Manuskripte verbrannt. Roux starb im Oktober darauf, das Haus »Coecilian« wurde 1944 beim Bombardement von Brest zerstört.

Die Ruine von Coecilian

tur so geschaffen – liegen kleine Werften und Fischrestaurants, neuerdings auch erste Appartmentkomplexe. Die Pilger-Kapelle Notre-Dame-de-Rocamadour ist eine bretonische Spezialität: Von Schiffszimmerern erbaut, ist ihr Gewölbe ein auf den Kopf gestellter Schiffsrumpf, himmelblau ausgemalt. Von Camaret aus führt der Weg hinauf auf die Felsen der Pointe de Penhir. Vorbei an den Alignements von Lagatiar, wo von ehemals über 800 Steinen 1928 exakt 143 wieder aufgerichtet wurden. Vorbei auch an der skurrilen Ruine einer Villa der Jahrhundertwende. Hier, hoch über den wilden Felsen, lebte der symbolistische Lyriker und Dramatiker Saint-Pol Roux.

Von der Ruine aus verläuft die Straße einsam und gerade über das Plateau. Die Pointe de Penhir ist ein atemberaubender Fels: 70 m hoch, an drei Seiten umgeben von steigender Gischt, äußerst karg und windig, oben drauf ein monumentales 20 m-Steinkreuz. Das Mahnmal in Form des Résistance-Kreuzes Croix de Lorraine ist gewidmet den bretonischen Gefallenen der französischen Exil-Armee Forces françaises, die De Gaulle von London aus leitete. Der Pointe de Penhir vorgelagert im Meer ist der Tas de Pois, der Erbsenhaufen, mit drei sich der Küste scheinbar entfernenden, weil verkleinernden Felsen im Meer.

Der Ort *Crozon* selbst ist schmucklos und uninteressant: Hypermarchés und Tankstellen. Nur die Ortskirche am Marktplatz hat etwas Einmaliges: Um 1600 hat hier ein Holzschnitzer versucht, auf einer einzigen Altarwand das Martyrium von 10.000 christlichen Legionären

Kriegsmarine im Golf von Brest

auf dem Berg Ararat darzustellen.
Auf Befehl Kaiser Hadrians wurden
sie gekreuzigt oder in Dornen geworfen. Wilde, naive Volkskunst.

Der Hafen von *Morgat* hat sich
seine Ruhe zum Teil bewahrt. Zwar
gründete hier Autobauer Armand
Peugeot gegen Ende des 19. Jahrhunderts einen Verein zur Förderung
des Fremdenverkehrs; aber zum
Glück nicht mit allzuviel Erfolg.
Morgat bietet 900 m feinsten Sandstrand, viel Wassersport und vor allem Bootsfahrten zu den südlich gelegenen Grandes Grotten. Die größte und beliebteste ist die Grotte de
l'Autel, 15 m hoch und 80 m tief vom
Meer in den Fels der Steilküste hineingetrieben.

Von Morgat aus weiter östlich liegen jetzt nur noch Strände und
Buchten, von denen Trez-Bellec und
Pentrez die beliebtesten sind. Die
Küste ist nahezu unverbaut, das
Hinterland nur voller Äcker und
Weiden, Camping ist hier fast die
einzige Bleibe. Erst hinter dem Pilgerort St. Anne-La-Palud wird die Küste wieder stärker besiedelt, es beginnen die Vororte von Douarnenez.

Der Golf von Morbihan

Weit bis ins Hinterland ragt der Golf mit dem bretonischen Namen Morbihan, auf deutsch: kleines Meer. Entstanden ist das nur durch die Meerenge zwischen Locmariaquer und Port Navalo mit der offenen See verbundene Binnenmeer durch eine langsame Bodenabsenkung. 20 km bis ins Hinterland ziehen sich die kleinen Arme des Meeres, das an seiner tiefsten Stelle 17 m Tiefe mißt. Je nach Stand der Gezeiten ändert der Golf sein Gesicht: Bei Ebbe bildet er eine weite, von Prielen, Muschelbänken und Felsen geprägte Schlicklandschaft; bei Flut ein abwechslungsreiches Inselparadies, unter Seglern bekannt für tückische Winde und einen noch tückischeren Sog der Gezeitenwelle. Von den 365 Inseln sind 40 bewohnt, die größten sind die Ile aux Moines (ca. 500 Einwohner) und die Ile d'Arz (ca. 350 Einwohner).

Das Klima ist mittelmeerisch, neben Orangen- und Zitronenbäumen halten sich auch Palmen an den Ufern; für Zehntausende von Zugvögeln wurde hier eines der größten Vogelreservate Europas eingerichtet. 50 Inseln sind gesperrt, weil ganz in Privatbesitz.

Im Golf von Morbihan und seiner Hafenstadt *Locmariaquer* etablierte bereits Napoleon III. im 19. Jahrhundert ein Zentrum für Austernzucht. Heute produzieren hier 41 Zuchtbetriebe jährlich rund 3.000 t Austern der Spitzenklasse, die unter dem Namen »Creuse de Bretagne« gehandelt werden. Locmariaquer ist neben Carnac auch eines der Megalithzentren der Region: auf der Halbinsel des Ortes stehen der große Grabgang des Fürstengrabes von Mané Lund; der Hinkelstein Mener-Hroec'h, jetzt zerbrochen, aber mit ursprünglich 20,30 m größter bekannter Hinkelstein der Welt; der Dolmen Table des Marchands, der Tisch der Händler mit seiner 6 mal 4 m breiten Tischplatte.

Mitten im Golf liegt die vielleicht interessanteste megalithische Kultstätte der Bretagne: das Tumulus-Fürstengrab auf der Insel Gavrinis (mit der Fähre von Larmor-Baden zu erreichen). Man steigt hinein in einen 6.000 Jahre alten Grabhügel, 6 m hoch und 50 m Durchmesser, man durchquert einen aus Felsbrocken errichteten 13 m langen Gang, 23 Tragsteine und neun Deckplatten, bis man die eigentliche Grabkammer betritt. Die Steinwände des Ganges sind über und über verziert mit gemeißelten Ornamenten: schlichte Bänder, Ringe und konzentrische Kreise – wie riesenhafte Fingerabdrücke. Eine bis heute nicht enträtselte Bildsprache.

Das weiter im Süden gelegene

Städtchen *Auray* spielte in der bretonischen Geschichte mehrfach eine wichtige Rolle: Mitte des 14. Jahrhunderts gab es im bretonischen Fürstenhaus bittere Erbfolgekriege, deren alles entscheidende »Schlacht von Auray« am 29. September 1364 in den nördlichen Sümpfen von Kerzo entschieden wurde. Jean de Monfort siegte über Charles de Blois, dem er in der ehemaligen Kartäuserabtei Chartreuse d'Auray eine Grabkapelle errichtete.

In einer anderen Gruft dieser Kapelle ruhen die Reste der 952 royalistischen Emigranten, die 1795 aus dem englischen Exil in Quiberon anlandeten, um die Monarchie zu retten. Der Republikaner-General La Hoche hatte das Manöver vereitelt und ließ alle Royalisten auf dem Champ des Martyrs exekutieren.

Auray war auch die Geburts- und Heimatstadt ihres royalistischen Anführers Georges Cadoudal (1771-1804). Mit 22 schloß sich der Bauernsohn 1793 den bretonischen Konterrevolutionären an, den sogenannten Chouans. Weil sich die bretonischen Küstenschmuggler und Wegelagerer heimlich mit dem nachgeahmten Ruf des Käuzchens (frz. chouette) verständigten, wurde ihre Guerillabewegung danach benannt: la Chouannerie; er war ihr letzter Held. Nach der Niederlage der Konterrevolution in der Vendée und nach dem Scheitern der Landung bei Quiberon, sammelte Cadoudal den im Untergrund lebenden Widerstand in der Gegend rund um Marbohan. Um die Monarchie wieder einzuführen, wollte er sogar Konsul Napoleon entführen. Napoleon seinerseits wollte den hartnäckigen Rebellen kaufen, indem er ihm einen Generalsposten in Paris anbot. Cadoudal lehnte ab und versuchte, Napoleon per Attentat zu beseitigen. Als das scheiterte, wurde er gefangen und öffentlich als »letzter Chouan« hingerichtet. Tatsächlich brach der bretonische Widerstand danach zusammen.

In Auray wurde Cadoudal ein Mausoleum errichtet. In seinem Roman »Die Chouans oder Die Bretagne im Jahre 1799« beschrieb Honoré de Balzac dieses Kapitel bretonischer Widerstandsgeschichte.

Wie Auray schrieb auch die Stadt *Vannes* bretonische Widerstandsgeschichte: Hier waren es zunächst die Veneter, die sich 52 v. Chr. der Besetzung Armorikas durch römische Truppen unter Cäsar widersetzten – zwar vergeblich, aber immerhin benannten die Römer den Ort nach ihnen. Die Region rund um das Morbihan gilt als außergewöhnlich attraktiv, ist reich an historischen Schauplätzen und spielte gerade in der bretonischen Geschichte immer wieder eine entscheidende Rolle.

Im 9. Jahrhundert schließlich wird Vannes zur Mutter der Bretagne: Der Bretone Nominoe, ein als Draufgänger bekannter Mann aus einfachen Verhältnissen, wird von Charles-le-Magne zum Grafen von Vannes erklärt, später von König Louis zum Herzog der Bretagne. In seinem Ehrgeiz unaufhaltsam, erklärt Nominoe 845 die Bretagne für unabhängig und sagt sich vom fränkischen König in Paris los. Sein Sohn

Mühle im Morbihan

Erispoe gründet 851 das Königreich Bretagne und benennt Vannes als Hauptstadt. Dies war der Beginn einer sechs Jahrhunderte andauernden Eigenständigkeit.

Im Norden von Auray liegt das Städtchen *St. Anne-d'Auray:* Hierher pilgern die Bretonen jedes Jahr an den Juli-Sonntagen zu Zehntausenden. Verehrt wird nicht nur die Heilige Anna, die Mutter Marias, sondern Herzogin Anne, die Nationalheldin der Bretonen. 1624 begann man mit dem Bau einer Kapelle; die heutige Basilika wurde erst 1865 errichtet. Verehrt wird als Reliquie ein Stück Schädel der Großmutter von Jesus Christus.

Südlich von Vannes umschließt den Golf die Halbinsel von *Rhuys.* Wegen ihres milden Klimas stark von Ferienhäusern und Campingplätzen zersiedelt. Sehenswert sind das Wasserschloß von Suscinio, im Mittelalter der Sommersitz bretonischer Herzöge, die Abtei von St. Gilda-de-Rhuys, in der der Priester, Philosoph und Liebhaber Pierre Abélard (1079-1142) lebte. Als Priester prangerte Abélard das ungeistliche Leben seiner Mitmönche an: »Ich wollte, sie könnten mein Haus sehen; niemals würden Sie glauben, daß es sich um ein Kloster handelt. Die Türen sind ausschließlich mit Rehfüßen, Wölfen, Bären, Wildschweinen, scheußlichen toten Eulen verziert.« Als Philosoph wurde er berühmt durch seine Vermittlung im Universalienstreit des Mittelalters: Während die Realisten mit der Formel »universalia ante res« dem Allgemeinen mehr Wahrheit als dem Einzelding zusprachen (das Wirkliche ist die gottgewollte Menschheit, nicht der Mensch), die Nominalisten mit »universalia post res« das Ganze nur umdrehten, forderte Abélard als Synthese: »universalia in rebus« (jeder Mensch und das Allgemein-Menschliche sind eins). Berühmt und bekannt wurde Abélard indessen als Liebhaber: Der Theologe verdiente sein Brot als Hauslehrer und verliebte sich in seine Schülerin Héloise, ausgerechnet die Tochter seines orthodoxen Pariser Vorgesetzten. Als der Papa davon erfuhr, ließ er ihn festnehmen und kastrieren. Abélard floh ins Kloster von St. Gilda und schrieb seiner Héloise fortan die bittersüßesten Briefe. Erst das 19. Jahrhundert hatte für sowas Verständnis: Auf dem Pariser Friedhof Père Lachaise wurden die Gebeine der beiden gemeinsam beigesetzt.

Les Monts d'Arrée

Heideland und Kalvarienberge

Die Bretagne ruht auf dem ältesten Felsgebirge Frankreichs. Während Westeuropa noch weitgehend von Meeren bedeckt war, erhob sich vor 500 Millionen Jahren im Westen das Armorikanische Gebirge mehrere hundert Meter hoch aus den Wellen. Im Laufe der Zeit wurden die weichen Gneis- und Schiefergesteine abgeschliffen, nur der Granit blieb zurück. Die Erosion machte aus steilen Felsgebirgen flache Hügel, und diese bildeten nunmehr das Hochplateau der Bretagne, an dessen Rändern der stabilere Granit die Steilküste befestigt.

Auf diesem Hochplateau blieben als letztes »Gebirge« der Bretagne die Monts d'Arrée, dessen Spitzen immerhin 384 m hoch sind. Die Hügel sind Wald- und Heideland, weite unbesiedelte Höhen mit karger, wilder Natur. Von überall hat man weite Sicht. Wer bei klarem Wetter auf den Roc Trévezel klettert (nahe der Kreuzung von D785 und D764), meint sich dort oben im Mittelpunkt der Bretagne, glaubt nördlich und südwestlich bis ans Meer schauen zu können. Häufiger aber ist dort oben Nebel, huschen durch den Dunst geheimnisvolle Gestalten, wird das Heideland tatsächlich auch gefährlich. Denn auf 250 m Höhe hat sich mitten in einer Talsohle ein weites Moorgebiet gebildet, das Yeun Elez, das Teufelsmoor. Der Sage nach war das große Moorauge der Einstieg zur Hölle. Die Moorbäche wurden gestaut und bildeten aus dem Moorauge den Kunstsee des Reservoir de St. Michel, an dessen Ufer und mit dessen Kühlwasser 1966 Frankreichs erstes Atomkraftwerk in Betrieb genommen wurde, der Mailer von Brennilis. 1987 wegen veralteter Technik abgeschaltet, harrt er ungewiß seiner Demontage und kostspieligen Entsorgung entgegen. Brennstäbe liegen in Brennilis keine mehr.

Die Monts d'Arrée gehören zum Parc Naturel Régional d'Armorique, einem 65.000 ha großen Naturschutzgebiet das sich bis auf die Halbinsel von Crozon erstreckt. Huelgoat im Westen der Mont d'Arrée liegt reizvoll am Rand eines mythischen Zauberwaldes mit Waldbächen und Felsen.

Rund herum um das Heidehochland sind die Dörfer geprägt von Kalvarienbergen und den »enclos paroissale«. Neben Plyben im Süden besitzen St. Thégonnec, Guimilau und Lampaul-Guimilau im Norden die sehenswertesten dieser typisch bretonischen Anlagen. Sie bestehen in der Regel aus einem von einer Mauer symbolisch abgegrenzten Feld, das man durch ein reichverzier-

Überall Calvarienberge mit unzähligen Figuren und Geschichten

tes Steintor betritt. Im Innenbereich stehen neben der Kirche das Beinhaus, die Sakristei und ein mächtiger Kalvarienberg. Alle Stein-Gebäude sind reich mit Figuren verziert, manche zeigen Ensembles von mehr als 200 Figuren, arrangiert zu Geschichten aus dem Lebensweg Christi. Dabei treffen hier heidnische und christliche Figuren genauso unbefangen aufeinander, wie Engel und Teufel, Diebe und Folterer. Es lohnt sich, die Episoden auf den Kalvarienbergen gründlich zu lesen.

Die Tradition der umfriedeten Pfarrbezirke geht zurück auf den Ehrgeiz der Gegenreformation, im 16. Jahrhundert in der Bretagne sowohl den französisch-protestantischen Hugenotten als auch dem heidnischen Wunderglauben wehrhaft und prunkvoll entgegenzutreten. Zwischen den Gemeinden St. Thégonnec und Guimilau kam es dabei geradezu zum Wettkampf um das monumanalste Ambiente. Guimilau begann mit einem gigantischen Kalvaire, Thégonnec zog mit einem triumphalen Eingangstor nach. Außerdem noch mit einem Musterstück von Beinhaus. Guimilau konterte mit einem pompösen Kichenportal. Noch bevor dies beendet war, setzte dem Thégonnec einen neuen Kalvaire entgegen, usw. Die Früchte dieses Wettstreites sind sehenswert.

Eingangstor zum Kirchgarten – Demonstration der Macht der Gegenreformation

Am Grab des Zauberers Merlin bei St. Malon-s-Mel: wundersame Kränze hängen in den verzauberten Bäumen. Tanzen hier die Feen?

Im Zauberwald von Paimpont

Das Artusland im Süden der Bretagne

Es muß für diese Gegend unbedingt ein Nebeltag sein. Der Weg führt von Vannes aus landeinwärts nach Ploermel, das Licht muß dabei stetig grauer werden, von dort geht es weiter nördlich auf der D766 Richtung Dinant, immer tiefer rein in den dikken Dunst. Außer dem Nebel ist sonst niemand hier. Nach 20 km erreicht man das »Nichts«, genauer: ein Dorf mit Namen »Nichts«: Néant-sur-Yvel. Der Ort ist klein, unauffällig; lachend weist eine Frau den Weg nach Tréhorenteuc, denn dort ist das Ende der Welt, der Eingang in das furchterregende Val-sans-Retour, das Tal-ohne-Wiederkehr.

Furchterregend in dieser Gegend ist vor allem der Anblick der Waldbrandschäden des Sommers 1990. Am 8. September jenes Jahres meldeten die Zeitungen: »Der Zauberwald brennt!« Von dem alten, legendären Wunderwald Brocéliande ist in diesem westlich Teil nur noch ein Meer verkohlter Stümpfe geblieben. Man vermutet Brandstiftung.

In grauer Vorzeit war das ganze Hinterland der Bretagne überzogen mit einem dichten Laubdach. Hohe stattliche Mischwälder überall, unter denen König Artus und seine Tafelritter umherzogen, um irgendwo ihren heiligen Gral zu finden. Nach

ihnen kamen Mönche in die Gegend, entdeckten das Eisen im Boden und begannen mit der Verhüttung. Köhler machten sich über die riesigen Bäume her, um sie zu Holzkohle zu schwelen, die dann in den Schmelzöfen der Eisenhütten verfeuert wurde. Holzbarone verkauften den Wald kubikmeterweise für den Schiff- und Hausbau an die Fachwerkstädte. Wiederaufgeforstet wurde damals nicht, und heute ist es umso schwerer: Wo die alten Laubwälder erst einmal verschwunden sind, versauert der Boden schnell – mit und ohne vergifteten Regen; da wären dann nur noch Fichten möglich. Über viele Flächen zieht sich mittlerweile Heideland. Das Biologie-Institut der Uni Rennes erforscht in einem großen Zentrum in Beauvais, also mitten vor Ort hier im Wald, die katastrophalen Waldschäden, inklusive Saurem Regen.

Zunehmend verliert die Bretagne ihre Wälder. Heute ist das letzte größere, zusammenhängende Stück jener Wald von Paimpont, an dessen Westseite das Val-sans-Retour liegt. In das Tal führen nur Wander- und Reiterwege: von Tréhorenteuc über einen Waldweg hinauf, bis man über einer Schlucht steht, in die man stufenweise hineinsteigt – und problemlos wieder hinaus.

Wie also kam das Tal zu seinem Namen? Hier in der Schlucht hat die böse Fee Morgane gelebt. Verbittert und voller Rachegelüste, nachdem sie von ihrem Liebsten betrogen wurde, verwünschte sie das Tal. Jeder Ritter, der hier vorbeikam und irgendwann im Leben seiner Burgfrau untreu gewesen war, blieb im Tal gefangen, saß in der Falle fest. Ruckzuck hatte Morgane hier vierzig stattliche Ritter versammelt. Mit denen vertrieb sie sich anschließend genüßlich die Zeit. Erst Lancelot, der am Comper-See von Merlins Geliebter Viviane gelernt hatte, über jede Erotik erhaben zu sein, gelang es, Morgane zu widerstehen und die Männer zu befreien. Ein 170 m hohes Felsstück nannte Morgane zur Erinnerung »Rocher des Faux-Amants«, Fels der Liebesheuchler; er bleibt allen, die ihn sahen, unvergeßlich.

Die ganze Gegend ist voll mit solchen Legenden, mit Märchen und düsterer Mystik, erzählt in einer stillen, verschwiegenen Landschaft, in die hinein romantische Franzosen zahlreiche mächtigen Trutzburgen errichteten. Immer wieder stößt man auf pseudo-originale Märchenschlösser mit Mauer davor und der Warnung »proprieté privée«.

Über endlose schnurgerade Alleen, die eindrucksvoll durch den alten Forst geschnitten sind, gelangt man von Ortschaft zu Ortschaft. Auch die sind einen Blick wert: Die Kirchenfenster von *Tréhorenteuc* erzählen pikanterweise die heidnische Geschichte der Artusrunde. Nach dem 2. Weltkrieg beantragte Ortspriester und Artus-Fan Abbé Gillard die Zuteilung von zwei deutschen Kriegsgefangenen, die die Fenster anfertigen sollten. Der Malermeister

Wasserschloß bei Beauvais

214

Verzauberte Schlucht: das Tal ohne Wiederkehr

Karl Rezabeck und der Tischler Peter Wisdorf brachten zwei Jahre damit zu. Ihre ritterliche Tafelrunde ist vom Abendmahl kaum zu unterscheiden.

In *Paimpont* glaubt man sich in einer mittelalterlichen Filmkulisse. Das Musketierstädtchen hat eine alte Abtei aus dem 13. Jahrhundert, die malerisch auf einer Landspitze in den See hineinragt. Die alten Schieferhäuser des Ortes stehen nach wie vor in geschlossenen Zeilen wie Arbeiterhäuschen. Tatsächlich wohnten hier die Arbeiter der Eisenhütten, deren Besitzer das Kloster war. In Les Forges trifft man auf eine solche skurrile Eisenhütte, leerstehend.

An den Ufern des Weihers »Le Pas du Houx« liegen zwei kleine Schloßburgen und schauen hinüber auf den stillen See. Beide sind Disney-Talmi, will sagen: von reichen Normannen Anfang des 20. Jahrhundert ins Märchenland gebaut: Chateau Brocéliande und das Schlößchen Le Pas du Houx.

Im Norden liegt die Quelle Fontaine du Barenton; hier hat Zauberer Merlin erstmals seine Viviane in heißer Leidenschaft verführt. Kein Wunder: die Quelle sprudelte früher Heißwasser, ist aber mittlerweile erkaltet und fast versiegt. In *Comper* bei Concoret liegt das Schloß von Vivianes Vater. Auf den Grund des Schloßteichs zauberte Merlin seiner Geliebten ein weiteres Märchen-Schloß. Auf der Karte ist hier Merlins Grab eingezeichnet. Hat er wirklich gelebt? Kurz vor St. Malons-s-Mer soll der Weg links abzweigen. Es gibt kein direktes Hinweisschild, und eine danach befragte Frau aus St. Melon klagt, daß man sich siebenmal am Tag bei ihr danach erkundigt, seit jemand das Schild geklaut hat. War das ein Merlin-Fan? Ein Avalon-Leser? Ein Grals-Fetischist? Schließlich existiert es dann doch, das Grab des Meistermagiers: Reste einer alten Dolmen-Anlage, große Granitplatten zwischen blühenden Büschen. Direkt daneben und fast versteckt: ein Baum mit mysteriösen Reliquien in der Krone. Reisig-Kränze, Feenkopfschmuck, Tücherfetzen und Blumen, manche gerade erst verwelkt. Wer trifft sich hier? Und wann? Vielleicht bei Nebel?

Bauern verkaufen ihre Muschelernte sofort an die Großhändler

Moor, Meer und Salz

»La Grande Brière« und das »Marais Salants« im Süden

Es ist kein richtiges Festland und auch nicht das offene Meer, es sind Landschaften aus Wasser und aus Erde zugleich: die Moor- und Salinengebiete im Süden der Bretagne an der Loire-Mündung bei *St. Nazaire.* In grauen Vorzeiten war die Mündung der Loire ein Delta wie jedes andere: Die Flut kam, und die Flut verschwand wieder, das Wasser spielte und spülte das Land hin und her.

Dann gab es irgendwann eine Flutkatastrophe, die weit bis ins Hinterland stieg und die Ursiedler vertrieb. Und dieses Wasser floß nicht mehr ab; denn es bildete sich aus den Schwemmstoffen der Loire eine Art Damm, der sich um den ehemaligen Golf legte und abschloß. Es bildeten sich bracke Sümpfe, aus den abgestorbenen Pflanzen entstand Torf. Das Meer wurde ein Moor. Dort im Becken, wo mehr Salzwasser war, entwickelten sich riesige Salzsümpfe, in denen wie in Salinen Meersalz abgebaut werden konnte: die Marais Salants. Beide Gebiete wurden bald wieder mit Dörfern besiedelt, inmitten der eigenwilligen Biotope entstanden genauso eigenwillige Lebensformen.

Zunächst die Grande Brière: 1461 übertrug der letzte Herzog der Bretagne den Bewohnern der Brière den ungeteilten Besitz der Moorgebiete. Damit waren die 21 Gemeinden eine Art selbständige Kooperative, mußten keine Lehen abgeben, konnten Torf abbauen, fischen und jagen, wie sie es für richtig hielten.

Die Brière ist nach der Camargue Frankreichs zweitgrößtes Sumpfgebiet, immer noch weitgehend unzugänglich und gefährlich. Endlos weite Brackflächen mit Schilf, Gräsern und Seerosen, durchzogen von lange Kanälen, früher die einzigen Wege im Gebiet. Die Dörfer wurden auf vereinzelten Granitfelsen errichtet. Von Dorf zu Dorf, von Haus zu Haus gab es nur ein Fortbewegungsmittel: den flachen Kahn, den man mit einer langen Stange über die flachen Wasser vorwärtsstakte.

Die Dörfer stehen mitten im Wasser und heißen deshalb »ile«, Inseln, heute aber zu erreichen über die mittlerweile gebauten Straßendämme der D50 im Norden von St. Nazaire. Neben der Ile de Menac, der Ile d'Aignac, der Ile de Mazin und der Ile de Pendille ist es vor allem die größere *Ile de Fedrun,* die als besonders typisch gilt. Heute ist sie sehr touristisch. Reetdachkaten gesäumt mit kräftigen Bäumen, deren Wurzeln den Grund stabilisieren. Die meisten Höfe haben Wasseranschluß: d.h. einen Stichkanal mit kleinem Bootshafen. Mit den Kähnen kann man Bootsfahrten unternehmen, die einzige Möglichkeit, im Moor »Spazierenzugehen«. Am »Ortseingang« von Fedrun liegt eine alte Torfstichstelle: Torf wurde hier über Jahrhunderte abgebaut, getrocknet und als hervorragend brennendes Heizmaterial verkauft. Als die Kohle den Torf verdrängte, verarmte die Gegend. Die Frauen begannen, in Heimarbeit aus Wachs zierliche Figuren zu formen, vornehmlich Blüten, Orangenblüten, die als Brautschmuck im 19. Jahrhundert in Mode kamen. (Mehr dazu im Haus No. 130, dem Brauthaus, Maison de la mariée.)

Kähne sind im Moor Trumpf: Von Fedrun aus westlich sind es mit dem Kahn zu Wasser nur 9 Kilometer bis nach Bréca, zu Lande sind es 40 Kilometer. In Bréca endet der Süßwasserbereich, von dort aus es weiter geht in Richtung Meer, in Richtung Salz. *Guérande*, die reiche Salz-Hauptstadt oberhalb der Salinenregion, besitzt eine eindrucksvolle geschlossene Stadtmauer aus dem 15. Jahrhundert: Die Mauer ist aus Salz, heißt es. Von hier aus reicht der Blick kilometerweit über das Labyrinth der angelegten Salzfelder, in denen die Salzbauern, die paludiers, arbeiten.

Von den 2.000 ha Salzland zwischen Guérande und le Croisic werden noch ca. 800 bewirtschaftet. Die Konkurrenz des Salzes aus der Camargue ist hart.

Meersalz wird mittels der Verdunstung des Wasser gewonnen. Bei besonders hoher Flut wird das Wasser durch Kanäle in die höchsten Etagen der Salzgärten geleitet, wo es zunächst 15 bis 20 Tage in Klärbecken bleibt, in denen sich Schwemmstoffe absetzen sollen. Dann geht es stufenweise weiter abwärts durch eine Serie kleinerer Verdunstungsbecken, in denen die Sole immer konzentrierter wird, bis sie schließlich in den Kristallisatoren, den oillets, landet, wo das Salz kristallin ausfällt, sich am Boden absetzt und von den Bauern mit großen, flachen Rechen zusammengekratzt wird. »Ernte« ist bei Sonnenschein von Juni bis September. Ein 70-80 qm großes Kristallisationsbecken produziert jährlich 1.500 kg graues und 80 kg hochwertiges Kochsalz. Ein Spaziergang durch die 10.000 Salzbecken führt nicht weit; man kann nie wissen, wo einem der nächste kleine Kanal den Weg abschneidet. Von Pradel aus gibt es einen breiteren, zuverlässigen und autogerechten Damm, über den man hinüber nach Batz gelangt.

Rennes
Die bretonische Hauptstadt

Rennes hat drei Gesichter: das mittelalterliche Fachwerkgesicht, die klassizistischen Bauten aus dem 18. Jahrhundert und schließlich das Nachkriegsgesicht aus Betonfertigteilen. Vom hölzernen Mittelalter blieb nur die Altstadt zwischen den Flüssen Ille und Vilaine erhalten; der Rest fiel 1720 einer mächtigen Feuersbrunst zum Opfer. Ein besoffener Tischler entfacht am 22.12.1720 mit seiner Öllampe ein Feuer, das fünf Tage lang in den engen Gäßchen wütet und dabei 1.000 Gebäude einäschert. Zum Wiederaufbauer wird der Pariser Architekt Jean Gabriel ernannt. Ganz im Stil seines Chefd'oeuvre, der Pariser Place de la Concorde, wird auch Rennes zwischen 1722 und 1756 mit weiten Boulevard-Achsen und repräsentativen Monumentalbauten umgekrempelt. 1940 wird Rennes zerbombt, Betonneubauten füllen die Lücken wieder auf.

Nach dem 2. Weltkrieg zählt Rennes 100.000 Einwohner; heute sind es doppelt so viele. Die Stadt wächst, wird zum großen Magneten für die bretonische Landbevölkerung, zugleich aber zur wichtigen Uni-Stadt. 35.000 Studenten machen heute aus Rennes eine kulturell lebendige und cosmopolite Großstadt. Obwohl in Rennes auch früher kaum bretonisch gesprochen wurde, gilt die Stadt heute als Kulturhauptstadt der Region. Neben dem landesweit besten Bretagne-Museum und vielen bretonischen Folk-Clubs besitzt die Uni den einzigen Lehrstuhl für bretonische Sprache. In Rennes wurde der Bogen geschlagen zwischen kultureller Tradition und modernem Bewußtsein für Regionalkultur.

Im Justizpalast in der Altstadt, einem einmaligen, 1665 von Salomon de Brosse fertiggestellten Renaissancebau, tagte traditionell das Regional-Parlament der Bretagne. Die knapp 120 Mitglieder dieser höchsten bretonischen Instanz entstammten meist dem Adel. Sie wurden nicht mit Geld entlohnt, sondern mit leckeren »épices«: Bonbons, Marmeladen, Pasteten.

Rennes war Krönungsstadt der bretonischen Herzöge. Durch das Madelaise-Tor, einem Rest der Stadtbefestigung aus dem 15. Jahrhundert im Süden der Place des Lices, betrat die Prozession die Stadt und marschierte Richtung Kathedrale St. Pierre, die 1720 niederbrannte und im 19. Jahrhundert wiedererrichtet wurde.

Obwohl Rennes grob gesehen die Bretagne nach Osten hin abschließt, liegen 45 km weiter östlich noch die zwei sehenswerten Grenzstädte Vitré und Fougères.

Fougères gilt als eine der Hauptstädte der bretonischen Chouannerie, weil auch ihr Begründer, der Marqui de la Rouerie hierher stammte. Fougères wurde zweifach zum literarischen Schauplatz: einmal in Victor Hugos »1793«, einem Roman über die royalistische Konterrevolution in der Bretagne. Dann in Honoré de Balzacs Roman »Die Chouans oder Die Bretagne im Jahre 1799« zum selben Thema. In den Augen der Pariser Republikaner war die »Chouannerie« weniger ehrenwert, eher nur Ausdruck der reaktionären Bauernmentalität der störrischen Bretonen. »Chouan« wurde zum üblen Schimpfwort. Abgeleitet nicht mehr vom Kauzruf der bretonischen Küstenpiraten, sondern von »Choux«, zu deutsch Kohlkopf, meinte die Bezeichnung nun: saublöder Provinzler.

Die riesige mittelalterliche Burg war über Jahrhunderte die größte Wehranlage Europas. Fougères war eine alte Tuchweber – Färber – und Gerberstadt. Daraus wurde im 19. Jahrhundert die Hauptstadt für den preiswerten Schuh Frankreichs: In 27 Fabriken nähten 11.000 Frauen und Männer bis 1870 alle Schuhe mit der Hand. Als die Industrialisierung dann kam, war die auswärtige Konkurrenz im Billigsektor billiger, im Qualitätsschuhbereich hochwertiger, und die Stadt erlebte ihren bis heute nicht überwundenen Niedergang.

Ebenso Festungsstadt gegen den Osten war *Vitré:* Die Burg aus dem 11. Jahrhundert ist kleiner als die von Fougères, gilt aber wegen ihrer Anlage und den spitzen Turmzinnen als Meisterwerk bretonischer Festungsbaukunst. In den Gassen bietet Vitré bis heute ein geschlossenes, mittelalterliches Stadtbild.

Tips und Informationen

Alle Hinweise wurden auf ihre Korrektheit hin geprüft. Trotzdem werden insbesondere Telefonnummern recht häufig geändert. Auch Preisangaben dienen lediglich der Orientierung und können jederzeit verändert werden.

Allgemeines

Französische Fremdenverkehrsämter

in der *Bundesrepublik Deutschland:*
Westendstraße 47
6000 Frankfurt am Main 1
Tel. 069-756083-0

Berliner Allee 26
D-4000 Düsseldorf
Tel.: 0211-80375

in der *Schweiz:*
Bahnhofstraße 16
CH-8022 Zürich
Tel.: 01-2113085

in *Österreich:*
Hilton Center
Landstraßer Hauptstraße 2a
A-1020 Wien
Tel.: 0222-757062

in *Frankreich:*
Maison de la Bretagne
Centre Maine-Montparnasse
17, rue de l'Arrivée
F-75015 Paris
Tel.: 0033-1-45387315

Comité de Tourisme de Normandie
46, ave. Foch
F-27000 Évreux
Tel.: 0033-32310589

Die Fremdenverkehrsämter der Departements:

Bretagne

Côte-du-Nord
St. Brieuc
Tel.: 0033-96616670

Ille-et-Vilaine
Rennes
Tel.: 0033-99029743

Finistère
Quimper
Tel.: 0033-98537272

Loire-Atlantik
Nantes
Tel.: 0033-40895077

Morbihan
Vannes
Tel.: 0033-97540656

Normandie

Calvados
Caen
Tel.: 0033-31865330

Eure
Évreux
Tel.: 0033-32382161

La Manche
Saint-Lô
Tel.: 0033-33059870

L'Orne
Alencon
Tel.: 0033-33288871

Seine-Maritime
Rouen
Tel.: 0033-35886132

Außerdem gibt es in Bretagne und Normandie nahezu in jedem Ort ein Office de Tourisme oder ein Syndicat d'Initiative. Sie sind meist gut ausgeschildert. Hier erhält man aktuelle Hinweise zu Veranstaltungen, Ausstellungen, Unterkünften, Autowerkstätten etc.

Amtliches

Ausweise
Bürger der BRD, der EG, Österreichs und der Schweiz benötigen kein Visum. BRD-Bürger lediglich Paß, Kinderausweis oder Personalausweis (Ausweise der ehemaligen DDR werden übergangsweise anerkannt). Bei Aufenthalten länger als 3 Monate oder bei Arbeitsverhältnissen am besten vorher beim zuständigen Konsulat erkundigen.

Diplomatische Vertretungen
Botschaft der Bundesrepublik Deutschland
13-15, ave. Franklin-D.-Roosevelt
F-75008 Paris
Tel.: 0033-1-42997800

Botschaft der Republik Österreich
6, rue Fabert
F-75007 Paris
Tel.: 0033-1-45559566

Schweizer Botschaft
142, rue de Grenelle
F-75007 Paris
Tel.: 0033-1-45503446

Konsulate der
Bundesrepublik Deutschland
91, sq. Commandant l'Herminier
F-29200 Brest
Tel.: 0033-98443559

22, rue Crébillon
F-44000 Nantes
Tel.: 0033-40730656

7 bis, rue Maréchal-Galliéni
F-76059 Le Havre
Tel.: 0033-35211021

22, rue Mustel
F-76000 Rouen
Tel.: 0033-35884488

Anreise

Eisenbahn
Alle Bahnrouten in den Nordwesten führen über Paris. Die Züge Richtung Normandie fahren von den Bahnhöfen Gare du Nord oder Gare Montparnasse weiter, die Richtung Bretagne nur von der Gare Montparnasse. Der TGV-Atlantique braucht bis Rennes (350 km) nur knapp 2 Stunden. Auch für Ausländer bietet die SNCF Billig-Angebote für Vielfahrer: die Ferienkarte »France Vacances«, das 2-Monats-Ticket »billet de séjour« und den französischen Juniorpaß »Carte jeune«. Frankreichs Eisenbahn hat ein mehrstufiges Zuschlagssystem (nach Wochentagen und Geschwindigkeit) mit günstigen Nebenverbindungen. Auskunft gibt die SNCF in Frankfurt, Tel.: 069-728445.

Autoreisezug
Von München aus fährt von Juni bis September ein Autoreisezug fast täglich nach Paris (20.34 Uhr ab, 6.44 Uhr an). Von dort aus lohnt sich ein Umladen nur in Richtung Bretagne. Mindestens einmal pro Woche nach Auray oder Quimper. Mehr dazu: SNCF Frankfurt.

Mitfahrzentrale

Das Mitfahrprinzip (Allo-Stop) ist in Frankreich zwar bekannt und beliebt, aber das nötige Netzwerk ist noch nicht überzeugend. Seit langem bemüht man sich um einheitliche Koordinierung. Vorerst:
Allostop Rennes: Maison du Champ de Mars, Tel.: 0033-99309887.
Allostop Paris: Passage Brady 84, Tel.: 0033-42460066
Eine Broschüre mit in- und ausländischen Mitfahrzentralen verschickt gegen 4 DM der Prolix-Verlag, Neunlindenstraße 32, 7800 Freiburg, Tel.: 0761-507959.

Flugzeug

Air France bietet mit Zielort Paris wie die Lufthansa Flieg & Spar- und Super-Flieg & Spar-Angebote. Je nach Saison und Abflugort schwankend. Weil der Staat die Inlandflüge subventioniert, besonders die in den bretonischen Westen, sind die Preise interessant. Die Air-France-Tochter Air-Inter fliegt z.B. Paris-Rennes für DM 140,- und Paris-Brest für DM 127,- (jeweils einfach, Preise von Herbst 1991).

Auto

Autobahnen sind in Frankreich Privatunternehmen und deshalb gebührenpflichtig (blaue Schilder). Manche staatlichen Landstraßen sind mittlerweile 4-spurig ausgebaut (grüne Schilder). Die Strecke Rennes-Brest (N12) ist eine staatliche Autobahn, soll die Anbindung des Westens fördern und ist deshalb gebührenfrei.

In Frankreich wird Kraftstoff nach der Oktanzahl klassifiziert. Bezeichnungen wie »Super« oder »Superplus« werden dabei uneinheitlich verwendet. Sicher ist allein die Oktanzahl. Bleifreien Kraftstoff mit 95 Oktan gibt es mittlerweile an fast allen Tankstellen. Mit 89 Oktan-bleifrei kann es in der Provinz Probleme geben.

Geldbußen für Zu-schnelles-Fahren oder ignoriertes Rotlicht sind in Frankreich neuerdings energisch hoch (ab 2.500 FF). Ausländer müssen sofort bezahlen, sonst wird das Fahrzeug beschlagnahmt.

Die französischen Autoversicherungen sind grausam schlecht und kompliziert. Deshalb in jedem Falle einen Auslandsschutzbrief kaufen. Wenn's kracht: immer Polizei (Notruf Tel.: 17) und Straßenhilfsdienst (ADAC-Notruf Paris Tel.: 45004295).

Behinderte

Mittlerweile sind viele Einrichtungen auch in Frankreich behindertengerecht gestaltet worden. Per Gesetz sind die Hotels verpflichtet, darauf zu achten, daß Behinderte die Zimmer erreichen können. Auf den Bahnhöfen stehen bei den orangegekleideten Bediensteten des »Service d'acceuil« Rollstühle bereit. Die SNCF hat eine Broschüre für Behinderte herausgegeben: »Guide Pratique à l'Intention des Personnes à Mobilité Réduite«. Nähere Auskünfte beim französischen Behinderten-Verband CNFLRH (38, Bd. Raspail, F-75007 Paris, Tel.: 0033-1-45489013). Von dort erhält man die umfangreiche Broschüre »Touristes quand-même«.

Feiertage

Neujahr (jour de l'An), Ostermontag (Lundi de pâques), 1. Mai (Fête du travail), 8. Mai (Waffenstillstand - Armistice 1945), Christi Himmelfahrt (Ascension), Pfingstsonntag (Lundi de Pentecôte), 14. Juli (Nationalfeiertag, Jahrestag des Sturms auf die Bastille)), 15. August (Mariä Himmelfahrt - Assomption), 1. November (Allerheiligen - Toussaint), 11. November (Waffenstillstand - Armistice 1918), 25. Dezember (Noel).

Feste

Viele Städte organisieren in den Saison-
monaten Musik-, Theater- oder Folklo-
refestivals. Daneben hat jedes Dorf im
Sommer sein Dorffest.

In der Normandie sind sehenswert an
Ostern in Honfleur das Fest der Seefahrer, in Rouen am Sonntag vor oder nach
dem 30. Mai das Jeanne-d'Arc-Fest,
Granville die Karneval-Prozession am
Fastnachtsdienstag, an der Utah-Beach
der Jahrestag der Invasion am 6. Juni,
in vielen Dörfern im September/Oktober
die Cidre- und Calvados-Feste, sowie
am 15. August überall die Marien-Pro-
zessionen.

In der Bretagne sind sehenswert vor
allem die Pardons, die Prozessionen zur
Vergebung der Sünden (pardon) mit
bretonischer Tracht und Musik. An Himmelfahrt in St. Herbot, an Pfingsten in
Moncontour, Quimperlé und Carantec,
am letzten Juni-Sonntag in St. Jean-du-
Doigt, Plouguerneau und Le Faouet, am
15. August in Perros-Guirec, Quelven
und Pont-Croix, am Sonntag nach dem
15.8. in Carantec und Ploerdut, am
1.September-Sonntag in Camaret, Pen-
hors und Le Folgoet, sowie am 1. De-
zember-Sonntag in Paimpol. Die größten Pardons sind die von Ste.-Anne-la-
Palud am letzten Augustwochenende,
sowie am 28. Juli in St. Anne-d'Auray.
Außerdem finden am Samstag nach
dem 14.7. in Belle-Isle-en-Terre bretonische Ringkämpfe statt, am 15.8. auf der
Ile-Fédrun ein Lastkahnwettrennen. Die
kleineren Dorffeste heißen in der Bretagne »Fest noz«, manchmal reine Ein-
heimischentreffs mit Calvados, Biniou
und Bombarde, manchmal touristische
Folklore-Abende mit Calvados, Biniou
und Bombarde.

Fliegen

In den Sporthäfen wird oft Fallschirmse-
geln hinterm Motorboot angeboten. In
Rouen gibt es Ballonfahrer-Wettbewer-
be. Im Seine-Tal gibt es bei Chérence
einen Flugplatz mit Segel- und vor allem
Ballonflug. Die Société ULTRAMAGIC
(Tel.: 34781872) bietet Rundflüge an.

Geld

In vielen Filialen der großen Banken gibt
es auch ein »bureau de change«. Euro-
checks werden bis 1400 FF ausgestellt.
Unter den Kreditkarten ist VISA am
stärksten verbreitet, aber auch Master-
card und Eurocard werden genommen.
Franzosen zahlen meist nur bargeldlos
per Scheck. Aber alle Läden und Restaurants müssen Bargeld annehmen.

Kinder

An den französischen Autobahnen gibt
es die für Babyeltern sehr segensreiche
Einrichtung der Relais Bébé mit Wickel-
tisch und kostenloser Ausgabe von Win-
del, Öltuch usw.

Die französische Eisenbahn bietet in
einigen Zügen, den Trains familles, besondere Einrichtungen für Kleinkinder
an, Flaschenwärmer, Spielecke, Wik-
keltische etc.

Für Kinder unter 4 Jahren muß man
in der Eisenbahn nicht bezahlen (im
Schlafwagen für ein Bett den halben
Preis), für Kinder zwischen 4 und 12
Jahren die Hälfte des Normalpreises. An
den Stränden gibt es in der Saison viele
private Kinderclubs unter Aufsicht.

Literatur

Lothar Baier, Firma Frankreich, Berlin
1988
Lothar Baier, Französische Zustände,
Frankfurt 1985

Honoré de Balzac, Die Chouans, Berlin 1986

François-René de Chateaubriand, Erinnerungen, Frankfurt 1968

DuMont Kunstreiseführer Bretagne und Normandie

Gustave Flaubert, Madame Bovary, Berlin 1984

Haensch/Fischer, Kleines Frankreich-Lexikon, München 1984.

Große/Lüger, Frankreich verstehen, Darmstadt 1987

Pierre-Jakez Hélias, Le cheval d'orgeuil (nur frz.), 1978

Victor Hugo, 1793, Frankfurt 1982

Gabriele Kalmbach, Kulturschock Frankreich, Bielefeld 1991

Claus Leggewie, Der König ist nackt. Hamburg 1986

Maria Macciocchio, Der französische Maulwurf, Berlin 1979

Ulrich Wickert, Frankreich. Die wunderbare Illusion, München 1989

Naturparks

Normandie und Bretagne verfügen zusammen über fünf regionale Naturschutzgebiete: Die Parcs naturels heißen »Normandie-Maine« bei Alençon, »Brotonne« vor der Seine-Mündung, »Ouessant« mit der Inselgruppe von Ouessant, »Armorique« auf der Halbinsel Crozon bis östlich zu den Monts d'Arrée, sowie »Grande Brière« mit den Sümpfen im Loire-Delta.

Notruf

Polizei Tel.: 17, Feuerwehr Tel.: 18 Krankenwagen, Notarzt, Abschleppdienst etc. jeweils vor Ort erfragen.

Öffnungszeiten

Frankreich kennt keine gesetzlichen Ladenschlußzeiten. Meistens haben Geschäfte von 9-12 und 14-19 Uhr geöffnet. Häufig auch länger (Großmärkte).

Sonntags und montags sind Läden und Banken in der Regel geschlossen.

Postämter

Postämter sind Montag bis Freitag von 8-12 und 14-18 geöffnet, lösen Euroschecks ein und wechseln manchmal Geld. Briefmarken gibt es auch in Tabakläden. Postkarten kosten 1992 in die BRD, Schweiz, Österreich 2,10 FF, Briefe in die BRD 2,30 FF, nach Österreich, Schweiz 2,50 FF. Die Briefkästen sortieren häufig vor: beim Einwerfen achten auf »autres destinations«.

Präservative

In Frankreich gibt es bislang keine Präser-Automaten. Obwohl auch hier mit gewaltigen Kampagnen vor AIDS, frz. SIDA, gewarnt wird, gibt es diese Verhüter nur in der Pharmacie, der am grünen Lichtkreuz erkennbaren Apotheke.

Radfahren

Das Fahrrad ist in Frankreich zunächst ein Sportgerät. Als sinnvolles Fortbewegungsmittel und zum Radwandern wird es gerade erst entdeckt. Auf den Inseln gibt es überall Fahrradverleiher. Auch an 300 Bahnhöfen verleiht die SNCF Fahrräder. Informationen dazu: Fédération française de Cyclotourisme, 8, rue Jean-Marie-Jégo, F-7510 Paris, Tel.: 0033-42854120.

Reiten

Im Nordwesten wird viel geritten und zum Ausritt verliehen. Die Office du Tourisme vor Ort nennen Adressen der Höfe und Gestüte. Information vorab über die Fédération française d'Equitation, 23, rue Tolbiac, F-75003 Paris.

Schiffsverbindungen

Die bewohnten Inseln in Atlantik und Ärmelkanal werden in der Regel ganzjährig täglich angefahren. Weil die Schiffslinien privat betrieben werden, weil je nach Wetter auch mal nicht hinausgefahren wird und weil schließlich die Abfahrtszeiten meist von Gezeiten abhängig sind und ständig wechseln, muß man sich vor Ort erkundigen.

Segeln

Die Küsten von Normandie und Bretagne sind mit ihren vielen Felsklüften, Strandbuchten und kleinen Häfen für das Segeln ideal. Die zahlreichen Yachthäfen bieten komplette Infrastruktur, vom Stromanschluß über den Wachservice bis zur Kajütenputzfrau. In den größeren Häfen werden das ganze Jahr über Regatten durchgeführt. Mehr dazu: Fédération française de Voile, 55, Ave. Kléber, F-75016 Paris, Tel.: 0033-45536800.

Tauchen

Wird in der Bretagne immer populärer, weil es zwischen den Felsen viel zu sehen gibt. Überall öffnen Tauchschulen und bieten Kurse an. Besonders die Südküste ist attraktiv, weil sauberer, ruhiger und fischreicher.

Telefon

Viele Telefonzellen sind inzwischen auf Karten umgestellt, die man in der Post oder im Tabakladen erhält. Bei Inlandsgesprächen in andere Provinzen die 16 vorwählen, dann die 8-stellige Durchwahl. Die ersten beiden Zahlen der Durchwahl sind in Frankreich der Regional-Code. Nach Paris vom Inland aus die 01 vorwählen, dann Durchwahl. Ins Ausland die 19 vorwählen, tiefen Brummton abwarten, dann 49 für BRD, 37 für Ex-DDR, 43 für Österreich und 41 für Schweiz. Vom Ausland nach Frankreich die 0033, dann die 8-stellige Durchwahl.

Tiere

Für Katzen und Hunde unter drei Jahren gilt Einreiseverbot. Bis zu einem Jahr ist ein tierärztliches Attest vorzulegen, daß der Hund gegen Tollwut, Staupe und Hepatitis geimpft ist, die Katze gegen Katzenseuche und Tollwut. Die Bescheinigung darf nicht älter als 2 Monate, nicht neuer als 30 Tage sein. Tiere über 1 Jahr brauchen nur die Tollwutschutzimpfung. Mehr dazu: Deutscher Tierschutzbund, Baumschulallee 15, 5300 Bonn, Tel.: 0228-631264.

Trinkgeld

Trinkgeld zahlt man bei den üblichen Gelegenheiten und außerdem auch Taxifahrern, Friseuren und den PlatzanweiserInnen in Kino und Theater. Im Restaurant ist die Bedienung meist im Preis enthalten (»service compris«). Trotzdem wird extra Tinkgeld gegeben, indem man auf dem Tisch oder auf dem Tellerchen, mit dem die Rechnung verdeckt »serviert« wird, 5-10% des Betrages liegen läßt.

Unterkünfte

Hotels
Die meisten französischen Hotels sind in 5 Kategorien eingeteilt. Eine kleine blaue Plakette deutet auf die Sterne-Anzahl und damit auf den Preis hin. 1 Sterne-Hotels gibt es ab 100 FF, 2 Sterne ab 250 FF etc. (Preise von 1992). Die staatlich vergebenen Sterne garantieren aber nur die für die jeweilige Kategorie erforderlichen Ausstattungsleistungen. Viele Hotels ohne Stern sind besser und preiswerter. Wenn im Zimmer

nur ein großes französisches Grand-lit steht, gilt der Preis als Zimmerpreis, und es ist egal, ob ein oder zwei Personen darin übernachten. Nur Frühstück zählt pro Person. Weil die Franzosen rege Wochenendtouristen sind, werden dann die Quartiere knapp und es empfiehlt sich ab Donnerstag eine Reservierung.

Camping
Frankreich ist ein Camping-Land. Auch im eher frischen Nordwesten trifft man überall auf Camping-Plätze, nach Sternen klassifiziert. Wildes Zelten ist verboten. Camping-à-la-ferme wird fast in jedem Dorf angeboten, wenn's prasselt, kann man da schnell ins Haus.

Ferienwohnung
In der Bretagne ist der Appartement-Tourismus ganz besonders stark. Das begann damit, daß immer mehr Familien in die Stadt zogen, ihre Häuser räumten und für Vermietung herrichteten. Auch neue Eigentumswohnungen entlang der Küsten werden von ihren Besitzern über Agenturen angeboten. Die Palette reicht von der kleinen Kate zum kompletten Barock-Schloß. Die Französischen Fremdenverkehrsämter schicken auf Wunsch Kataloge.

Chambres d'hôtes
Ähnlich den englischen bed & breakfasts, zeigen auch in Frankreich immer mehr Schilder am Straßenrand den Weg zum Zimmer mit Frühstück im französischen Privathaus. In der Regel sehr empfehlenswert! Bei hervorragender Qualität liegen die Preise zwischen 100 und 200 FF pro Person. Es gibt kein offizielles Chambres-d'hôtes-Verzeichnis für Nordwestfrankreich, außer den Tips in: »Karen Brown's French Country Bed & Breakfasts«, 1990 bei Harrap Columbus London erschienen und für 24,80 DM in Reisebuchläden bestellbar.

Wandern
25.000 km Fernwanderwege führen kreuz und quer durch das Land, erkennbar an den weißroten Markierungen »Sentier de Grande Randonnée« (GR). Spezielle Wanderkarten schickt das Comitée national des Sentiers de grande Randonnée, 8, Ave. Marceau, F-75008 Paris, Tel.: 0033-47236232. Im Hinterland der Normandie sind Paradiese für Wanderer die Flußläufe, in der Bretagne die Heidehügel der Monts d'Arrée sowie das Moorland der Brière. Überall absolut empfehlenswert sind mehrtägige Wanderungen entlang der 2000 km Fels- und Strand-Küste.

Zoll
Alle Gegenstände des persönlichen Bedarfs sind zollfrei, wenn sie wieder ausgeführt werden. Aus EG-Ländern dürfen Personen über 15 Jahre Waren bis zu einem Wert von 780 Mark ein- und ausführen. Personen über 17 Jahre dürfen in EG-Länder 5 l Wein, 3 l Spirituosen unter 22 Prozent und 1,5 l über 22 Prozent ausführen, außerdem 300 Zigaretten und 1000 g Kaffee. Parfum ist bis zu 75 g und Eau de toilette bis 0,375 l zollfrei.

Ortsregister

Wissen wohin die Reise geht

VSA: Reisebücher, Stadt- und Regionalführer

»Die VSA-Führer haben sich zu Recht ihren Platz erobert. Sie bringen Beiträge, Beschreibungen, Essays zu Alltagsleben und Feste, Essen und Trinken, Regionen und Provinzen, Geschichte, Politik und Kultur, Hintergrundinformationen, praktische Tips und Routen.« (Schweizer Bibliotheksdienst)

★ **Reisebücher**
gibt es inzwischen zu mehr als 30 Ländern (von Australien bis Ungarn, von Cuba bis USA), mit 250-450 Seiten. Was der Schweizer Bibliotheksdienst gesehen hat, gilt für alle.

★ **Regional- und Freizeitführer**
für Gäste und Daheimgebliebene machen mit dem »Charme der Provinz« und ihren Geheimnissen vertraut: von Schleswig-Holstein über Mecklenburg-Vorpommern bis nach Oberbayern.

★ **StadtReiseBücher**
sind Spaziergänge durch spannende Städte wie Amsterdam und Rom, Moskau und Wien. »Interessante und aktuelle Führer mit Essays & Hintergründen, Cafés & Bistros.« (BRIGITTE)

★ **Städteführer »zu Fuß«**
durch Hamburg, Düsseldorf, Nürnberg, Dresden, Leipzig und mehr als ein Dutzend andere Städte ermöglichen den »zweiten Blick« auf Stadtteile und hinter Fassaden, mit Anekdoten und Geschichten von gestern und heute.

Prospekt anfordern

VSA-Verlag
Postfach 50 15 71
W-2000 Hamburg 50

Außerdem bei VSA:
★ Engagierte Sachbücher
★ Geschichte »von unten«

Reisen in Frankreich

mit VSA-Reisebüchern

Südfrankreich

Korsika

M. Mäker/J. Zichnowitz (Hrsg.)
Südfrankreich
288 Seiten; DM 34,80
Auf dem Canal du Midi – Lyon,
Hauptstadt der Résistance – Beckett
in Roussillon – Hexenverfolgung in
den Pyrenäen – Kellergeister in Haut
Brion – u.v.a.m.

Sabine Rodewyk/Hedrikje ter Vehn/
Meinhard Mäker (Hrsg.)
Paris – StadtReiseBuch
280 Seiten; DM 29,80

Monika Siegfried-Hagenow
Korsika
280 Seiten; DM 32,00
Wandern auf alten Hirtenpfaden –
Von Bastia nach Ajaccio – Von Aleria
über Cucuruzzu nach Filitosa – Eine
Inselrundfahrt auf den Küstenstraßen
– u.v.a.m.

»Schon beim Lesen der Frankreich-
Reisebücher von VSA wird man vom
Reisefieber gepackt.« (Tourenfahrer)

Prospekt
anfordern

VSA-Verlag
Postfach 50 15 71
Stresemannstr. 384a
W-2000 Hamburg 50

Reiseliteratur bei VSA:

★ Länderreiseführer
★ StadtReiseBücher
★ Regional- und Freizeitführer
★ Städte zu Fuß

★ Engagierte Sachbücher
★ Geschichte »von unten«